中共湖南省委人才工作领导小组、中共湖南省委教育工委2022年
“芙蓉计划”——高校优秀思想政治工作者（青年骨干队伍建设）项
目（湘人才发〔2022〕14号）研究成果

新时代大学生劳动教育理论体系与实践进路研究

刘建成 ◎ 著

湘潭大学出版社
XIANGTAN UNIVERSITY PRESS

图书在版编目（CIP）数据

新时代大学生劳动教育理论体系与实践进路研究 / 刘建成著. -- 湘潭 : 湘潭大学出版社, 2024. 12.
ISBN 978-7-5687-1586-7
Ⅰ. G40-015
中国国家版本馆 CIP 数据核字第 2024WB5764 号

新时代大学生劳动教育理论体系与实践进路研究

XINSHIDAI DAXUESHENG LAODONG JIAOYU LILUN TIXI YU SHIJIAN JINLU YANJIU

刘建成 著

责任编辑：牛敬丹　王亚兰
封面设计：张博雅
出版发行：湘潭大学出版社
社　　址：湖南省湘潭大学工程训练大楼
电　　话：0731-58298960 0731-58298966（传真）
邮　　编：411105
网　　址：http://press.xtu.edu.cn/
印　　刷：长沙创峰印务有限公司
经　　销：湖南省新华书店
开　　本：710 mm×1000 mm 1/16
印　　张：13.5
字　　数：235 千字
版　　次：2024 年 12 月第 1 版
印　　次：2024 年 12 月第 1 次印刷
书　　号：ISBN 978-7-5687-1586-7
定　　价：59.00 元

前　言

党的十八大以来，以习近平同志为核心的党中央高度重视教育事业在坚持和发展中国特色社会主义战略全局中的地位和作用，把教育摆在优先发展的战略位置，全面加强党对教育工作的领导。2018 年，习近平总书记在全国教育大会上明确要求，要努力构建德智体美劳全面培养的教育体系，形成更高水平的人才培养体系。2020 年 3 月中共中央、国务院发布了《关于全面加强新时代大中小学劳动教育的意见》（以下简称《意见》），对我国劳动教育进行了科学规划和具体部署，为我国劳动教育的有效开展提供了具体指南。《意见》要求，要严格遵循习近平新时代中国特色社会主义思想，全面贯彻党的教育方针，把劳动教育纳入人才培养全过程，努力提升大学生的专业技能和创业能力，着力培养大学生的奉献精神和敬业态度。这一要求也向各级各类学校提出了科学构建劳动教育体系、切实加强劳动教育的时代命题。

劳动教育历来是我国教育体系的核心构成部分，对于人才培养具有不可或缺的重要意义。进入新时代，劳动教育被赋予了更为丰富的内涵，同时也面临着亟待解决的新挑战。因此，全面、系统、深入地推进劳动教育工作，已成为当前人才培养工作的关键所在。相较于中小学与职业教育，普通高校在劳动教育方面仍有待进一步加强。产生这种现象的原因有多方面：

首先，劳动教育被社会窄化。社会上有一种对劳动认识不全的观点，把劳动简单窄化为体力劳动，进而派生出只有低学历层次的人才需要劳动的偏见，无形中助长了大学生，尤其是所读专业理论性较强的大学生轻视劳动的心理。

其次，劳动教育被学生淡化。伴随就业形势的日趋严峻，“证书热”“文凭热”等思潮广为流行，导致重智育轻体美劳的社会风气愈演愈烈。同时，资本能够快速敛财而辛勤劳动难以快速致富的现状在很大程度上消解了大学生对劳动教育的正确认知，部分大学生甚至鄙视体力劳动者，淡化了对劳动的认同。

再次，劳动教育被高校弱化。很多高校没有明确劳动教育归属部门、没有开展课程建设、缺乏专职劳动教师队伍、没有建立科学考核机制等，导致高校劳动教育流于形式、浮于表面。同时，劳动教育还未引起高校学者的高度重视，学者们没有对劳动教育开展充分研究，没有形成系统化的劳动教育理论，导致高校缺乏劳动教育理论指导，没有劳动教育的良好氛围。

最后，劳动教育被家庭软化。家庭本是对大学生开展劳动教育的一个重要场所，但是大多数家长过度看重学生考试成绩，忽略学生劳动能力培养，漠视劳动增强学生体魄、完善学生人格、滋养学生心灵的重要意义。家长们这种重成绩轻能力、重知识轻素质的认识误区在很大程度上软化了对大学生的劳动教育。

党的十八大以来，众多高校对劳动教育的重视显著增强，纷纷组织学生进行义务劳动，并在劳动教育领域进行了积极的探索。然而，需要引起关注的是，部分高校在理解和实施劳动教育时存在误区，往往将其简单地等同于实践育人，过分强调劳动实践的锻炼作用。这些高校可能通过设置劳动周、组织学生参与校园保洁或管理服务等方式进行劳动实践，并将其作为学分的计算依据。同时，也有部分高校将大学生参与社会实践与志愿服务活动作为劳动教育的主要内容，这种认识需要得到纠正和深化。诚然，劳动实践锻炼十分重要，但不应成为新时代劳动教育的全部，特别是针对已经成为成年人的高校大学生开展劳动教育时，应在爱劳动、会劳动的基础上，引导大学生懂劳动、善劳动，能够明劳动之理，善于从事创造性劳动。

鉴于此，高校劳动教育务必深化劳动科学教育，以引领大学生全面把握劳动的本质属性、劳动的创造价值以及劳动的未来演进趋势。大学生须深刻认同劳动在社会生活中的重要地位，并深刻领会劳动光荣、劳动崇高、劳动伟大、劳动美丽的核心理念。

综上所述，要实现上述目标，培养更多投身社会主义现代化建设的德智体美劳全面发展的时代新人，必须转换教育逻辑，树立崭新劳动教育理念。而本书正是立足社会现状、顺应时代发展需求，对于新时代劳动教育呼唤所作出的严肃、具体的专业回应。

本书在分析劳动教育基本问题的基础上，按照努力创新、拓展劳动空间的思路，系统阐述了劳动教育的时代内涵、劳动教育的时代价值、劳动教育的时代目标、劳动教育的机制创新、劳动教育的路径融合等问题。

本书为中共湖南省委人才工作领导小组、中共湖南省委教育工委2022年“芙蓉计划”——高校优秀思想政治工作者（青年骨干队伍建设）项目（湘人才发〔2022〕14号）研究成果，既能为一线教师和劳动教育教研员提供相关研究和实践参照，也可为专门从事劳动教育课程研究的学者专家提供参考。由于笔者水平有限，书中不当之处亦在所难免。恳请各位领导、专家、教师、同行及阅读本书的朋友们批评指正！

目　录

第一章　劳动及劳动教育概述

劳动教育是落实立德树人根本任务的重要举措。2018 年，习近平总书记在全国教育大会上指出，要培养德智体美劳全面发展的社会主义建设者和接班人。2020 年，中共中央、国务院颁布专门文件对全面加强新时代大中小学劳动教育提出了指导意见。2022 年，习近平总书记在党的二十大报告中再次强调，要“在全社会弘扬劳动精神、奋斗精神、奉献精神、创造精神、勤俭节约精神，培育时代新风新貌”。新时代，党和国家对大学生劳动教育形成了新期盼、提出了新要求。系统梳理新时代大学生劳动教育的逻辑起因、深刻分析现实困境、系统探究实施路径，对回答新时代高校“培养什么人”“如何培养人”的问题意义重大。

基于上述背景，本书重点要解决回答“新时代教育工作者如何提升劳动教育的实效”这个问题所要面对一系列具体问题：劳动的价值和地位是什么？劳动教育要实现什么样的目标？为什么要研究劳动教育？劳动教育涉及哪些重要范畴？等等。所以，本书开篇就是介绍劳动以及劳动教育一些最基本的概念。

第一节　劳动的基本问题

一、什么是劳动

劳动是马克思主义当中一个非常重要的概念。有学者认为，劳动这一概念在马克思那里，才真正获得了本体论意义的确认并获得了其存在的独立性。马克思一方面看到了劳动就其本质而言对于人的存在以及人的“类本质”的实现所具有的积极意义，另一方面也深刻地揭示了在资本主义制度下劳动的异化对人的压迫性。从哲学高度看，劳动是主体、客体和意义的内涵集成体。劳动是人类社会生存和发展的基础，主要是指生产物质资料的过程，通常是指能够对外输出劳动量或劳动价值的人类运动，劳动是人维持自我生存和自我发展的唯一手段。马克思曾说："任何一个民族，如果停止劳动，不用说一年，就是几个星期，也要灭亡，这是每一个小孩都知道的。"① 马克思主义劳动观第一次全面阐述了劳动在人类社会发展史上的决定性作用，深刻揭示了人类社会发展的一般规律。

（一）劳动的特征

1. 劳动具有必然性

马克思和恩格斯提出："我们首先应当确定一切人类生存的第一个前提，也就是一切历史的第一个前提，这个前提是：人们为了能够'创造历史'，必须能够生活。但是为了生活，首先就需要吃喝住穿以及其他一些东西。因此第一个历史活动就是生产满足这些需要的资料，即生产物质生活本身。"② 也就是说，人类开展生产劳动是由人类物质生活需要决定的。

2. 劳动具有社会性

劳动是人类社会特有的活动，它是在社会关系中进行的。人们在劳动中相互协作、交流，形成了复杂的社会关系。马克思指出："人的本质不是单个人固有的抽象物，在其现实性上，它是一切社会关系的总和。"③ 人的劳动具有群体性的特征，离开了整个人类社会，个体是无法劳动的。

3. 劳动具有创造性

劳动是人类通过思维和实践，对自然界进行改造的过程。这种改造不仅体现在物质产品的生产上，也体现在精神产品的创造上。劳动能够推动社会进步和文明发展。许多劳动活动需要反复进行，以完成一定的生产或服务任

---

① 中共中央马克思恩格斯列宁斯大林著作编译局. 马克思恩格斯选集（第四卷）［M］. 北京：人民出版社，1995：580.

② 中共中央马克思恩格斯列宁斯大林著作编译局. 马克思恩格斯选集（第一卷）［M］. 北京：人民出版社，2012：158.

③ 中共中央马克思恩格斯列宁斯大林著作编译局. 马克思恩格斯选集（第一卷）［M］. 北京：人民出版社，2012：139.

务。这种创造性劳动可以提高效率，降低成本，但同时也需要劳动者具备一定的耐心和毅力。劳动往往需要付出体力和脑力上的努力，甚至面临一定的困难和挑战。这种艰苦性使得劳动成果更加珍贵和有价值。

（二）劳动的属性

在探讨“什么是劳动”这个问题时，必须弄清楚劳动的属性，劳动具有双重属性：自然属性和社会属性。这两种属性相互交织，共同构成了劳动的复杂性和多维性。下面，我将从这两个方面详细阐述劳动的属性。

1. 劳动的自然属性

劳动的自然属性主要体现在其生物性和物质性上。首先，劳动是人类生物性的一种体现。作为生物体，人类需要通过劳动来获取生存所需的物质资料。这种劳动是出于生物本能的需求，如采集食物、建造住所等。在这个过程中，人类利用自身的体力和智力，与自然环境进行交互，以满足基本的生存需求。这种生物性的劳动，是人类生存和发展的基础。其次，劳动具有物质性。劳动的过程是物质转化和价值创造的过程。在劳动过程中，人们将自然界的物质资源进行加工、改造和转化，使其成为符合人类需要的物质产品。这种物质性是劳动的重要特征，它决定了劳动的价值和意义。然而，劳动的自然属性并非孤立存在，它与社会属性紧密相连，共同构成了劳动的完整属性。

2. 劳动的社会属性

劳动的社会属性是其在人类社会中特有的属性，主要表现在以下几个方面。

首先，人类社会的形成和发展离不开劳动。通过劳动，人们创造出丰富的物质财富和精神财富，为社会的发展提供了物质基础和精神动力。同时，劳动也是人类社会分工和合作的基础，人们在劳动中形成了各种社会关系，推动了社会的进步和发展。

其次，劳动不仅是物质财富和精神财富的源泉，还是个人价值和社会价值的体现。通过劳动，人们实现了自我价值的提升和社会地位的提高。同时，劳动也是社会评价个人价值的重要标准之一，人们通过劳动来展现自己的能力和贡献。

再次，劳动不是孤立的个人行为，而是社会性的活动。在劳动过程中，人们需要相互协作、分工合作，共同完成生产任务。这种社会性使劳动具有集体性和合作性，提高了劳动的效率和效益。同时，劳动也受到社会制度和价值观念的影响，不同社会制度下的劳动方式和劳动观念具有显著的差异。

最后，劳动的发展是一个历史过程，它随着人类社会的发展而不断演变。在不同的历史阶段，劳动的形式、内容和意义都有所不同。从原始社会的简单劳动到现代社会的复杂劳动，从体力劳动到脑力劳动，劳动的发展体现了人类社会的进步和文明。

劳动具有自然属性和社会属性两个方面的属性。自然属性主要体现在生物性和物质性上，是劳动的基础和前提；社会属性则包括社会性、历史性、价值性等方面，是劳动在人类社会中特有的属性。这两种属性相互交织、相互影响，共同构成了劳动的复杂性和多维性。

（三）劳动与相关概念的区别

劳动与活动、实践等概念既有着非常密切的关系，但也有着诸多的不同。总体来看，活动毫无疑问是一个包含范围最广的概念，可以说，任何一种形式的运动，都可以称为活动。因而，活动不是一个专属于人的概念，人之外的其他生物同样也存在着不同形式的生命运动，因而也会有其生命活动形式。实践不同于活动之处就在于，它主要指的是个体能动地改造和探索现实世界的一切客观存在的社会性活动，其主要形式包括改造自然的物质劳动、改进社会关系的社会活动，以及探索世界奥秘的科学探索活动等。[①] 因此，实践更多的是与理论相对的一个概念，体现的是人的一种主观见之于客观的活动，主要强调的是人的能动性、创造性和社会历史性。也就是说，实践必然是一个对象性的活动。从这个角度看，实践是专属于人的概念。根据对象和目的的不同，人类的实践领域既可以是生产层面的，也可以是文化、社会活动层面的。而劳动主要是属于生产层面的人类实践，它虽然很重要，但也仅是实践的一种形式。

生产与劳动是对关系更为紧密的概念。在现实中，人们会有生产经营、生产劳动等不同的概念，这些概念存在本身实际上表明了在生产领域中存在

---

① 檀传宝. 劳动教育的概念理解——如何认识劳动教育概念的基本内涵与基本特征［J］. 中国教育学刊，2019（02）：82-84.

着不同的实践形态。生产经营者、投资者虽然不直接参加具体的生产活动，但他们同样是现代生产不可或缺的组成部分。可以说，现代生产的不断发展，与生产经营者、投资者的加入有着非常密切的关系。因此，生产的参与主体是多元的。但是就生产的具体过程而言，参与主体只能是劳动者。即劳动者实际承担着将劳动工具应用于劳动对象，从而实现价值创造的任务。其他生产参与者在这个过程中更多发挥的是价值转移或价值实现的作用。因此，生产者是一个比劳动者范围更为宽广的概念。

总体而言，劳动最核心的内涵就在于，它是一种人类独有的创造性活动，这种创造性活动主要体现在人将一个自在之物变成为我之物的过程，是一种自然的人化过程。也就是说，人通过劳动，必然创造出自然原本不存在或至少由人加工改良了的东西。没有劳动，自然不能够凭借自身生产出新的事物。① 人之所以需要劳动实现自然的人化，归根结底就在于，劳动可以满足人生存的第一需要并展示人的自由、自觉的人类本质。当然，劳动的具体形态会由于时代的不同而呈现出不一样的形式，但是，劳动作为人的本质力量对象化的实践，作为人的自由、自觉类本质的展示这一核心是所有不同劳动形态背后共通的内涵。因此，我们可以认为，凡是能够体现人的对象化实践的创造性活动，都属于劳动的范畴。

二、劳动与人类

（一）劳动创造人本身

恩格斯在《劳动在从猿到人转变过程中的作用》中指出，劳动是整个人类生活的第一个基本条件。在从猿转变到人的过程中，劳动起了决定性作用：在创造工具和掌握劳动技能的训练中，劳动解放了双手、促使人独立行走；在人的身体、智力等的进化中，在劳动协作和彼此传达的需求中，劳动创造了语言，使“猿的脑髓就逐渐地变成人的脑髓”……正是劳动，彻底将人与猿区别开来，以至于我们在某种意义上不得不说：劳动创造了人本身。在劳动实践中，人类不断发展进化，劳动工具日益改进和多样化，经济生活逐渐丰富，人类也逐渐发展成现代世界的各色人种。

---

① 王江松．劳动哲学［M］．北京：人民出版社，2012：275-276.

（二）自由的有意识的活动是人类的特性

劳动创造了人，那么人究竟是种什么样的存在？马克思认为，要借助物种的活动特质区分人与动物。动物靠本能存在于自然界，其活动特征是单纯地以自己的存在来使自然界改变，它的活动局限在物种范围内。而人通过他所作出的改变来使自然界为自己服务，来改造自然界，人的活动特质是“自由的有意识的”。一个种的整体特性、种的类特性就在于生命活动的性质，而自由的有意识的活动恰恰就是人的类特性。可见，人的自由的有意识的活动，也就是劳动，是人区别于动物的关键。

从人的类特性出发，马克思把劳动和人的本质联系起来，指出正是在通过劳动改造对象世界的过程中，人才能真正证明自己的存在、实现人之为人的本质。

三、劳动与人类社会

（一）劳动创造人类社会

整个所谓世界历史不外是人通过人的劳动而诞生的过程，人为了满足吃穿住行等生存需要，必须进行生产性劳动。劳动为人的生命存续提供了基本的物质条件，在人类社会发展中具有基础性的作用，奠定了人类历史活动的物质前提。劳动是社会中的劳动，在物质生产劳动中人们结成复杂的人与人之间的关系，即一定的社会关系。人类社会的形成，就是以劳动为基础的人类共同活动和相互交往等社会关系形成的过程。劳动不仅创造了人类社会，也推动着人类社会持续向前发展。

（二）劳动是推动人类社会进步的根本力量

人的需要是有层次的，已经得到满足的第一个需要本身、满足需要的活动和已经获得的为满足需要而使用的工具又引起新的需要。随着需要层次的提升，人们不断进行有意识的劳动，制作新的生产工具，增强改造自然、创造财富的能力，提升劳动生产力，进一步引发整个劳动关系和社会关系的变革发展，最终推动劳动形态的变革发展以及人类社会形态的历史性改变。我们通过有意识的劳动改造着自己的生存环境，也创造了数之不尽的物质文明和多彩迥异的精神文化。可以说，劳动是推动人类社会进步的根本力量。

四、劳动与人的全面自由发展

统一价值论认为：劳动的本质就是“消除不确定性”，而“消除不确定性”等同于“提高有序性”，“提高有序性”就是“提高功能有序性”，“提高功能有序性”就是“增加价值量”。因此，劳动的根本作用和本质内涵在于改变系统的价值总量，即劳动是价值的真正源泉。

（一）异化劳动限制人的发展

人的劳动应该是自由的有意识的活动，而资本主义制度导致了劳动的异化、人的异化。工人生产的财富越多，他的生产的影响和规模越大，他就越贫穷。工人创造的商品越多，他就越变成廉价的商品。在资本力量的扩张下，工人的分工越发细致，个性和创造成了不必要的东西。劳动对工人来说是外在的东西，他在自己的劳动中不是肯定自己，而是否定自己，不是感到幸福，而是感到不幸，不是自由地发挥自己的体力和智力，而是使自己的肉体受折磨、精神遭摧残。可见，异化劳动对人的压迫和剥削，必然造成劳动者的自由意志丧失、生存异化等现象。

近些年，“工具人”等词蹿红网络，一定程度上体现了异化劳动对人的发展的限制。而只有解放劳动，才能改变异化劳动，实现每一个人自由而全面的发展。

（二）劳动造就人的自由全面发展

劳动是人类基本的存在方式，也是人类社会形成和发展的决定性力量。劳动既创造了社会物质财富，也创造了精神财富，人类历史上的一切文明成果都可以最终归结为劳动创造。恩格斯对生物进化、劳动进化的看法是建立在科学水平的基础上的。从完全的意义来说，所谓生产力，乃是人类征服自然、改造社会和塑造自我的能力，归根结底，是人类的本质力量在历史中的全部展开。马克思认为，人应该实现自由而全面的发展。人的自由发展，意味着人可以按意愿自由地选择生活、自主发展。人的全面发展，意味着人的个性、能力和知识的协调发展，素质的全面提高。这一方面有赖于社会生产力的高度发展，另一方面要通过劳动实践得以实现。科技创新推动社会迅猛发展，使越来越多人摆脱了简单重复的劳动，为我们的自由和全面发展提供了充足的条件。网络主播、无人机驾驶员、人工智能工程技术人员等新兴职业的衍生，也为我们的劳动提供了更多的选择。正如马克思所说：“生产劳动同智育和体育相结合，它不仅是提高社会生产的一种方法，而且是造就全面发展的人的唯一方法。”人与动物最本质的区别在于人类可以劳动。蜜蜂筑造蜂巢、河狸在水中建坝等行为，只是适应自然界的一种动物的本能，而非在自觉劳动意识驱动下的行为；而人类可以通过劳动活动主动改造自然界，通过有意识地制造工具并利用工具改变自然对象，以满足自己的需要，这种有目的、有意识的能动性活动就是真正意义上的劳动。所以，恩格斯特别强调两者的区别：“动物仅仅利用外部自然界，简单地通过自身的存在在自然界中引起变化；而人则通过他所作出的改变来使自然界为自己的目的服务，来支配自然界。这便是人同其他动物的最终的本质的差别，而造成这一差别的又是劳动。”①

习近平总书记在同全国劳动模范代表座谈时指出：“人民创造历史，劳动开创未来。劳动是推动人类社会进步的根本力量。幸福不会从天而降，梦想不会自动成真。实现我们的奋斗目标，开创我们的美好未来，必须紧紧依靠人民、始终为了人民，必须依靠辛勤劳动、诚实劳动、创造性劳动。”② 空谈误国，实干兴邦，在全面实现中华民族伟大复兴的新征程中，必须充分发挥中国工人阶级的重要作用，要充分调动中国工人阶级劳动和创造的积极性、主动性。中国共产党坚持以人民为中心，始终把推动人的全面发展作为自己的奋斗目标，保证全体人民在共建共享中有更多获得感、幸福感、安全感。中华民族伟大复兴的奋斗过程，无疑就是推动人的自由而全面发展的过程。

五、劳动的分类

（一）体力劳动

体力劳动是指以人体肌肉与骨骼的运动为主，以大脑和其他生理系统的

① 中共中央马克思恩格斯列宁斯大林著作编译局. 马克思恩格斯文集（第九卷）［M］. 北京：人民出版社，2009：559.

② 习近平著作选读（第一卷）［M］. 北京：人民出版社，2023：116.

运动为辅的主体运动，如步行、挑水等。体力劳动是所有动物具有的运动形式，生物进化到一定程度，就形成动物的运动系统。体力劳动的形成使动物一方面能够通过改变自己与客观事物的空间距离，以灵活地选择客观事物和外部环境；另一方面，能通过肌肉和骨骼形成一定的机械作用力来改变事物的数学与物理性质，如空间位置、形状尺寸等。任何体力劳动的形成、维持和发展必须依靠机体其他生理系统的参与，并为之提供物质、能量和信息。因此，体力劳动是必然伴随着其他生理系统的一种运动。

（二）脑力劳动

脑力劳动是指以大脑神经系统的运动为主，以其他生理系统的劳动为辅的主体劳动，如思考、记忆等。第二信号系统的形成与发展是脑力劳动得以产生的前提条件，低等动物的大脑由于不具备第二信号系统，不能相对独立地进行脑力劳动，它只是为体力劳动或其他劳动提供必要的本能控制信号，从属于其他形式的劳动，因此，脑力劳动是只有人类才具有的劳动形式。

（三）生理力劳动

生理力劳动是指除了体力劳动和脑力劳动以外的其他形式的主体劳动。广义上讲，生理力劳动是一切生物都具有的劳动形式。对于植物来说，有光合作用、蒸腾作用、呼吸作用等；对于动物来说，有消化运动、呼吸运动、血液循环运动、生殖运动、分泌运动、神经运动等。任何形式的生理力劳动都可归结于细胞的运动，而细胞的运动实际上就是一个物质和能量代谢的过程。人的生理系统通过一定的生理力运动对所获取的食物进行消化、吸收、传输和能量转换，为整个生理系统的正常运行提供所需的物质和能量，以保证机体协调一致地运行。

根据作用方式的不同，生理力劳动可分为以下三种类型：

恢复性。恢复性生理力劳动是指用以恢复和补偿原有的生理性组织、器官和体液等功能特性的生理力劳动。例如，当人的大脑受到轻微损伤时，其机体通过吸收适当的营养物质并进行良好的精神调养以后，会逐步恢复大脑的健康；当产妇出现体质虚弱时，其机体通过吸收营养物质并将其转化为适当的化学物质输送到相应的组织、器官和体液之中，用以恢复和补偿其功能特性；当皮肤擦破时，机体就自动地修补好皮肤；当机体的血液损失时（如献血），机体将通过肝脏等器官来制造新的血液。

加强性。加强性生理力劳动是指用以改善和加强原有生理性组织、器官和体液等功能特性的生理力劳动。当人的某些生理组织、器官和体液的功能特性处于正常状态时，其机体通过某种生理力劳动来不断地积累生理信息，以改善和加强这些组织或器官的功能特性。例如，对人的某些组织或器官进行适当的、损伤性的物理或化学刺激后，这些组织或器官的功能特性不仅能很快恢复，而且能够得到改善和加强。

生育性。生育性生理力劳动是指用以生产新生儿的生理力劳动。妇女在怀孕过程中，一方面通过生理力劳动将各种营养物质和食物能量进行消化和吸收，并转送到胎盘里，又把胎盘所排泄的废物排出体外；另一方面孕妇体内的生理、心理和精神状态是胎儿生长发育的外环境，孕妇必须付出一定的生理力劳动来形成、维持这种外环境。

第二节　劳动教育及其基本问题

劳动教育是新时期党对教育的新要求，是新时代中国特色社会主义高等教育的重要内容，具有鲜明的社会性，要求学生在面对现实生活世界和职业世界时，以亲自动手为主要方式，在学习中改变世界，在改变世界中改造自我，不断提升自我综合素质，增强投身中国特色社会主义现代化建设实践的勇气和信心。

一、基本概念

劳动教育对于国民教育具有重要意义，是学生成长的必要途径，具有树德、增智、强体、育美的综合育人价值。实施劳动教育，重点是在系统的文化知识学习之外，有目的、有计划地组织学生参加日常生活劳动、生产劳动和服务性劳动，让学生动手实践、出力流汗、参加锻炼、增强体质、磨炼意志，不断提升学生对世界的认识，培养学生正确的劳动价值观和优良的劳动品质。

与“劳动教育”相关的概念还有“技术教育”“通用技术教育”等，不过“技术教育”强调专业技能的学习；“通用技术教育”强调的是基础技能的学习。而“劳动教育”是对前两者共性的概括，内涵比前两者更加丰富。

二、指导思想

以习近平新时代中国特色社会主义思想为指导，全面贯彻党的教育方针，落实全国教育大会精神，坚持立德树人，坚持培育和践行社会主义核心价值观，把劳动教育纳入人才培养全过程，贯通大中小学各学段，贯穿家庭、学校、社会各方面，与德育、智育、体育、美育相融合，紧密结合经济社会发展变化和学生生活实际，积极探索具有中国特色的劳动教育模式，创新体制机制，注重教育实效，实现知行合一，促进学生形成正确的世界观、人生观、价值观。

三、基本原则

（一）把握育人导向

坚持党的领导，培养担当民族复兴大任的时代新人，着力提升学生综合素质，促进学生全面发展、健康成长。把准劳动教育价值取向，引导学生树立正确的劳动观，崇尚劳动、尊重劳动，增强对劳动人民的感情，报效国家，奉献社会。

（二）遵循教育规律

符合学生年龄特点，以体力劳动为主，注意手脑并用、安全适度，强化实践体验，让学生亲历劳动过程，提升育人实效性。

（三）体现时代特征

适应科技发展和产业变革，针对劳动新形态，注重新兴技术支撑和社会服务新变化。深化产教融合，改进劳动教育方式。强化诚实合法劳动意识，培养科学精神，提高创造性劳动能力。

（四）强化综合实施

加强政府统筹，拓宽劳动教育途径，整合家庭、学校、社会各方面力量。家庭劳动教育要日常化，学校劳动教育要规范化，社会劳动教育要多样化，形成协同育人格局。

（五）坚持因地制宜

根据各地区和学校实际，结合当地在自然、经济、文化等方面的条件，充分挖掘行业企业、职业院校等可利用资源，宜工则工、宜农则农，采取多种方式开展劳动教育，避免“一刀切”。

四、基本理念

（一）强化劳动观念，弘扬劳动精神。将劳动观念和劳动精神教育贯穿人才培养全过程，贯穿家庭、学校、社会各方面。注重让学生在学习和掌握基本劳动知识技能的过程中，领悟劳动的意义价值，形成勤俭、奋斗、创新、奉献的劳动精神。

（二）强调身心参与，注重手脑并用。把握劳动教育的根本特征，让学生面对真实的个人生活、生产和社会性服务任务情境，亲历实际的劳动过程，善于观察思考，注重运用所学知识解决实际问题，提高劳动质量和效率。

（三）继承优良传统，彰显时代特征。在充分发挥传统劳动、传统工艺项目育人功能的同时，紧跟科技发展和产业变革，准确把握新时代劳动工具、劳动技术、劳动形态的新变化，创新劳动教育内容、途径、方式，增强劳动教育的时代性。

（四）发挥主体作用，激发创新创造。关注学生劳动过程中的体验和感悟，引导学生感受劳动的艰辛和收获的快乐，增强获得感、成就感、荣誉感。鼓励学生在学习和借鉴他人丰富经验、技艺的基础上，尝试新方法、探索新技术，打破僵化思维方式，推陈出新。

五、劳动教育着力点

主要包括日常生活劳动、生产劳动和服务性劳动中的知识、技能与价值观。日常生活劳动教育立足个人生活事务处理，结合开展新时代校园爱国卫生运动，注重生活能力和良好卫生习惯培养，树立自立自强意识。生产劳动教育要让学生在工农业生产过程中直接经历物质财富的创造过程，体验从简单劳动、原始劳动向复杂劳动、创造性劳动的发展过程，学会使用工具，掌握相关技术，感受劳动创造价值，增强产品质量意识，体会平凡劳动中的伟大。服务性劳动教育让学生利用知识、技能等为他人和社会提供服务，在服务性岗位上见习实习，树立服务意识，实践服务技能；在公益劳动、志愿服务中强化社会责任感。

（一）培养学生正确的劳动观点，使他们懂得劳动的伟大意义。了解人类的历史首先是生产发展的历史，是劳动人民创造的历史；懂得辛勤劳动是建设社会主义和共产主义的根本保证；懂得劳动是公民的神圣义务和权利；懂得轻视体力劳动和体力劳动者，是数千年来剥削阶级的腐朽思想残余；懂得把脑力劳动同体力劳动相结合的重要意义。

（二）增强学生热爱劳动和劳动人民的情感，使他们懂得人民是历史的创造者。养成劳动的习惯，形成以劳动为荣，以懒惰为耻的品质。抵制好逸恶劳、贪图享受、不劳而获、奢侈浪费等恶习的影响。

（三）塑造学生高尚品格，使他们懂得幸福生活来之不易。学习是学生的主要劳动，教育学生勤奋学习，勇于担当负责，积极主动作为，保持斗争精神，敢于直面风险挑战，并教育大学生正确对待升学、就业和创业。

（四）培育学生创意物化能力，劳动教育注重在“生产实践”中提升劳动能力，强调通过实际动手操作，掌握多种技能，并运用这些技能解决生活中的复杂问题。学生通过参与各类手工制作、家电使用、模型设计等项目，学习并运用劳动技能，体会职业劳动的艰辛，感受各行各业职业精神。

（五）促进学生全方位发展。通过劳动教育，学生可以掌握基本的劳动知识，提高个人技能，适应现代社会的发展需求。劳动教育还有助于培养学生的责任感、团队合作精神、创新精神和实践能力，为个人的全面发展奠定基础。

劳动教育，还要通过生产劳动和公益劳动等来实施。学生在校期间，要按照教学计划的规定，适当参加劳动。

六、新时代劳动教育的新特征

劳动教育具有鲜明的时代性，只有根植于具体鲜活的生产实践中，劳动教育才能够充分彰显其育人的时代要求，在这种情况下，新时期的劳动教育在其基本特征和内涵方面也必然呈现出新的特点。

（一）科学认识新时代劳动教育的新内涵

新时代的劳动教育，要让学生在系统学习文化知识外，有目的、有计划、有组织地参加日常生活、生产和服务性劳动，即在将教育与生产劳动作为两个独立系统的基础之上，通过科学技术将二者有机结合，让学生动手实践、出力流汗，接受锻炼、磨炼意志，培养具有正确劳动价值观和良好劳动品质的时代新人。

新时代劳动教育的内涵较之以往有了很大的发展。首先，体现在价值观方面。人不同于其他生物的根本特征在于人需要存在的理由，即价值感和意义感，而劳动正是使人获得价值感和意义感的一种独有的、自觉的对象性活动。新时代的劳动教育要引导学生懂得劳动最光荣、劳动最崇高、劳动最伟大、劳动最美丽的道理，形成劳动创造美好生活、劳动不分贵贱的积极劳动价值观。其次，体现在内容观方面。随着新型劳动的不断涌现，劳动教育内容必须主动扩容以涵盖变化着的劳动现实，针对劳动新形态，深化产教融合，改进劳动教育方式，树立发展的内容观。再次，体现在消费观方面。人们从生产走向消费，除要求劳动教育关注基本的生产劳动外，更应关注作为消费的劳动。当前青少年普遍存在攀比与过度消费的现象，侧面反映出消费教育在劳动教育中的缺失。最后，体现在闲暇观方面。斯宾塞认为，在生产方式达到圆满、劳动力得到最大化节约时，闲暇时间会大量增加且占据重要地位。随着人们劳动时间的减少和闲暇时间的增多，身心合一的、主动的、创造性的劳动是使人从“沉重的肉身”和“横流的欲望”的奴役状态中解放出来的现实载体，劳动教育必须涵盖正确的闲暇观。

（二）新时代劳动教育须以价值塑造为核心

劳动在人类的生存发展中具有基础性、根本性的作用与价值。人作为一种现实的、肉体的自然存在物，必须通过劳动来满足自身的生存需要。正如马克思所说，劳动是整个人类生活的第一个基本条件，以至于我们在某种意义上不得不说劳动创造了人本身。劳动教育的首要特征就是本质自然性，这就从根源上决定了劳动教育在人的全面发展过程中的重要价值，同时证明了劳动教育作为学科结构的有机组成部分，对新时代全面育人体系的建构是必不可少的。

马克思把人看作身体与精神的统一体，只有既能从事体力劳动，又能从事脑力劳动的人，才是全面发展的人。生产劳动不仅是提高社会生产的一种方法，也是造就全面发展的人的重要途径，与德智体美等其他教育系统相结合，具有综合育人性。从马克思主义观点可见，劳动是人类社会发展的根本动力，具有决定人存在和发展的本体性的意义和价值，劳动与教育相结合是造就全面发展的人的必由之路。通俗地说，劳动满足个体生存的需要，也蕴含着人类克服困难、战胜自然的主体力量。在劳动过程中，人的精神发展与劳动、劳动教育是紧密联系在一起的。

（三）新时代劳动教育要与“德智体美”融合并进

新时代劳动教育是国民教育体系的重要内容，具有树德、增智、强体、育美的综合育人价值。

1. 行思结合实现以劳树德

要通过劳动教育使学生在劳动实践中形成独立自主、勤劳俭朴、艰苦奋斗的高贵品质，在参加劳动实践中增强学生的自信心，形成乐观向上的积极品质，让学生体验劳动、锤炼品格和磨炼意志，使“劳动最光荣、劳动最崇高、劳动最伟大、劳动最美丽”的价值观根植于心。比如某学校利用劳动教育实践基地的“劳动美德墙”，让学生了解古往今来的伟大劳动者，激发其对劳动的热爱和对劳动者的尊敬；在“思想道德与法治”课上设置“为我们生活服务的人”等主题活动，借助学校劳动教育实践基地的围墙装饰，介绍不同的劳动模范与时代先锋，从而培养学生的劳动精神与情怀。要坚持以德树人，促进学生以劳求“善”，让学生成为有大爱大德大情怀的人。

2. 手脑并用实现以劳增智

人的劳动是由主观意图、思想认识和身体掌握工具进行的客观活动组成的，是智力和体力的结合。实施劳动教育可以使学生深化理论知识，知行合一，促进学生智力发展，实现以劳增智。

劳动是手脑并用的活动，通过劳动教育，促进大脑皮层充分运动和发展，从而使大脑得到强化，促进智力发展。在学科教学中，找准与劳动教育的结合点，是以劳增智的关键。比如有的学校结合耕读文化，让学生了解植物特征、参观农具展馆、解说劳动教育实践基地，以提高学生的阅读、表达、思考、观察等能力，从而拓宽视野、加强认知。

3."具身"体验实现以劳强体

劳动教育与体育虽具有不同的表现形式和目的追求，但本质上都是增强人的体质的重要内容。劳动教育可以从身心两方面促进学生的发展，其中最基本的就是促进学生的生理健康，起到强身健体的作用。在参加劳动教育的过程中，可以让肌肉骨骼得到锻炼发展，增大肺活量，促进心脏的发展；通过劳动也可以调节脑力活动，促进学生脑部神经系统的发展，有利于消除繁重学习带来的压力和负担，对学生的心理健康有重要的促进作用。

2018 年教育部"全国学生体质与健康调研"数据显示，全国 6 岁儿童近视率达 14. 5%、小学生达 36%、初中生达 71. 6%、高中生达 81%。此外，肥胖率增高、征兵体检不合格率居高不下等，其根本原因就是缺乏锻炼，忽视劳动教育。某学校在学生的体育课中通过小组合作的形式设置"田园寻宝"类主题活动，与劳动教育实践基地中的相关元素进行整合，通过体育主题活动让学生体验劳动收种的乐趣，促进学生体育的发展，实现以劳强体；通过"具身"体验提高身体素质、磨炼意志和培养健全人格，使人的各方面身体机能得到充分锻炼和发展。

4. 动静齐驱实现以劳育美

在整个教育体系中，劳动教育是一切教育的基础，美育是一切教育的最高境界。人类的审美感受产生于劳动，因为人类的劳动是一种合目的与合规律的审美活动。劳动实践创造着美，提供了美感的来源，是最能体现人的本质和审美精神的实践活动。因此，要发挥劳动教育的支点作用，通过劳动揭示美的本质规律，最终培养感性、丰富、全面、和谐的审美人格。比如有学校在美术课围绕"向日葵"主题，在引导学生了解向日葵的种植方法、生长过程及营养价值后，组织学生在向日葵园里进行绘画，描绘植物绚丽的色彩和多姿的形态，让学生在参与体验的过程中表达自己对生活的观察和审美感受。可见劳动教育是促进学生审美教育的重要载体，可以促进人的本性、自由及审美追求，实现以劳育美。

新时代的劳动教育承载着新的使命与诉求，最大限度地彰显劳动教育的综合育人价值，才能使其成为构建德智体美劳全面发展的教育体系的有力助推器。

七、劳动教育需要注意的几个问题

2020 年 3 月，中共中央、国务院出台的《关于全面加强新时代大中小学劳动教育的意见》（以下简称《意见》）明确提出，要通过劳动教育使学生能够理解和形成马克思主义劳动观，牢固树立劳动最光荣、劳动最崇高、劳动最伟大、劳动最美丽的观念；体会劳动创造美好生活，体会劳动不分贵贱，热爱劳动，尊重普通劳动者，培养勤俭、奋斗、创新、奉献的劳动精神；具备满足生存发展需要的基本劳动能力，形成良好的劳动习惯。

（一）开展劳动教育要实现什么样的目标？在系统的文化知识学习之外，有目的、有计划地组织学生参加日常生活劳动、生产劳动和服务性劳动，让学生动手实践、出力流汗，接受锻炼、磨炼意志，培养学生正确的劳动价值观和良好的劳动品质。

（二）劳动教育为什么对职业院校学生更重要？因为职业院校学生即将完成社会角色转换，由“学校人”转换为“职业人”。“学校人”通过学习获取今后能在社会中生存、发展的能力，而“职业人”通过自己的职业劳动，为他人服务，为社会贡献，并获取报酬来赡养自己的家人。职业院校学生在校期间，要完成四类转变，即成长导向向责任导向转变、个人导向向团队导向转变、思维导向向行为导向转变、智力导向向品德导向转变。因而，在校学生必须在告别学校生活以前，形成正确的劳动观念，培养正确的劳动精神，具备必要的劳动能力，养成良好的劳动习惯。

（三）高校怎样开展劳动教育？怎样才能培养合格的“职业人”，即怎样教？我国现代职业教育的先驱黄炎培先生在我国现代职业教育诞生之际，就提出了具有中国特色的“手脑并用、做学合一”的教学原则，而这一教学原则必须在具有专业特点的职业劳动中实现。中共中央、国务院关于劳动教育的《意见》中专门强调了职业院校要以实习实训课为主要载体开展劳动教育。职业院校学生既要珍惜参加日常生活劳动的机会，更要在实习实训课中有意识地锤炼自己，形成正确的劳动价值观和良好的劳动品质，在劳动实践中提升劳动技能水平、养成劳动习惯，培养“怎样做？为什么这样做？怎样才能做得更好？”的学习、思维方式，提升手脑并用的能力和创新能力。在生产、服务性劳动中要注重形成安全意识、质量意识、效率意识、团队意识和尊敬师长的意识，以及与这些意识相应的行为习惯，接受锻炼、磨炼意志，形成正确的劳动观念、劳动精神，目标明确地完成角色转变。

《人力资源社会保障部关于加强技工院校劳动教育的实施意见》中强调，要强化劳动教育时代特征，突出“高、精、尖、缺”导向，培养急需紧缺技能人才，实现产业、职业、专业与就业创业联动发展。大力开展职业技能竞赛交流活动，把职业技能竞赛打造成劳动教育的重要载体。目标明确，措施具体。教育部印发的《大中小学劳动教育指导纲要（试行）》（以下简称《纲要》）中专门针对职业院校提出了要求，即“重点结合专业特点，增强职业荣誉感和责任感，提高职业劳动技能水平，培育积极向上的劳动精神和认真负责的劳动态度”。既有技能方面的要求，又有精神层面的要求，突出了职业教育实施劳动教育的特点。

（四）什么是诚实劳动？诚实劳动的基本特征是恪尽职守、辛勤劳动、任劳任怨、有所创新。劳模精神、工匠精神、企业家精神等职业精神，是诚实劳动的高层次体现。习近平总书记指出：“劳动是财富的源泉，也是幸福的源泉。人世间的美好梦想，只有通过诚实劳动才能实现；发展中的各种难题，只有通过诚实劳动才能破解；生命里的一切辉煌，只有通过诚实劳动才能铸就。”“我们必须牢固树立劳动最光荣、劳动最崇高、劳动最伟大、劳动最美丽的观念，崇尚劳动，造福劳动者，让全体人民进一步焕发劳动热情、释放创造潜能，通过劳动创造更加美好的生活。”

（五）怎样实现高质量就业？高质量就业不仅体现为挣钱多，还要争取实现体面劳动。习近平总书记曾指出：“努力让劳动者实现体面劳动、全面发展。”体面劳动是指从业者对从事职业劳动得到回报的希望，即希望有合理的收入来维持相对体面的生活，有安全、良好的工作环境，有必要的社会保障，可以通过正常法律途径或对话渠道维护自身权益，是实现职业理想即“我的梦”的重要内容，是实现高质量就业的基本途径。然而，高校大学生也必须明白，劳动是财富的源泉、幸福的源泉，必须通过自己的诚实劳动才能提升就业质量、实现体面劳动，才能实现自己的美好梦想。《纲要》同时指出，要倡导通过诚实劳动创造美好生活、实现人生梦想，因此，高校引导学生开展诚实劳动是实现其人生梦想的必要途径！

（六）劳动教育对提升职业素养有什么作用？职业素养是从业者在职业活动中表现出来的综合品质，要求从业者德智体美劳全面发展，对接中等职业学校德育、智育、体育、美育、劳育等诸多方面。“德”是职业素养的灵魂，是从业者“做人”的方向、标准和动力；“智”是职业素养的主体，是“做事”的能力即职业能力，包含专业能力、方法能力和社会能力；“体”是职业素养的基础，从业者必须具有符合职业要求的特有职业体能；“美”是职业素养的情感，即能具有符合职业要求的职业审美感及相应的审美素质，从业者在职业活动中具有感受美、欣赏美和创造美的能力，才能更上一层楼；“劳”是职业素养的载体，是从业者的德智体美在职业活动中的具体行为落实，突现了“劳育”的重要性。德智体美劳“五育”，相互联系、相互融合、相互促进。“五育”的实效，要通过从业者在职业劳动中的行为来检验，要通过从业者在职业劳动中获得的成效来体现。

因此，要在学生中弘扬劳动精神，教育引导学生崇尚劳动、尊重劳动，懂得劳动最光荣、劳动最崇高、劳动最伟大、劳动最美丽的道理，长大后能够辛勤劳动、诚实劳动、创造性劳动。总而言之，劳动教育是学生成长的必要途径，具有树德、增智、强体、育美的综合育人价值。

第三节　新时代加强劳动教育的战略意义

习近平总书记在党的二十大报告中指出：“培养造就大批德才兼备的高素质人才，是国家和民族长远发展大计。功以才成，业由才广。坚持党管人才原则，坚持尊重劳动、尊重知识、尊重人才、尊重创造，实施更加积极、更加开放、更加有效的人才政策，引导广大人才爱党报国、敬业奉献、服务人民。”

劳动教育是中国特色社会主义教育制度的重要内容，直接决定社会主义建设者和接班人的劳动精神面貌、劳动价值取向和劳动技能水平。长期以来，各地区和学校坚持教育与生产劳动相结合，在实践育人方面取得了一定成效。同时也要看到，近年来，一些青少年中出现了不珍惜劳动成果、不想劳动、不会劳动的现象，劳动的独特育人价值在一定程度上被忽视，劳动教育正在被淡化、弱化。对此，全党全社会必须高度重视，采取有效措施切实加强劳动教育。

加强对大学生的劳动教育，是马克思主义唯物史观在新时代发展的新要求；是为中国特色社会主义现代化建设实践培养德智体美劳全面发展的接班人的必然遵循；是为中华民族伟大复兴培养高素质劳动者的重要举措；是落实习近平总书记关于思政教育论述的重要体现。

一、加强劳动教育的理论使然

（一）植根于马克思主义劳动理论的优秀特质

劳动是马克思主义唯物史观的重要范畴，更是马克思主义理论体系的根基。马克思提出，全部人的活动迄今为止都是劳动。[①] 在马克思主义的理论语境中，劳动既是物质财富的生产手段，也是人类的生活方式和存在形态，更是人类社会进入自由王国的必然选择。马克思立足历史唯物主义、政治经济学、教育学等视角，深刻阐述了劳动对于物质世界、商品价值源泉、人的全面发展的重要意义。马克思坚持劳动与德育、智育等方面融合发展的理念，认为未来教育对所有接受教育的人而言，是“造就全面发展的人的唯一方法。”[②] 列宁认为教育与劳动结合是实现社会理想的重要途径，如果教育脱离劳动，那么未来社会理想是不可能实现的。综上，劳动教育对于人的全面发展具有非常重要的意义。

对于以马克思主义理论为指导的中国共产党而言，人的全面发展是其最高价值追求，并将劳动视为实现这一目标的重要手段。新时代，习近平围绕劳动发表了系列重要论述，如“幸福不会从天而降，梦想不会自动成真。实现我们的奋斗目标……必须依靠辛勤劳动、诚实劳动、创造性劳动。”习近平总书记关于劳动的系列论述孕育了深厚的劳动教育理念，它在弘扬劳动精神、倡导尊重知识、推广劳动自治等方面对马克思主义劳动观的理论维度、价值广度、实践向度进行了拓展，是马克思主义劳动价值观的理论赓续。

（二）发源于中华优秀传统文化的思想宝库

中华民族历史悠久、文化灿烂、底蕴深厚，在漫长的历史发展进程中，凝练了以勤劳勇敢、艰苦奋斗为标识的劳动品质；创造了以吃苦耐劳、崇尚

---

① 中共中央马克思恩格斯列宁斯大林著作编译局. 马克思恩格斯文集（第一卷）［M］. 北京：人民出版社，2009：192.

② 中共中央马克思恩格斯列宁斯大林著作编译局. 马克思恩格斯文集（第九卷）［M］. 北京：人民出版社，2009：559.

劳动为内核的劳动文化。尊重劳动、重视实践已铭记于国人的心灵、融入民族的血脉，成为中华民族的鲜明标志，是永葆民族繁荣、国家昌盛的精神密码。白居易在《观刈麦》中描绘农民终年忙碌，五月加倍繁忙的情景；崔道融在《田上》中的“雨足高田白，披蓑半夜耕”深入人心；陶渊明在《归园田居·其三》中说“晨兴理荒秽，带月荷锄归。”这些诗句无不彰显祖辈们辛勤劳动和热爱劳动之情。冯梦龙在《醒世恒言·卷三十五》中说：“富贵本无根，尽从勤里得。”揭示辛勤劳动创造物质财富。同时，刘禹锡的“美人首饰侯王印，尽是沙中浪底来”，郑遨的“一粒红稻饭，几滴牛颔血”均表达了古人对劳动的高度重视。唐太宗经常以“每一食，便念稼穑之艰难；每一衣，则思纺绩之辛苦”感恩劳动者的情怀教育太子。上述诗句仅是中华优秀传统文化的缩影，但有力诠释了勤劳勇敢和崇尚劳动的中华民族精神。文化是一个国家、一个民族的灵魂。历史和现实都表明，一个抛弃了或者背叛了自己历史文化的民族，很可能上演一幕幕历史悲剧。中华优秀传统文化是中华民族的精神标志，是高校开展培根铸魂育人工程的精神宝库。正所谓“落其实者思其树，饮其流者怀其源。”新时代大学生要不忘本来、面向未来，在继承中转化、在学习中超越，充分汲取中华民族的精神养分，锤炼辛勤劳动的宝贵品质，培育崇尚劳动的精神品格。因此，培育新时代大学生劳动精神是对中华优秀传统文化的传承赓续。

（三）熔铸于现代化建设的伟大实践

伟大实践孕育伟大精神，伟大精神促进伟大实践。新时代中国正在进行宏伟的社会变革，也正在开拓历史上最为独特的实践创新，实现中华民族伟大复兴的中国梦加速度已经开启。中国梦凝结着无数仁人志士的不懈努力，承载着全体中华儿女的共同向往。大学生是整个社会群体中最积极、最活跃的力量，是实现中国梦的主力。培育大学生劳动精神、塑造大学生劳动品质是实现中华民族伟大复兴的中国梦的现实要求。习近平总书记强调，这个新时代，是承前启后、继往开来，在新的历史条件下继续夺取中国特色社会主义伟大胜利的时代，是全体中华儿女勠力同心、奋力实现中华民族伟大复兴的中国梦时代。中国进入新时代，社会生产力、综合国力、人民生活水平实现了历史性的飞跃，国家迎来了最好的发展机遇期。船到中流浪更急，人到半山路更陡。我们虽处顺境，但是也面临诸多挑战，如国际形势日趋复杂、改革任务日益繁重、风险挑战日渐激烈等，新时代的新情况向大学生提出了新挑战。因此，为全面实现建成社会主义现代化强国和中国梦的伟大目标，大学生要打破常规，能啃“硬骨头”、敢于“涉深水”、勇于“闯险滩”，在中国特色社会主义伟大实践中锤炼劳动精神。时代是思想之母，实践是理论之源。劳动精神熔铸于现代化建设的伟大实践，传承于一代代劳动者的辛勤劳作，成为中华民族历久弥坚的精神支柱。

二、加强劳动教育的现实必然

（一）落实高校立德树人根本任务的题中之意

大学生是祖国的未来、民族的希望，培养对党忠诚、勇于提升劳动素养、热衷现代化建设事业的优秀大学生，是建设国盛民强伟大事业的关键。2019年3月，习近平总书记在学校思想政治理论课教师座谈会上再次强调：“新时代贯彻党的教育方针，要坚持马克思主义指导地位……扎根中国大地办教育，同生产劳动和社会实践相结合，加快推进教育现代化、建设教育强国、办好人民满意的教育，努力培养担当民族复兴大任的时代新人，培养德智体美劳全面发展的社会主义建设者和接班人。”“培养什么样的人”是高校教育的首要问题，高校要坚持“教书先育人，育人先育魂”的理念，视铸魂为育人核心，坚持促进大学生思想道德素质和专业技能协同发展。人无精神不立，国无精神不强。新时代高校既要提升大学生专业技能，又要强化大学生价值引领和精神塑造。党的十九大报告在谈到教育工作时提出了“全面贯彻党的教育方针，落实立德树人根本任务”的要求，就如何“贯彻新发展理念，建设现代化经济体系”，提出要建设知识型、技能型、创新型劳动者大军，弘扬劳模精神和工匠精神，营造劳动光荣的社会风尚和精益求精的敬业风气。高等教育是综合性教育，具有教育、服务、经济等多重属性，但是其主要目标是要培养技能精湛、劳动精神饱满的高素质劳动者。加强对大学生劳动精神培育，符合大学生朝气蓬勃、激昂奋进的青年特质，有助于大学生树立劳动光荣、劳动伟大的观念；有助于大学生坚定勇攀高峰、不畏艰难的志向，激发大学生的劳动热情和创造潜能。培养大学生劳动精神是高校落实立德树人根本任务的重要内容。

（二）凝聚新征程强大力量的基本要求

“幸福不会从天而降，梦想不会自动成真。实现我们的奋斗目标，开创我们的美好未来，必须紧紧依靠人民、始终为了人民，必须依靠辛勤劳动、诚实劳动、创造性劳动。”今天，我们正意气风发地向第二个百年奋斗目标新征程迈进，亟须凝聚新力量、激励新担当。青春孕育无限希望，青年创造美好明天。作为奋进新征程主力军的新时代大学生使命重大、前途光明，加强大学生劳动精神培育能纠正部分大学生“好逸恶劳、坐享其成”的错误观念，帮助其形成“劳动最崇高、劳动最伟大”的正确认识，增强其在奋进新征程中的主人翁意识，形成斗志昂扬、朝气蓬勃的奋斗状态，尽显奋楫笃行、激情豪迈的青年风貌。加强大学生劳动教育不仅能使其正确对待体力劳动和脑力劳动，而且能形成辛勤劳动和诚实劳动的习惯，成为既有深厚理论又有娴熟技能、既有党国情怀又有专业情操的高素质人才。加强大学生劳动教育，培养大学生劳动精神，有助于大学生用青春的爆发力和创造力激荡起百年征程的澎湃春潮，用青春的热情和担当跑好实现中国梦的“历史接力赛”，在民族复兴的赛道上奋勇争先，向全世界彰显出奋战第二个百年目标的大国风范。

（三）加快推进现代化发展的现实需要

“劳动是推动人类社会进步的根本力量。”① 人类发展和社会进步离不开劳动，伟大目标和美好生活的实现必须紧紧依靠劳动。党的十九大已经对中国未来社会发展和社会主义现代化建设作出了科学规划和精确部署。“从二〇二〇年到二〇三五年……我国经济实力、科技实力将大幅跃升，跻身创新型国家前列。”② “从二〇三五年到本世纪中叶……中华民族将以更加昂扬的姿态屹立于世界民族之林。”③ 蓝图已经绘就，逐梦唯有笃行。中国正处于经济结构转型升级和世界新一轮技术革命的交汇时期，必须加速推进中国从制造大国向制造强国转变，强化科技创新在中国式现代化建设全局中的核心地位，牢牢占领世界科技制高点。新时代国内发展的新要求和国际竞争的新态势，

---

① 习近平著作选读（第一卷）[M]. 北京：人民出版社，2023：116.

② 习近平著作选读（第二卷）[M]. 北京：人民出版社，2023：23.

③ 习近平著作选读（第二卷）[M]. 北京：人民出版社，2023：24.

对创造性劳动提出了强烈要求，这为我国高校人才培养打造了新标准，对新时代大学生教育提出了新目标。培养理论水平高、专业技能硬、实践能力强、勇于突破的优秀人才已是迫在眉睫。实现我们的发展目标，不仅要在物质上强大起来，而且要在精神上强大起来。大学生是新时代中国劳动力大军的顶流，在推动科技进步和实现劳动创新等方面具有举足轻重的作用。高校要激励大学生勇于探索，鞭策大学生辛勤劳动、诚实劳动、创造性劳动；要引导大学生边学边干、边干边学，坚持理论学习与实践探究融合、实现技能提升与岗位要求对接，把个人发展融入现代化发展潮流之中；要积极培育大学生的创新思维、加强创新实践、提升创新能力、增强创新产出，为助力现代化发展而不懈努力。

坚持教育与劳动相结合是我国教育的重要方针，是中国共产党治国理政的重要策略。中国共产党历届领导人均十分重视劳动教育，尤其是党的十八大以来，习近平总书记围绕劳动教育和弘扬劳动精神发表了系列重要论述，为新时代高校加强劳动教育提供了理论指南和实践遵循。伟大时代呼唤伟大精神，崇高事业需要榜样引领。对于奋战第二个百年奋斗目标主力军的大学生而言，亟须赓续优良传统，传承劳动精神。因此，客观分析新时代大学生劳动精神的生成机理、全面理解其价值意蕴、深入探究其培育路径，对于高校落实立德树人根本任务和培育德智体美劳全面发展的高素质人才具有重要意义。

三、加强劳动教育的重要意义

习近平总书记在全国教育大会上明确指出，教育要培养德智体美劳全面发展的社会主义建设者和接班人。习近平总书记的重要讲话，突出了劳动教育的地位和作用，丰富了中国特色社会主义教育理论，是党的教育方针的新发展，是马克思主义关于人的全面发展学说在当代中国的新发展。

劳动创造了财富，也创造了人。生活靠劳动创造，人生也靠劳动创造。劳动把人的知识、能力、智慧、思想、道德、情操等融为一体，提升人的整体素质，具有综合的育人功能和独特的育人价值。马克思在《资本论》中说："正如我们在罗伯特·欧文那里可以详细看到的那样，从工厂制度中萌发出了未来教育的幼芽，未来教育对所有已满一定年龄的儿童来说，就是生产劳动同智育和体育相结合，它不仅是提高社会生产的一种方法，而且是造就全面发展的人的唯一方法。”因此，劳动教育是马克思主义教育思想的重要内容，是中国特色社会主义教育的标志性特征。新时期加强劳动教育，是全面贯彻党的教育方针的基本要求，是落实立德树人根本任务的有效途径。

（一）劳动教育是巩固大学生理想信念的重要途径

当前，受种种因素影响，劳动教育出现了边缘化甚至异化的趋势。部分学校受应试教育的影响，弱化劳动教育；部分家长对劳动观念的重要性认识不足，出现重智育、轻劳动教育的现象，导致学生的劳动机会减少、劳动意识缺乏，出现轻视劳动、不会劳动、不珍惜劳动成果的现象。造成这种现状的根本原因，是人们对社会主义教育本质特征的认识不清，对劳动所蕴含的教育价值认识不足。因此，对劳动教育的高度重视，具有强烈的针对性和鲜明的时代性。新时期加强劳动教育，对于培养学生的劳动兴趣、磨炼意志品质、增强社会责任感、提高实践能力、促进身心健康和全面发展，对于坚持中国特色社会主义教育发展道路、坚持社会主义办学方向，对于推进教育现代化、实现中华民族伟大复兴的中国梦，均具有重要的现实意义。

习近平总书记就为什么要开展劳动教育、怎样开展劳动教育、如何评价劳动教育等问题，进行了许多深刻系统的论述，这一系列论述是新时代高校加强劳动教育的重要依据，更是大力弘扬劳动精神的重要指南。劳动精神是所有劳动者在创造幸福生活的过程中需要保持的劳动态度、劳动意识及精神风貌。高校要培养德智体美劳全面发展的社会主义建设者和接班人，首先要引领大学生树立新理念、践行新思想、承载新使命，要帮助大学生弄清楚中国共产党为什么“能”，马克思主义为什么“行”、中国特色社会主义为什么“好”。要通过劳动教育将理想信念、科学理论教育贯穿教书育人的整个过程。人生犹如高楼大厦，人的精神支柱犹如钢筋结构，缺少精神支柱就会丧失人生支柱，随时存在坍塌的危险，而理想信念就是人生的精神支柱，任何一个社会都需要有一个精神支柱，围绕这个支柱建构起整个社会的文化价值系统。新时代的高校教育，要在劳动教育中坚定大学生的理想信念，帮助大学生树立正确的劳动观和价值观，逐渐克服自己的弱点和缺陷，不断超越自我，使其坚信辛勤劳动是幸福生活的前提。

（二）劳动教育是落实立德树人根本任务的有效手段

习近平总书记多次强调立德树人是教育的根本任务。党的十八大报告指出："全面贯彻党的教育方针，坚持教育为社会主义现代化建设服务、为人民服务，把立德树人作为教育的根本任务，培养德智体美全面发展的社会主义建设者和接班人。"党的十八大以后，习近平总书记多次走进大中小学，在与师生座谈时深入阐述了立德树人的重要意义和实施途径，其中就包括要加强大学生劳动教育。

新时代，坚持立德树人，必须加强学生的劳动教育。社会的现代化带来了价值观念的冲突，一方面，科学技术高速发展，日新月异，物质生活越来越丰富；另一方面，社会变革风云莫测，特别是文化多元，各种思想交相融合，一些腐朽的享乐文化也随之而来。学生们正面临着复杂环境的挑战，如果不能树立正确的世界观、人生观、价值观，很难肩负起实现中华民族伟大复兴的重任。立德树人就要把劳动教育融入高校教书育人的全过程。社会发展实践历程深刻表明，劳动教育既能培养大学生吃苦耐劳的优秀品质，也能塑造大学生崇德尚善的高尚人格，是落实立德树人的关键课程。

（三）劳动教育是遵循人才成长规律的重要体现

党的十八大以来，以习近平同志为核心的党中央，始终把立德树人作为教育的根本任务。2018 年 5 月 2 日，习近平总书记在北京大学师生座谈会上发表重要讲话指出："人才培养一定是育人和育才相统一的过程，而育人是本。人无德不立，育人的根本在于立德。这是人才培养的辩证法。办学就要尊重这个规律，否则就办不好学。"习近平总书记在尊重教育规律，坚持立德树人，丰富、完善和发展党的教育方针方面提出了一系列新论断、新主张。因此，在大学期间开设劳动教育课程，引导大学生参加劳动，在劳动实践中提升道德修养，是立德树人的重要手段，是遵循人才成长规律的重要体现。

时代召唤使命，使命引领担当。每一代人都有自己的使命和担当，新时代赋予青年大学生实现中华民族伟大复兴的担当和责任，除了依靠高校的培养，关键还要看自身的努力。新时代大学生思维活跃、接受能力强，对生活和工作有想法、敢追求。但是部分学生存在好高骛远、好逸恶劳、贪图享受的问题，因此，要通过劳动教育及时对其进行引导，将新时代大学生打造成德智体美劳全面发展的社会主义建设者和接班人。

（四）劳动教育是培养社会主义建设者和接班人的客观需要

对于大学生来讲，劳动虽然不能直接创造物质财富，但是可以创造精神财富，这个精神财富就是优良的品质，让人受益无穷。在当今社会，有些人好逸恶劳，拒绝劳动，甚至瞧不起劳动者。有的说：“我们是来学习的，不是来做苦力的！”这样对吗？虽然我们来大学是要学习文化理论知识，但实践是获取直接经验的重要途径，劳动是科学文化知识的源泉。现代科技再也不是“四体不勤，五谷不分”的人闭门造车的产物，袁隆平院士为了研究杂交水稻，吃住在田间地头，这才解决了几亿人的温饱问题，离开一线劳动，这些都是不可想象的。

大学生接受劳动教育，不仅能提升理论修养，而且能够增加阅历。通过在课堂教学、自身学习、实验实践等教育环节中付出大量劳动，将自己打造成有用之才，这不仅有利于我们在挥洒汗水中塑造百折不挠的坚强品质，在艰苦奋斗、忘我拼搏中锤炼坚强意志，使其成为我们可受用终身的精神财富；还有利于我们形成积极向上的就业创业观，提升创业创新意识和能力，在国家社会需要与个人价值实现、专业学习和岗位匹配等方面找到平衡。

总之，劳动精神的培育是高校德育的重要内容，劳动技能的教育是高校智育的重要内容，将劳动教育与德智体美并列，既是对劳动教育本身的有效加强，也是对德智体美教育的有力支撑。新时代加强大学生劳动教育，贯彻党的教育方针，要坚持马克思主义指导地位，贯彻习近平新时代中国特色社会主义思想；坚持社会主义办学方向，落实立德树人的根本任务；坚持教育为人民服务、为中国共产党治国理政服务、为巩固和发展中国特色社会主义制度服务、为改革开放和社会主义现代化建设服务；要扎根中国大地办教育，同生产劳动和社会实践相结合，加快推进教育现代化、建设教育强国、办好人民满意的教育，努力培养担当民族复兴大任的时代新人，培养德智体美劳全面发展的社会主义建设者和接班人。

第二章　新时代劳动教育的价值意蕴

劳动教育价值实际上回答的是劳动教育的作用和意义等方面的问题，从价值哲学的角度看，所谓价值主要是指客体的存在、属性及其变化，同主体尺度是否相一致或相接近，即价值是对主客体关系的一种主体性描述，主要反映的是客体对于主体的有用性或者实用性。总体而言，与劳动教育构成价值关系的主体主要包括个人和高校，因此探讨劳动教育的价值意蕴，需要从学生和高校这两大主体的需求特点入手。

坚持教育与劳动相结合是我国教育的重要方针，是中国共产党治国理政的重要策略。中国共产党历届领导人均十分重视劳动教育，尤其是党的十八大以来，习近平总书记围绕劳动教育和弘扬劳动精神发表了系列重要论述，为新时代高校加强劳动教育提供了理论指南和实践遵循。对于奋战第二个百年奋斗目标主力军的大学生而言，亟须赓续优良传统，传承劳动精神。因此，客观分析新时代加强大学生劳动教育的逻辑理路、全面理解其价值意蕴，对于高校落实立德树人根本任务和培育德智体美劳全面发展的高素质人才具有重要意义。

第一节　加强劳动教育的价值逻辑

劳动是社会进步的根本力量，也是人类社会的本质活动。大学生是新时代社会发展的主力军，高校需要立足理论、现实、历史等多个维度分析自身进行大学生劳动教育的逻辑理路，从而更好地探究劳动教育的价值意蕴。

一、对马克思主义劳动理论的推陈出新

劳动是马克思主义理论的重要范畴，是马克思主义理论体系最基本的内容。马克思提出："全部人的活动迄今为止都是劳动。"① 这从人类本体的角度阐述了劳动的重要意义。通过上述论述可知，劳动不仅仅创造了物质生活，而且创造了精神文明，因此，劳动是人类的生活方式和存在形式，更是人类实现自由、平等、全面发展的必然路径。马克思主义理论中的历史唯物主义、政治经济学、个人发展等都蕴含了丰厚的劳动价值理论，深刻彰显了劳动对于生产力水平提高、商品价值的产生和社会进步等方面的重大意义。马克思高度强调，劳动对于人的进步发展具有非常重要的意义，并且坚持劳动教育要与智育、体育等进行融合，认为这是造就全面发展的人的唯一方法。列宁认为在教育中融入劳动元素，是促进社会发展，达到理想社会的重要路径。反之，如果教育和劳动相脱离，那么未来社会理想是不可能实现的。因此，坚持教育与劳动相结合是人的全面发展的必然途径，开展劳动教育也是马克思主义理论的重要观点。中国共产党自诞生之日起，就始终坚持马克思主义，马克思主义理论体系中关于"促进人自由而全面的发展"的目标，自然就成为中国共产党的奋斗目标之一，那么劳动教育自然也就成为实现这一目标的重要途径。党的十八大以来，以习近平同志为核心的党中央高度重视劳动教育对于时代新人培养的重要意义。中共中央、国务院为此也陆续出台诸多文件，确保劳动教育对于高校落实立德树人根本任务的重要作用的发挥。习近平总书记也围绕劳动教育做出了众多指示，如"劳动可以树德、可以增智、可以强体、可以育美。""要在学生中弘扬劳动精神，教育引导学生崇尚劳动、尊重劳动，懂得劳动最光荣、劳动最崇高、劳动最伟大、劳动最美丽的道理，长大后能够辛勤劳动、诚实劳动、创造性劳动。"②

上述论述充分说明劳动教育对于新时代人才培养的重要意义。习近平总书记不仅仅强调劳动教育的重要性，并且就如何加强劳动教育作出了重要指示。"要采取适应当前环境和条件的有效措施，加强劳动教育，组织好形式多

---

① 中共中央马克思恩格斯列宁斯大林著作编译局．马克思恩格斯文集（第一卷）［M］．北京：人民出版社，2009：192.

② 习近平著作选读（第二卷）［M］．北京：人民出版社，2023：202.

样的劳动实践，让学生在实践中养成劳动习惯，学会劳动、学会勤俭。”① 习近平总书记关于劳动教育的诸多论述蕴含非常丰厚的劳动教育思想，它在塑造劳动精神、端正劳动态度、倡导尊重创新、推广劳动育人等方面对马克思主义劳动观的价值维度、理论深度、实践力度等都进行了延伸和拓展，是马克思主义劳动观的中国化和时代化。中国共产党历届领导人对劳动教育在人才培养中的意义的论述与马克思主义劳动观高度契合，是马克思主义劳动观在中国新时代人才培养工程中的新发展，是马克思主义劳动观的时代创新。

二、对中华优秀传统劳动文化的继承发展

在中华民族五千多年的历史风雨中，勤劳勇敢的中国人民坚持用劳动创造美好未来，形成了崇尚劳动、热爱劳动的传统美德；铸就了底蕴丰厚、辉煌灿烂的中华民族文化；锤炼了以自强不息、勤劳勇敢为标识的劳动品质；形成了以艰苦奋斗、崇尚劳动为核心的中华民族劳动文化。重视实践、崇敬劳动已经融入中华民族的血脉、浸入国人的心灵，成为中华民族的特有基因，这也是永葆国家富强、民族昌盛、人民幸福的精神密码。那些流传千古的经典诗句无不绽放出中华民族崇敬劳动、热爱劳动的优良传统。陆游的“小园烟草接邻家，桑柘阴阴一径斜。卧读陶诗未终卷，又乘微雨去锄瓜”深深表达了祖辈们热爱劳动和辛勤劳动之情；李白的“渔子与舟人，撑折万张篙”充分展现了我国劳动人民勤勇奋斗的精神；王维的“持斧伐远扬，荷锄觇泉脉”、方岳的“雨过一村桑柘烟，林梢日暮鸟声妍。青裙老姥遥相语，今岁春寒蚕未眠”、辛弃疾的“大儿锄豆溪东，中儿正织鸡笼。最喜小儿亡赖，溪头卧剥莲蓬”等等均充分彰显了我国古人高度重视劳动。上述千古绝唱不仅是文学的精华，更是千年中华优秀传统文化的典型代表，是对中华民族优秀劳动文化的集中表达，是对中华民族勤劳勇敢、崇敬劳动的民族精神的有力诠释。2018 年，习近平总书记在全国思想宣传工作会议上的讲话指出：“推动中华优秀传统文化走出去，不能停留在舞个狮子、包个饺子、耍套功夫上，不能满足于向国外提供一些表层的文化符号上，关键是要把优秀传统文化的精神标识提炼出来、展示出来，把优秀传统文化中具有当代价值、世界意义的文化精髓提炼出来、展示出来。”中华优秀传统文化深深印刻着中华民族精

① 习近平著作选读（第二卷）[M]. 北京：人民出版社，2023：202.

神，孕育着高校培育担当民族复兴大任的时代新人的丰厚精神资源。

“落其实者思其树，饮其流者怀其源。”新时代高校要立足中华优秀传统文化的精神宝库，不忘本来，吸收外来，面向未来，在育人实践中转化、在转化中应用、在应用中超越，有效汲取中华民族优秀传统文化的精神养分，营造学生崇尚劳动、尊重劳动的良好氛围；帮助学生塑造劳动最崇高、劳动最伟大、劳动最美丽的强烈意识；培养学生辛勤劳动、诚实劳动的良好习惯。综上，高校加强大学生劳动教育是对中华优秀传统劳动文化的继承和发展。

三、对中国共产党优良教育传统的践行创新

中国共产党历来非常注重劳动教育，坚持劳动与教育相结合的方针，将劳动教育贯穿于中国共产党的百年风雨教育历程中。中国共产党在成立初期就着手对劳动教育进行探索，通过开创劳动补习学校、建设劳动工人俱乐部等途径提升工人们的文化水平、启发工人们的革命觉悟、强化工人们的革命意识、锤炼工人们的革命意志，从而凝结强大的革命力量。1934 年，第二次全国苏维埃代表大会召开，毛泽东指出：“苏维埃文化教育的总方针在什么地方呢？在于以共产主义的精神来教育广大的劳苦民众，在于使文化教育为革命战争与阶级斗争服务，在于使教育与劳动联系起来，在于使广大中国民众都成为享受文明幸福的人。”① 同时，苏维埃政府明确提出要坚持教育与劳动相结合，并将此写进《小学课程教学大纲》之中，为劳动教育的开展提供了指导性文件。抗日战争阶段，抗日根据地学校承载育人和生产的双重职责，既要开展育人工作，又要为根据地提供物质资料。因此，抗日根据地学校在编写教材中坚持教育与劳动结合的方针，在育人中生产，在生产中育人，通过物质生产为提升大众文化水平创造了坚实条件。

新中国成立后，中共中央和国务院相继制定了劳动教育的相关政策，为确保教育与劳动融合，培养担当民族复兴大任的时代新人提供了政策保障。1949 年，具有临时宪法作用的《中国人民政治协商会议共同纲领》，确立了“教育为工农服务，为生产建设服务”的基本方针。20 世纪 50 年代初期，“坚持教育与生产劳动相结合”首次写入我国教育部文件，为劳动教育融入学科教学奠定了基础，“教育与生产劳动相结合”成为我国重要的教育方针。

① 毛泽东同志论教育工作［M］. 北京：人民教育出版社，1958：15.

1978年全国教育工作会议召开，邓小平指出："为了培养社会主义建设需要的合格的人才，我们必须认真研究在新的条件下，如何更好地贯彻教育与生产劳动相结合的方针。"[①] 这一论述既明确了我国教育的目标是培养社会主义建设者和接班人，又突出了劳动教育对人才培养的重要性。20世纪90年代初期，中共中央、国务院通过的《中国教育改革和发展纲要》提出，全国教育工作的重要任务是增强劳动者的综合素质，培养德智体全面发展的社会主义建设者。20世纪90年代末期，中共中央、国务院发布《关于深化教育改革全面推进素质教育的决定》，对学校劳动教育和学生素质教育提出了相应要求，并作出了具体规定。虽然我们党和国家在不同时期就劳动教育的地位、课程性质、教育目标、人才培养等提出了不同要求，但是在本质上都体现了对劳动教育的高度重视。

进入新时代，我国不断推进教育体制改革，逐渐完善德智体美劳全面发展的人才培养体系，使得劳动教育在我国人才培养中的地位更加凸显，劳动教育政策更趋成熟。习近平总书记在2018年全国教育大会上就为何加强劳动教育、如何开展劳动教育作出了明确指示，为新时代落实"三全育人"理念和开创"五育"并举新局面指明了方向。之后，中共中央、国务院就如何加强劳动教育陆续出台了《意见》等系列文件，就各学校在开展劳动教育过程中的课程设置、教学课时、教育保障、实践活动、教学实施等都进行了明确规定。这是以习近平同志为核心的党中央对于新时代劳动教育高度重视的具体化，新时代加强大学生劳动教育是对中国共产党优良教育传统的践行创新。

四、对社会主义现代化建设伟大实践的深度总结

时代是思想之母，实践是理论之源。我国现在正处于实现两个一百年奋斗目标的历史交汇期，又迎来百年未有之大变局的关键期。中国特色社会主义建设已经取得伟大成就，已经迎来了从站起来、富起来到强起来的伟大飞跃，已经开启实现中华民族伟大复兴的加速度，迈入全面建设社会主义现代化国家的新征程。习近平总书记在党的二十大报告中指出："十年来，我们坚持马克思列宁主义、毛泽东思想、邓小平理论、'三个代表'重要思想、科学发展观，全面贯彻新时代中国特色社会主义思想……实现一系列突破性进展，

---

① 《邓小平文选》（第二卷）［M］. 北京：人民出版社，1994：107.

取得一系列标志性成果，经受住了来自政治、经济、意识形态、自然界等方面的风险挑战考验，党和国家事业取得历史性成就、发生历史性变革，推动我国迈上全面建设社会主义现代化国家新征程。”中国梦凝聚着整个中华儿女的深深期盼和不懈奋斗，新征程寄希望于无数仁人志士的果敢担当和执着奋斗。我们要坚持教育优先发展、科技自立自强、人才引领驱动，加快建设教育强国、科技强国、人才强国，聚天下英才而用之。坚持教育优先发展、加快推进教育强国建设，其首要对象就是大学生群体。大学生精力最旺盛、思维最敏捷，是奋战新征程的主力军，是实现中国梦的主体力量。教育强国、科技强国和人才强国基于大学生德智体美劳全方位发展，而劳动教育是提升大学生综合素质的重要环节，是培育大学生劳动精神的重要路径。加强大学生劳动教育、端正大学生劳动态度、塑造大学生劳动精神是圆梦中华民族伟大复兴的现实要求。自党的十九大以来，中国特色社会主义进入新时代，社会诸多方面已经发生重大变化。经济增长方式转变、人民生活水平提高、综合国力显著增强，我国发展迎来历史机遇期。“船到中流浪更急，人到半山路更陡。”虽然我们发展势头强盛，但是在发展过程中也面临诸多障碍，如国际挑战日益激烈、改革发展困难重重、风险挑战不容小觑等，这些新情况新问题给大学生前进道路和人生发展带来了新挑战。

因此，为加速推进社会主义现代化建设和实现中国梦远大目标，高校要改变常规思维，破除一切不合时宜的思维定式和固有观念，深入贯彻新教育理念，努力在社会主义现代化建设实践中锤炼新时代大学生劳动精神。伟大的劳动精神源于伟大的社会实践，传承于一代代劳动者的辛勤劳作，并且成为中华民族历久弥坚的精神支柱。因此，高校加强大学生劳动教育是对社会主义现代化建设实践的深度总结。

第二节　新时代劳动教育的个体价值

劳动教育具有鲜明的社会性，只有扎根于具体社会实践，才能充分彰显其社会价值和育人价值。总体而言，对于新时代高校劳动教育而言，需要牢牢把握其对于大学生的个体价值和对教育主体的高校价值。人民创造历史，劳动开创未来。劳动是推动人类社会发展进步的根本力量，中国迈入社会发展的新征程，劳动强度虽然有了根本性改变，但是在全面建成社会主义现代化强国的过程中，必须紧紧依靠人民、始终为了人民，必须依靠辛勤劳动、诚实劳动、创造性劳动，使劳动精神光芒绽放，激励人民勇往直前。“幸福不会从天而降，梦想不会自动成真。”① 人世间的美好梦想、发展中的各种难题、生命力的一切辉煌都需要以强大的劳动精神凝心聚力、凝魂聚气，形成齐心协力、风正劲足的良好劳动势头。一勤天下无难事，必须引导学生牢固树立劳动最光荣、劳动最崇高、劳动最伟大、劳动最美丽的观念，让广大学生进一步焕发劳动热情、释放创造潜能，通过劳动创造更加美好生活。

劳动教育是培养担当民族复兴大任的时代新人的重要举措，是高校落实立德树人根本任务的重要环节。新时代的新发展对高校劳动教育提出了新要求、设定了新目标、形成了新路径，系统梳理新时代高校劳动教育的育人价值对于新时代高校解决“培养什么人”“如何培养人”等问题意义重大。

一、促进大学生健康人格形成的必然途径

健康人格的形成和发展是所有大学生的职责、使命和任务，也是人类社会追寻的最为根本的价值取向，是新时代高校教育的出发点和落脚点。高校要紧扣大学生健康人格培养的理论和实践两个维度开展教育。

（一）劳动教育强化了大学生的心智

从理论视角出发，高校要培养大学生健康人格，必须促进专业教育与素质教育相融合、普适性教育与特殊性教育相融合，致力于培养理论水平高、道德品质好、专业技能强的新时代优秀大学生。从实践视角出发，高校要培养大学生健康人格，要注重对大学生的社会实践培养，要在劳动教育中提升大学生综合素质。通过劳动教育引导学生客观分析自我现状、寻找与目标差距、深入探究原因、寻找弥补缺陷对策。习近平总书记指出：“人无精神则不立，国无精神则不强。精神是一个民族赖以长久生存的灵魂，唯有精神上达到一定的高度，这个民族才能在历史的洪流中屹立不倒、奋勇向前。”② 大学生是否具备健康的心理素质、是否拥有积极健康的心理状态直接决定中华民

---

① 习近平谈治国理政（第一卷）［M］. 北京：外文出版社，2018：44.
② 习近平谈治国理政（第二卷）［M］. 北京：外文出版社，2017：47-48.

族的永续发展，提升大学生的精神境界有利于中华民族屹立于历史洪流。

因此，高校在强化大学生专业素质教育的同时，必须加强大学生其他学科的教育，致力于增强大学生综合素质。如果仅仅依靠理论教学，无法提升大学生劳动热情、端正大学生劳动态度、塑造大学生劳动精神，更加无法帮助大学生树立劳动最光荣、劳动最伟大的理念，从而无法帮助大学生形成健康的人格，也就难以培养担当民族复兴大任的时代新人。高校通过开展体系化专业教学可以提升大学生的理论水平、丰富大学生的专业素养、拓宽大学生的知识视野。同时，劳动实践是大学生最美劳动理念和健全人格塑造的重要环节，大学生通过理论学习所获取的系列专业知识只有通过实践才能被转化，只有通过实践才能被消化吸收，只有通过实践才能产生社会价值。培养大学生健全的人格既要基于个人身心全方位广度，又要基于个人个性的深度，使其各方面潜能都得以发展，但不是所有品格均质发展。高校劳动教育不是简单的“授人以鱼”，更是“授人以渔”；不是单纯的“传道授业解惑”，更是“价值塑造”和“精神培育”，要通过劳动教育锤炼大学生的高尚人格、增强其心智。

（二）劳动教育增强了大学生的使命感

蓝图不可能一蹴而就，梦想不可能一夜成真。人间万事出艰辛，越是美好的未来，越需要付出艰辛努力。高校要鼓励大学生积极投身社会实践劳动，通过实践劳动教育，营造真抓实干、埋头苦干的良好风尚。同时，通过劳动教育努力提升自我能力，弥补自身缺陷；引领大学生在社会实践中深刻认识自我，清楚认识社会发展状况，从而增强社会使命感。大学阶段是人生最宝贵的阶段，也是人生重要的转型阶段，高校要高度重视对大学生的劳动教育，真正关心和爱护学生的成长，为他们放飞青春梦想、成就出彩人生搭建舞台。通过营造浓厚劳动教育氛围，激励大学生投身劳动，不断激发大学生的创造力和创新力。通过加强大学生劳动教育增强其使命感，支持帮助大学生迈好走向社会的第一步，使大学生深刻明白“青春是用来奋斗的”这一道理。

“有信念、有梦想、有奋斗、有奉献的人生，才是有意义的人生。”① 当代青年建功立业的舞台空前广阔，梦想成真的前景空前光明。通过加强大学

① 习近平谈治国理政（第一卷）［M］. 北京：外文出版社，2018：175.

生劳动教育，使其在劳动教育中多一些体会、多一些历练、多一些挫折，有利于增强大学生经受挫折的勇气，培育淡定从容的心理素质，塑造坚韧顽强的个人意志，永葆奋发向上的拼搏精神，在劳动教育中形成强烈的使命感和责任感，更好地投身社会主义现代化建设的宏伟实践。

（三）劳动教育坚定了大学生的理想信念

“理想指引人生方向，信念决定事业成败。没有理想信念，就会导致精神上‘缺钙’。”[①] 实现中华民族伟大复兴既是全国各族人民的共同理想，更是新时代大学生应该牢固树立的崇高理想。中国特色社会主义道路是我们党历经百年风雨探寻的、实现中华民族伟大复兴的正确道路。随着新媒体快速发展，国际国内、线上线下、虚拟现实、体制外体制内等界限愈益模糊，构成了越来越复杂的大舆论场，更具有自发性、突发性、公开性、多元性、冲突性、匿名性、无界性、难控性等特点，舆论生态发生重大变化，对大学生群体产生了较大影响。主要表现为：部分大学生理想信念滑坡、价值取向错位、政治立场动摇、内生动力不足等，这些都是影响大学生健康成长的关键因素，如果不及时消解，将严重影响大学生的理想信念，对其产生重大冲击。高校要充分利用各种时机和场合，形成有利于培育大学生劳动精神的学习场景和校园氛围，使劳动育人的影响像空气一样无时不有、无处不在。通过劳动教育，能鞭策大学生不断追求卓越进步，激励其树立正确的理想信念；能培育大学生民族品质、提升大学生党国情怀、塑造大学生劳动精神，使大学生面对现实情况时保持清醒头脑，面对历史问题时保持坦然的态度，面对未来发展时保持奋斗的激情；能不断培育大学生精益求精的精神，激励其尊重劳动、尊重知识、尊重人才、尊重创造，提升新时代大学生的劳动热情和创新创造的潜能，更加坚定大学生走中国特色社会主义道路和实现中华民族伟大复兴的理想信念。

二、促进大学生正确的劳动价值观形成的内在要求

劳动价值观是大学生在劳动实践中和经过劳动教育形成的对劳动的基本态度。价值观是在人类认识、改造自然和社会的过程中产生作用的，劳动价

---

① 习近平谈治国理政（第一卷）［M］. 北京：外文出版社，2018：50.

值观通过大学生的日常生活、工作学习等发挥作用。高校加强大学生劳动教育为大学生劳动价值观的形成创设了条件，也为大学生劳动价值观的形成提供了路径，对于大学生成长成才具有重要意义。

（一）为大学生劳动价值观的形成创设了条件

“一种价值观要真正发挥作用，必须融入社会生活，让人们在实践中感知它、领悟它。”① 帮助学生树立正确的劳动价值观，要把劳动价值观的要求融入学校的各种教育活动之中，吸引大学生广泛参与，推动学校教学改革、教材改革、教法改革，营造劳动育人的良好校园氛围。五千年中华民族历史历久弥新，锤炼了以艰苦奋斗、勤劳勇敢为内核的劳动品质，孕育了底蕴深厚、博大精深的民族文化。中华优秀传统文化中对劳动的阐述，以及对劳动的崇敬在上文中已经进行说明，热爱劳动、崇敬劳动成为中华优秀传统文化中的重要内容，这也是中华民族重要的价值取向，通过劳动教育培育大学生劳动价值观也是题中之义。《礼记》《尚书》等中国儒家经典书籍中就强调辛勤劳动对于人的世界观和价值观的形成具有重要影响，也折射出劳动是人的世界观和价值观形成的重要基础。进入新时代，我国教育事业发展也步入了新征程，教育面临实现高质量发展和争创世界一流的突出问题，因此必须着力解决好培养什么人、怎样培养人、为谁培养人的问题，这是教育的根本问题，也是建设教育强国的核心问题。教育无论发展到什么程度，第一位永远是立德树人，要引导学生树立正确的世界观、人生观、价值观，全面发展、学有所长，培养出党和国家需要、对社会有用的人。通过劳动教育引导学生形成正确的劳动价值观具有重要意义，这是高校开展劳动教育的必然选择。

2018 年，中共中央、国务院通过《关于全面深化新时代教师队伍建设改革的意见》，提出要在思想道德教育、科学文化教育、心理健康教育和生活技能训练等教育环节中有机融入劳动教育，这从国家政策层面为劳动教育融入各阶段各学校的人才培养奠定了基础。习近平总书记在党的二十大报告中再次强调：“全面贯彻党的教育方针，落实立德树人根本任务，培养德智体美劳全面发展的社会主义建设者和接班人。”这为高校落实立德树人根本任务指明了方向。高校必须坚定不移地以习近平新时代中国特色社会主义思想为指南，

---

① 习近平谈治国理政（第一卷）［M］. 北京：外文出版社，2018：165.

全面贯彻党的教育方针，落实党的教育政策，在劳动教育中提升大学生劳动技能，培育大学生正确的劳动价值观，致力于培育德智体美劳全面发展的时代新人。

（二）为大学生劳动价值观的形成提供了路径

青年的价值取向决定了未来整个社会的价值取向，而青年又处在价值观形成和确立的时期，抓好这一时期的价值观养成十分重要。[①] 大学生的健康成长与劳动息息相关，要通过劳动教育培育大学生优良的劳动习惯、锤炼坚韧的劳动品质。如今，我们迈上了全面建设社会主义现代化国家的新征程，正处于两个一百年的历史交汇期，国内国际形势严峻，挑战与机遇并存，这对新时代大学生的劳动态度、劳动精神、专业技能、综合素养等等都提出了更高要求。高校要以滴水穿石的精神状态加强大学生劳动教育，塑造大学生劳动精神，帮助大学生形成正确的劳动价值观。当今高校大学生的年龄都是20岁左右，社会实践缺乏，社会经验不足，其劳动价值观很难通过长期的理论学习形成，必须在扎实的劳动实践中树立，因此，劳动教育是帮助大学生树立劳动价值观的重要路径。“道不可坐论，德不能空谈。”[②] 于实处用力，在知行合一上下功夫，劳动价值观才能内化为人们的精神追求，外化为人们的行动自觉。加强大学生正确劳动价值观的培养不是通过说教可以轻松实现的，而是要通过辛勤劳动培育的。劳动教育作为高校落实立德树人根本任务的重要途径和提升“大思政”育人实效的“实践育人”载体，有利于“传道”与“授业”的结合，也有利于“劳育”与“德育”的结合，更有利于社会、学校和家庭育人资源的联动。

一个民族要走在时代前列，就一刻不能没有理论思维，一刻不能没有正确思想指引。同理，高校劳动教育要注重理论思维，加强理论阐述。高校要结合新时代中国特色社会主义的宏伟实践，阐述马克思主义劳动观、习近平新时代中国特色社会主义思想对劳动的新要求；要鼓励大学生参加志愿服务、勤工助学、“三下乡”、对口帮扶等活动，通过系列实践活动廓清大学生对劳动教育的认识迷雾，科学回应大学生“为何劳动、如何劳动”等问题，帮助

① 习近平谈治国理政（第一卷）［M］. 北京：外文出版社，2018：172.

② 习近平谈治国理政（第一卷）［M］. 北京：外文出版社，2018：173.

大学生树立正确的劳动价值观。大学生正确劳动价值观的养成绝非一日之功，要坚持由易到难、由近及远，从小事做起，从日常生活开始，努力把正确劳动价值观的要求变成日常行为规则，进而转化为自觉行动。

三、鞭策大学生投身现代化建设实践的内生动力

“实现中华民族伟大复兴，绝不是轻轻松松、敲锣打鼓就能实现的，要付出更为艰巨、更为艰苦的努力。现在的青少年绝大多数在不愁吃穿的环境中长大，培养他们的责任感、坚强意志、吃苦耐劳精神需要比过去付出更多努力。”① 高校加强大学生劳动教育，组织形式多样的劳动实践，让学生在实践中养成劳动习惯，学会劳动、学会勤俭，能凝聚大学生奋战新征程的强大动力，能激励大学生投身社会主义现代化建设的宏伟实践。

（一）凝聚大学生奋战新征程的强大力量

从现在起，中国共产党的中心任务就是团结带领全国各族人民全面建成社会主义现代化强国、实现第二个百年奋斗目标，以中国式现代化全面推进中华民族伟大复兴。我们已经全面建成小康社会，实现第一个百年奋斗目标，现在正朝第二个百年奋斗目标迈进，迫切需要凝魂聚气、凝魂聚力，大学生是我国奋战新征程的主力军。2022 年 5 月 10 日，习近平总书记在庆祝中国共产主义青年团成立 100 周年大会上的讲话指出：“青春孕育无限希望，青年创造美好明天。一个民族只有寄望青春、永葆青春，才能兴旺发达。”国家要富强、民族要振兴、政党要兴旺，就寄托于青年一代。追求进步，是青年最宝贵的特质，也是党和人民殷切的期望，必须加强大学生劳动教育，引导大学生树立良好的劳动习惯，端正大学生的劳动态度，塑造大学生的劳动精神，纠正大学生“衣来伸手、饭来张口”的陋习，改变大学生“好逸恶劳、坐享其成”的错误观念，帮助大学生形成“劳动最崇高、劳动最伟大”的正确认识。高校通过劳动教育，增强了大学生的主人翁意识，提升了“剧中人”的责任，形成了朝气蓬勃、斗志昂扬的奋进状态，彰显了奋楫笃行、激情豪迈的青春风采。加强大学生劳动教育，能引导大学生形成对劳动教育的深刻认识，并且客观对待体力劳动和脑力劳动，从而形成积极健康的劳动习惯，形

---

① 习近平著作选读（第二卷）［M］. 北京：人民出版社，2023：200.

成理论功底深厚、劳动技能娴熟、党国情怀深、专业情操高的时代新人。高校通过加强劳动教育，激励大学生投身社会主义现代化建设的宏伟实践，铸就吃苦耐劳的伟大劳动精神，凝聚大学生奋战新征程的伟大动力，能使大学生用青春的爆发力和创造力激荡起百年征程的澎湃春潮，用青春的激情和使命赛出新征程的新姿态，在奋战第二个百年目标的赛道上披荆斩棘，向全世界彰显大国风貌。

（二）激励大学生投身新目标的宏伟实践

“劳动是推动人类社会进步的根本力量。”① 人类社会的发展进步都是劳动的必然结果，人类美好幸福生活的宏伟目标的实现必须紧紧依靠劳动。新时代，实现美好目标，既要促进物质的丰厚发展，也要推动精神的繁荣昌盛。广大高校学生作为现代化建设的生力军，要锤炼劳动精神，培育劳动品质，养成劳动习惯，发挥只争朝夕的奋斗精神，共同投身中华民族伟大复兴的宏伟实践。党的十九大、二十大相继对我国经济社会发展和现代化建设作出了顶层设计和精确部署。全面建成社会主义现代化强国，总的战略安排是分两步走：从二〇二〇年到二〇三五年基本实现社会主义现代化；从二〇三五年到本世纪中叶把我国建成富强民主文明和谐美丽的社会主义现代化强国。宏伟蓝图已经绘就，雄伟目标已经明确，逐梦唯有笃行。我国正处于经济结构转型和世界新一轮技术革命的交汇时期，必须促进我国从制造大国转向为制造强国，牢牢牵住科技创新的“牛鼻子”，下好科技创新这步先手棋，占领世界科技创新的制高点，把握科技发展的主导权。面对前所未有的科技竞争态势，我们别无选择，只能在辛勤劳动中提升和实现。

新时代，我国经济发展已经进入新常态，社会发展已经进入新阶段，新阶段的新发展呈现新特点、出现新问题，这对新时代的创造性劳动、创新性发展、新质生产力提升提出了明确要求。上述新要求和新变化为新时代高校人才培养提出了新要求、设置了新标准、形成了新目标。培养动手能力强、劳动态度好、专业技能高、适应新形势新变化的优秀劳动者迫在眉睫。“实现我们的发展目标，不仅要在物质上强大起来，而且要在精神上强大起来。”②

① 习近平谈治国理政（第一卷）［M］. 北京：外文出版社，2018：44.

② 习近平谈治国理政（第一卷）［M］. 北京：外文出版社，2018：46.

高校大学生是现代化建设的主力军，是奋战第二个百年奋斗目标的中流砥柱。因此，加强大学生劳动教育，培育大学生劳动精神，是加速劳动创新和推动科技进步的关键，是发展新质生产力的关键力量。高校要贯彻落实立德树人根本任务，在劳动教育中培育大学生创新创业能力，激发大学生刻苦奋斗的精神，激励大学生诚实劳动、创造性劳动和辛勤劳动；引导大学生在干中学、在学中干，对标人才培养标准，提升综合素质，坚持理论与实践融合、岗位要求与自我发展融合，始终将自我发展融入科技发展潮流之中；努力培育大学生的劳动精神、增强大学生的劳动意识，培育创新能力、增强创新产出，为助力现代化发展不断进步，积极投身新目标的宏伟实践。

第三节　新时代劳动教育的高校价值

劳动教育是新时代高校落实立德树人根本任务的重要手段，实现中华民族伟大复兴，教育的地位和作用至关重要，劳动教育更是功不可没。党的十八大以来，习近平总书记着眼于国际竞争格局和国家发展大势，多次阐明建设教育强国是中华民族伟大复兴的基础工程，在全国教育大会上强调要“培养德智体美劳全面发展的社会主义建设者和接班人”，为新时代我国教育事业发展明确了宏伟目标，是对新时代劳动教育地位和使命的最新理论定位和重大思想创新。教育部在 2020 年通过的《大中小学劳动教育指导纲要（试行）》中，明确提出“三全育人”的重要概念，并且明确阐述了加强劳动教育的原则、路径及目标。当前，我国已进入全面建设社会主义现代化国家新征程，比以往任何时候都更加需要加快推进教育现代化，需要大幅提升科技整体水平，需要建设世界重要人才中心和创新高地。党和国家对高校劳动教育形成了新期盼、提出了新要求。高校开展劳动教育，对于人才培养具有重要意义，主要包括如下几个方面：劳动教育是高校构建“大思政”格局的有效途径；是高校解决教育根本问题的必然选择；是高校培育时代新人的重要支撑；是高校落实立德树人根本任务的内在要求；是高校铸魂育人的应有之义。

一、构建“大思政”格局的有效途径

习近平总书记指出：“要坚持把立德树人作为中心环节，把思想政治工作贯穿教育教学全过程，实现全程育人、全方位育人，努力开创我国高等教育事业发展新局面。”贯彻“三全育人”理念，构建大思政格局已经是迫在眉睫，构建全员育人体系、全过程育人机制、全方位育人格局已经成为全部教育工作者的重要任务。为此，很多学校不断探索创新，开展了诸多行之有效的举措，比如，构建劳动教育新格局、创新劳动教育新方式等。高校要将思政教育内化于理论教育、劳动教育和实践教育等环节之中，学校的一切教育教学活动均应围绕这个目标展开。因此，劳动教育作为培育时代新人的重要手段自然成为高校“大思政”格局的重要组成部分。劳动教育旨在引导和加强大学生对马克思主义人生价值观的践行，从而使其积极践行社会主义核心价值观。① 高校通过加强大学生劳动教育，既要阐述马克思主义劳动观，又要贯彻习近平新时代中国特色社会主义思想关于劳动的新要求；既要帮助大学生端正劳动态度，又要塑造大学生劳动精神；既要培育大学生劳动技能，又要提升大学生综合素质；等等。在劳动教育中落实马克思主义理论教育，在理论教育中加强劳动教育。

劳动教育已经成为一种特殊的思政教育活动，也是思政教育的新形态，是高校培育时代新人的重要途径。高校可通过将劳动教育纳入人才培养方案，从规范顶层设计加强劳动教育，使其真正成为大学生思政教育的重要方式；通过创新劳动教育形式，丰富劳动教育内涵，加强课程思政建设，构建德智体美劳全方位教育的协同育人体系，形成“大思政”格局，致力于促进大学生全面发展，真正增强大学生将劳动教育内化于心、外化于行的效果；把劳动教育贯穿教育教学的全过程，倡导“辛勤劳动、诚实劳动、创造性劳动”的理念，使劳动教育成为高校育人的主旋律，激发大学生投身劳动实践的热情，鞭策大学生提升劳动技能，端正劳动态度，增强劳动热情，践行社会主义核心价值观。

---

① 李波，李璐，陈冰冰．课程思政理念下大学生劳动教育课程建设与评价［J］．现代职业教育，2023（04）：21-24.

二、解决教育根本问题的必然选择

育人的根本在于立德。落实立德树人根本任务，必须着力解决好“培养什么人、怎样培养人、为谁培养人”的问题，这是教育的根本问题，也是建设教育强国的核心课题。建设教育强国的目标，就是要培养一代又一代德智体美劳全面发展的社会主义建设者和接班人，培养一代又一代在社会主义现代化建设中可堪大用、能担重任的栋梁之材，确保党的事业和社会主义现代化强国建设后继有人。高校要培养德智体美劳全面发展的时代新人，必须着力解决好教育根本问题，而劳动教育就是解决这一根本问题的必然选择。

习近平总书记指出：“社会主义建设者和接班人，定语就是‘社会主义’，这是我们对培养什么人的本质规定。”① 大学生作为担当民族复兴大任的主流群体，是国家、政党和民族的希望。高校应致力于把大学生培养成政治立场坚定、党国情怀深厚、劳动态度诚恳、劳动精神坚韧的德才兼备的优秀人才。着力解决“培养什么人”的问题。人才培养是育人和育才相统一的过程，教育传授给学生的不仅是知识，更重要的是技能提升、能力锻炼、人格养成、精神塑造。教育无论发展到什么程度，第一位永远是立德树人，通过劳动教育培育大学生正确的劳动价值观、坚韧的劳动素养、积极的劳动态度等对于解决“培养什么人”的问题具有重要意义。高校可以通过劳动教育，向大学生阐述改革开放四十多年来我国发生的巨大变化和取得的巨大成就，使大学生深受感染，形成强烈意识。作为新时代大学生要有高尚的劳动品质，厚植爱国主义情怀，要把国家、人民和民族装在心中，积极践行社会主义核心价值观，养成良好的社会公德、职业道德、家庭美德、个人品德，自尊自信、自立自强，具备昂扬向上的艰苦奋斗精神。通过劳动教育培养大学生创新思维，不断提高与时代发展和事业要求相适应的素质和能力，积极投身社会实践，在社会的大学校里、在全面建设社会主义现代化国家的火热实践中掌握真才实学，增益其所不能，成为对国家、社会和民族有用的人。

着力解决“怎样培养人”的问题。高校通过统筹设计、科学规划，充分整合和利用各种育人资源，协调联动各方力量，发挥家庭、学校和社会的协同育人成效，形成多维联动的协同育人机制，全员、全过程、全方位开展劳

---

① 习近平著作选读（第二卷）[M]. 北京：人民出版社，2023：196.

动教育。各级各类学校要树立以劳育人、以劳立德、以劳铸魂、以劳育才的理念，将劳动教育融入课程教学、专业教育、社会实践各个环节，贯穿学习、生活、实训等各领域，体现到教育教学、成长成才的全过程。高校劳动教育应是多维度、立体化的，要构建多维引领、多联互动、全域协同的劳动教育体系，开展全方位劳动教育，切实实现为党育人、为国育才的目标。

着力解决“为谁培养人”的问题。古今中外，关于教育的思想流派繁多、理论观点各异，但在教育必须培养社会发展所需要的人这一点上是共通的，每个国家都是按照自己的政治要求来培养人的。中国共产党百年历程经验充分表明，培养劳动态度好、劳动精神坚、劳动价值观正的社会主义建设者和接班人，是巩固和发展社会主义制度、推动社会主义事业顺利发展的重要前提。我国已迈上全面建设社会主义现代化国家的新征程，培养一代又一代拥护中国共产党领导和我国社会主义制度、立志为中国特色社会主义事业奋斗终身的有用人才，是高校承载的重要教育使命。必须坚持为党育人、为国育才，把立德树人放在教育工作的首要位置，把劳动教育贯穿教育工作的始终；全面贯彻党的教育方针，促进学校、家庭、社会的有机融合，把劳动教育内化到教育各领域、各方面、各环节，使其成为检验教育工作的重要标准。

三、培育时代新人的重要支撑

习近平总书记在党的二十大报告中强调：“弘扬以伟大建党精神为源头的中国共产党人精神谱系，用好红色资源，深入开展社会主义核心价值观宣传教育，深化爱国主义、集体主义、社会主义教育，着力培养担当民族复兴大任的时代新人。”时代新人是新时代奋战第二个百年奋斗目标的主要力量，其内涵伴随时代发展而不断丰富。着力培养担当民族伟大复兴的时代新人是新时代党和国家赋予高校的重要使命，这为高校教育锚定了方向。培育时代新人是新时代高校的重大战略任务，需要多管齐下，齐抓共管，强化德智体美劳等多个方面的教育。也就是说，时代新人是德智体美劳五个维度全面发展的人才，是德才兼备的社会主义建设者和接班人。习近平总书记指出：“劳动可以树德、可以增智、可以强体、可以育美。”① 可见，劳动教育在时代新人培养中具有重要地位，也就是说，劳动教育是培养时代新人的重要支撑。同

① 习近平著作选读（第二卷）[M]. 北京：人民出版社，2023：202.

时，要严格贯彻党的教育方针，把新时代大学生培育成德才兼备的建设者。

新时代，我国经济发展进入新常态，社会发展进入新阶段。我国发展的内外环境进一步发生深刻变化，面对新的战略机遇、新的战略任务、新的战略要求、新的战略环境，需要解决的矛盾和问题比以往更加复杂，但是总的来说就是要坚持和贯彻新发展理念。党的十九大报告提出，要建设“知识型、技能型、创新型”劳动者大军，弘扬劳模精神、工匠精神、营造劳动光荣的社会风尚和精益求精的敬业风气。党的二十大报告提出，要着力培养担当民族复兴大任的时代新人，推动理想信念教育常态化制度化。高校教育是综合性的人才培养过程，具有经济、服务、教育多重功效，但是其最直接的目标就是培养德智体美劳全面发展的时代新人、培育促进高质量发展的劳动大军。

高校加强大学生劳动教育，有助于大学生树立劳动伟大、劳动光荣的理念；有助于大学生培育不畏艰险、迎难而上的志向；有助于培育其创造潜能、激发其创新热情、凝聚强大动力。人无精神不立，国无精神不强。新时代高校既要提升大学生专业技能，又要强化大学生价值引领和精神塑造。高校劳动教育是育人的重要手段，是培育社会主义现代化强国的建设者的重要支撑。

四、落实立德树人根本任务的内在要求

教育是国之大计、党之大计，是功在当代、利在千秋的德政工程，对提高人民综合素质、促进人的全面发展、增强中华民族创新创造活力、实现中华民族伟大复兴具有决定性意义。党的十八大以来，习近平总书记高度重视立德树人在教育工作中的重要意义和作用，在很多场合提出要把立德树人作为根本任务，培养德智体美劳全面发展的社会主义建设者和接班人。德者，本也。德对于个人、对于社会，都有基础性意义，是整个国家、民族、社会向上向善的力量。因此，广大师生必须“明大德、守公德、严私德”。2014年5月，习近平总书记在北京大学师生座谈会上指出，要立志报效祖国、服务人民，这是大德，养大德者方可成大业。同时，还得从做好小事、管好小节起步，踏踏实实修好公德、私德。加强道德教育是高校教育的重要目标，劳动教育是一个重要路径。

立德树人是高校教育的根本任务，德才兼备是人才培养的基本方向。习近平总书记在全国教育大会上指出，要努力构建德智体美劳全面培养的教育体系，把立德树人融入思想道德教育、文化知识教育、社会实践教育各环节。

培养德智体美劳全面发展的时代新人是我国教育的重要目标。党的二十大报告指出，教育是国之大计、党之大计，育人的根本在于立德。加强德育不仅能坚定大学生的政治立场，还能端正大学生的价值取向。从以前的“德智体”三线并进，到现在的“德智体美劳”全面发展，我国高校教育始终坚持“德才兼备，以德为先”的育人理念。

劳动能够锻炼人、磨砺人、塑造人，劳动教育是培育“德才兼备”人才的重要环节。高校旨在通过劳动教育提升大学生的劳动技能、端正大学生的劳动态度、塑造大学生的劳动精神，培育大学生诚实劳动、辛勤劳动、创新劳动的珍贵品质。因此，劳动教育和高校人才培养在道德教育目标上具有高度的一致性，以劳育德和立德树人在本质上也具有一致性。高校坚持“五育”融合，是培养全方位人才的必然要求；坚持教育与劳动结合，也是落实立德树人根本任务的内在要求，是提升大学生劳动品质和促进大学生专业技能融合发展的现实需要。我国进入新发展阶段，高质量发展是全面建设社会主义现代化国家的首要任务。国家富强和民族振兴需要强大的道德支撑和精神力量。习近平总书记指出：“实现中华民族伟大复兴的中国梦，物质财富要极大丰富，精神财富也要极大丰富。”[①] 大学生的德作为一种宝贵的精神财富，具有引导社会行为、内化民众力量、规范社会秩序、引领社会风尚等重要作用。只要整个社会成员努力积善成德、明德惟馨，只要新时代大学生不断追求美好崇高的精神境界，就能凝聚起实现中华民族伟大复兴的强大动力和道德支撑，我们的国家就能繁荣昌盛、我们的民族就能兴旺发达、我们的政党就能永葆生机活力。基于促进高质量发展的现实需要，加强劳动教育确实成为培育适应高质量发展的时代新人的重要任务，并且迫在眉睫。

综上，高校要坚持“三因理论”——育人工作要遵循因事而化、因时而变、因势而新，聚焦大学生劳动价值观、劳动态度、劳动精神等目标，开拓劳动教育路径、丰富劳动教育载体、创新劳动教育形式、拓展劳动教育内涵，引导大学生崇尚劳动，形成自觉劳动的良好习惯和勤奋刻苦的宝贵品质。大学生能否形成良好的劳动品质和塑造坚韧的劳动精神，对他们能否具备良好的职业发展前景具有重要影响。高校重视大学生劳动教育，在劳动教育中帮助大学生形成正确的劳动价值观、锤炼坚韧的劳动品质，引导大学生树立正

① 习近平谈治国理政（第二卷）［M］. 北京：外文出版社，2017：323.

确的价值取向，立志成为有理想、敢担当、能吃苦、肯奋斗的新时代好青年，这是其落实立德树人根本任务的客观需要。

五、铸魂育人的应有之义

青年最富有朝气、最富有梦想。近代以来，我国青年不懈追求的美好梦想，始终与振兴中华的历史进程紧密相连。在革命战争年代，广大青年满怀革命理想，为争取民族独立、人民解放冲锋陷阵、抛洒热血；在社会主义革命和建设时期，广大青年响应党的号召，向困难进军，向荒原进军，保卫祖国，建设祖国，在新中国的广阔天地忘我劳动、艰苦创业；在改革开放时期，广大青年发出团结起来、振兴中华的时代强音，为祖国繁荣富强开拓奋进、锐意创新。可见，在中国革命、建设和改革的任何时期，中国共产党始终注重凝魂聚气、凝魂聚力，激励着青年大学生勇于承载时代使命和对历史的担当精神。中国共产党从来都是把青年大学生作为党和人民事业发展的生力军，从来都注重青年大学生在宏伟实践中实现人生价值，展望未来，青年一代必将更有作为，也必将大有作为。

习近平总书记在党的二十大报告中已经对我国未来发展作出了科学擘画。社会发展目标已经明确、经济社会发展的任务仍然艰巨，尤其面对竞争激烈的国际态势，要想在竞争中立于不败之地，就必须加大人才培养力度，促进人的全面发展，这是新时代办好人民满意的教育的重要手段。习近平总书记在党的二十大报告中强调："教育、科技、人才是全面建设社会主义现代化国家的基础性、战略性支撑。必须坚持科技是第一生产力、人才是第一资源、创新是第一动力，深入实施科教兴国战略、人才强国战略、创新驱动发展战略，开辟发展新领域新赛道，不断塑造发展新动能新优势。"人才竞争越来越成为未来社会竞争的关键，要凝聚青年大学生投身现代化建设的合力，必须高度重视人才培养，全面提升大学生综合素质，力争占领未来竞争的制高点。就新时代高校而言，坚持党的教育方针，着力解决"培养什么人、怎样培养人、为谁培养人"这一教育根本问题，培养德智体美劳全面发展的担当民族复兴大任的时代新人，是高校教育工作的初心和使命。

当今社会环境风谲云诡，社会思想意识复杂多样，主流价值遭遇市场逐利挑战。[①] 部分大学生衣来伸手的懒惰行为日渐盛行、追逐利益的投机心态蠢蠢欲动，甚至在短视频中迷失方向、在游戏中丧失自我；伴随社会主义市场经济的发展，大学生的世界观、人生观和价值观受到严重挑战，拜金主义、享乐主义、极端个人主义盛行，道德失范、唯利是图、低俗庸俗媚俗等思想行为频频向公序良俗发起挑战，对弘扬社会主义主流思想道德和价值观念产生了消极影响。与此同时，社会生产力水平不断发展，物质财富不断丰富，社会保障制度不断健全，人民生活水平不断提升，劳动不再仅仅是谋生的手段，而是人生价值实现的重要方式。高校是人才培养的主阵地，虽然经济社会发展赋予了高校多重功能，但是最根本的还是人才培养。人才培养一定是育人和育才相统一的过程，育人是根本，育人的根本又在于立德，立德的关键就是铸魂。高校加强大学生劳动教育，通过培养德智体美劳全面发展的社会主义建设者和接班人，不仅要注重劳动技能培养，还要注重劳动精神塑造；不仅要加强大学生感性认识，更要注重大学生理性认识，真正使其实现在理论知识内化的过程中培育劳动情怀和锤炼劳动品质。高校亟须通过对大学生开展价值观教育，达到凝魂聚气、固本强基的目标。高校对大学生开展价值观教育的路径具有多样性，而劳动教育是对大学生进行价值引导和灵魂塑造的有效手段。如通过劳动教育积极培育大学生“爱岗敬业、争创一流、艰苦奋斗”的劳动态度、“勇于创新、淡泊名利、甘于奉献”的职业精神、“自强不息、持之以恒、追求卓越”的价值取向等。

劳动教育可以激励大学生投身社会主义现代化建设伟业，引领大学生树立正确的劳动价值观，从而深刻认识和理解马克思主义劳动价值观，使新时代大学生能真正用马克思主义理论武装头脑。高校要把立德树人这一根本任务落实到教育教学的过程中来，就需要落实铸魂育人工作，特别需要把握好劳动教育这一重要手段，变革劳动教育方式、创新劳动教育模式、构建劳动教育机制。高校要顺应市场经济发展对人才需求的新变化，适时调整人才培养的方案和策略，通过课堂教学、实验实训、日常活动等开展知行统一的有益尝试和积极探索。要注重把立德树人、劳动教育的严格要求和春风化雨、润物无声的灵活方式结合起来，充分挖掘各门课程中的劳育内涵，加强劳动

---

① 中共中央宣传部. 习近平新时代中国特色社会主义思想三十讲［M］. 北京：学习出版社，2018：215.

教育课程建设，构建学校、家庭、社会联通互动的多维劳动教育共同体，最终实现以劳树人、以劳育才的综合育人价值，真正实现新时代大学生全面发展。

第三章　新时代劳动教育的目标定位

明确劳动教育目标是劳动教育的首要问题。这主要是因为，教育目标既是教育的出发点，又是教育的落脚点。如果高校劳动教育的目标不清晰，必然导致劳动教育的开展发生偏差，最终将会导致高校劳动教育体系发生根本性变化。新时代高校劳动教育确实还存在一系列问题，这些问题大多数与劳动教育的目标定位不明确有关。因此，从根本上弄清楚劳动教育的目标定位对提升新时代高校劳动教育实效具有非常重要的意义。

第一节　劳动教育目标的科学审视

劳动教育目标对于劳动教育确实具有非常重要的意义，但是就现状而言，不管是从理论维度还是从实践维度，关于明确劳动教育目标还存在很多亟待解决的问题。比如，劳动教育和德智体美四育有何联系、有何区别？劳动教育与思政教育的关系是什么？上述问题既是劳动教育目标方面的问题，又是涉及劳动教育自身作为独立教育范畴存在的合法性的问题。

一、科学把握劳育与德智体美四育的关系

对于劳动教育的意义，人们几乎没有太多的争议。但是，对于劳动教育是否具备成为独立一育的条件，是否能够与德智体美四育在设计上并列，学界并未取得一致的意见。表面上看，劳动教育是否能作为独立一育与其他四育共同构成全面发展教育的有机组成仅仅是个逻辑层面的讨论问题，但是，一旦劳动教育不能与其他四育在逻辑上并列，就意味着劳动教育并没有其独

立的教育目标，这在一定程度上就会动摇劳动教育作为独立一育存在的合法性。为此，对当前关于劳动教育地位的不同观点进行及时辨析对于科学审视劳动教育目标具有非常重要的意义。

2018 年全国教育大会召开，习近平总书记指出，要努力构建德智体美劳全面培养的教育体系，培养德智体美劳全面发展的社会主义建设者和接班人。此时，劳动教育犹如德智体美四育被纳为人才培养的重要标准，成为时代新人必须具备的基本素养。全国教育大会召开后，学术界高度关注“劳动教育”，并且将其推向研究的热潮，当然学术界关于劳动教育和德智体美四育的关系研究还存在较大分歧，可以从理论思维和实践思维两个维度进行阐述，具体如下：

（一）关于劳动教育地位的不同学说

1. 协同育人说

高校劳动教育与德智体美四育之间具有密不可分的关系，相互联系、相互融通。现在，学界关于劳动教育与德智体美四育关系的研究主要针对劳育与德智体美四育的育人地位，对于两类育人载体关系的研究其实就是关于劳育与德智体美四育育人地位的争辩。学术界以黄济先生为典型代表提出劳动教育与德智体美四育在同一逻辑层面，共同构成协同育人共同体，视劳动教育为人才培养的重要构成要素之一。黄济先生按照劳动不同的类型，将“劳动教育”分成社会志愿劳动、生产技术劳动、社会服务劳动等，开展劳动教育主要包括劳动精神、劳动态度、劳动立场、劳动习惯、劳动理念等的培养，主要任务是提升大学生的劳动技能以及在劳动教育中开展思想政治教育。马克思主义关于人的全面发展理论的核心思想就是坚持教育与生产劳动相结合，中国共产党在充分汲取马克思主义关于人的全面发展理论核心思想的基础上，高度重视教育与生产劳动相结合，使劳动教育成为我国传统教育的重要内涵。习近平总书记在党的二十大报告中强调：“培养造就大批德才兼备的高素质人才，是国家和民族长远发展大计。功以才成，业由才广。坚持党管人才原则，坚持尊重劳动、尊重知识、尊重人才、尊重创造，实施更加积极、更加开放、更加有效的人才政策，引导广大人才爱党报国、敬业奉献、服务人民。”黄济先生还基于人类形成和发展的视角审视这个维度提出，劳动教育在培育青少年独立生活能力、社会适应能力、自主生活能力等方面具有德智体美四育具有无可比拟的优越性。[①] 同时，劳动教育对于个体的创新创业能力、动手操作能力的提升和发展也具有独特的作用。劳动教育和德智体美四育之间是相互联系、相互依存、不可分割的关系，劳动教育作为独立存在的个体，在培育时代新人方面具有其他育人方式不可替代的作用和价值。黄济先生高度肯定劳动教育在培养青少年的独立性、自主性、主动性等方面的作用和功效，可以说明，劳动教育是人才培育的重要组成部分，与德智体美四育构成协同育人体系。

2. 非协同育人说

针对劳动教育与德智体美四育关系的争鸣，有些学者明确反对将劳动教育和德智体美四育并列作为促进人的全面发展教育的重要组成部分。这些学者认为劳动教育与德智体美四育不是一种类型，两者不在一个逻辑层面，无法形成协同育人共同体。在学界，这种观点主要是以瞿葆奎先生为代表，他认为个人的发展主要集中于身、心两个维度，“心”的发展包括智、德或智、德、美。作为独立个体的人的身、心发展的教育涵盖德育、智育、体育和美育，劳育是极其重要的。这一观点明确表明，劳动教育虽然重要，但是就逻辑层面而言，其明显与德智体美四育不相统一。当前，关于劳动教育有诸多误解，其中有一个关键性原因不能忽视，那就是学界对教育与生产劳动相结合这一命题中的一些关键概念，如智育、体育等的翻译错误有很大关系。一般认为德智美是属于人的“心”的范畴，而体是属于人的“身”的范畴，身和心就构成了人的全面发展的整体过程、整个体系。由此可见，劳动教育是另一种范畴的教育、另一种逻辑的教育，它和德智体美完全不在一个逻辑层面，不是同类范畴的教育因素，不是协同育人的重要组成，也就是说，劳动教育和德智体美四育不能并列为人的全面发展教育的组成部分。

3. 中介说

关于劳动教育和德智体美四育的关系，除了上述两种意见完全不同的观点外，就劳动教育在人才培养中的地位，学术界还有一种相对中立的观点，那就是育人“中介说”。檀传宝教授是这种观点的主要代表者，他紧扣教育内容和教育功能两个不同层次，详细阐述其关于劳动教育的中介地位和功能。

---

① 黄济. 关于劳动教育的认识和建议［J］. 江苏教育学院学报（社会科学版），2004（05）：17-22.

他的最重要观点就是，劳动教育是在人才培养过程中促进受教育者从认识劳动走向劳动实践的“过渡”或者中介教育形式。① 檀传宝教授提出的劳动教育地位中介说依托一个重要依据那就是人的素质培育，人的素质包括硬素质和软素质：硬素质是物质素质，软素质是精神素质；个体就是物质素质和精神素质的融合体。物质素质与人的身体素质相对应，精神素质与人的知识、情怀、意志三个方面相对应。身体素质在人才培养中属于体育的维度；而精神素质中的知识、情怀、意志分别属于智育、德育和美育等三个维度。由此可见，德智体美四大育人合力谱写培育时代新人的华丽乐章。放眼望去，拥有这些综合素质的人，最终都将成为社会主义大家庭中的活跃分子，劳动的主力军，让这乐章更加生动有力。从这个充满活力的视角出发，劳动教育就是德智体美四育中最直接、最动人的旋律。

就本质而言，关于劳动教育地位的不同主张，就是对劳动教育不同地位的认识和见解。什么是教育目标呢？一般来讲，教育目标主要是指对教育对象在未来教育中要达到的一个预期的设想。具体而言，就是受教育者要按照教育者的预期目标成长成才，这是教育目标必须回答的关键问题。上述三种关于劳动教育地位的不同观点，虽然各有侧重、各有取舍，仍然存在分歧，但是分歧的背后有一个共同点，就是都将论证焦点聚集在劳动教育对人的素质培养的意义上。也就是说，对人的素质结构的认识决定其对劳动教育地位的认识，持什么样的素质结构认识论就会有什么样的劳动教育地位论。比如说，认为劳动教育和德智体美四育不在同一逻辑层面上的非协同育人说，在本质上彰显了一种对劳动教育目标的潜在否定。因为，教育目标是为提升人的素养而形成的一个明确的概念。如果劳动教育难以在人的素养结构中找到其独有的关键位置，那么自然就会错失其培养目标。在这样的背景下，劳动教育这个概念与其说是一个针对人的素养提升和培养的教育概念，倒不如说它是一个在人才培养中有着特殊意义的教育路径。即劳动教育不是人的素养教育，而只是育人的一种手段和路径。当然，如果劳动教育被视为一种教育手段，无可厚非，它将失去因为目的性而存在的可能性。综上所述，学界开展关于劳动教育地位的探究，实质折射出的是学界对劳动教育是否有其专属

① 檀传宝. 劳动教育论要：现实畸变与起点回归［M］. 北京：北京师范大学出版社，2020：125.

教育目标的看法。

（二）劳动教育地位独立性的辩护

劳动教育欲与德智体美四育并驾齐驱，必须在人的素质结构中寻得其坚实的立足点。否则，劳动教育在逻辑上就难以确立独立的教育地位。在此，我们需明确一个核心议题：人的素质结构的划分，除了现行的身心标准之外，是否还存在其他标准？倘若我们能在人的素质结构中探明德、智、体、美这四种素养所未能全面涵盖的领域，那么，这将为劳动教育独立地位的确立提供理论上的有力支撑。实际上，关于人的素质结构的身心二分的观点，并非当代学者独创。王国维在他的《论教育之宗旨》一文开篇指出："论教育之宗旨何在？在使人为完全之人物而已。何谓完全之人物？谓人之能力无不发达且调和是也。人之能力分为内外二者：一曰身体之能力，一曰精神之能力。发达其身体而萎缩其精神，或发达其精神而罢敝其身体，皆非所谓完全者也。完全之人物，精神与身体必不可不为调和之发达。而精神之中又分为三部：知力、感情及意志是也。对此三者而有真美善之理想：真者知力之理想，美者感情之理想，善者意志之理想也。完全之人物，不可不备真美善之三德。欲达此理想，于是教育之事起。教育之事亦分为三部：智育、德育（即意育）、美育（即情育）是也。"①

知、情、意的"三分法"是提顿斯在沃尔夫的官能心理学的基础上提出的。提顿斯将心划分为理解、情感和意志三个部分，也就是知、情、意。但是，提顿斯关于"心"的这种三分法，在当时并未受到足够的重视。真正让"三分法"受到关注的是康德三部主要著作的发表。《纯粹理性的批判》主要讲认识论，相当于认识活动；《实践理性批判》主要讲伦理学，相当于意志活动；《判断力批判》主要讲美感，相当于情感。基于此，有学者认为，这三部分不仅构成了康德的批判哲学体系，也构成了他的心理学体系。康德肯定了把心理活动再分为认识、情感和意志三大项的见解，② 由于康德在学术上的崇高地位，18 世纪末之后，这样的关于"心"的三分法逐渐成为当时的一种主

---

① 王国维. 情志之美 王国维美学精选集［M］. 长春：吉林人民出版社，2021：139.

② 墨菲，柯瓦奇. 近代心理学历史导引［M］. 林方，王景和，译，北京：商务印书馆，1980：70.

流思想。

这种关于人的素质结构的分类，从其推理逻辑来看，是相当成功的。然而，仅凭逻辑上的自洽性来划分人的素质结构，可能并不充分。这是因为，人的素质结构的分类是基于对人类素质全面理解的基础之上的。素质结构的科学分类必须以对人类素质全面理解的科学性为前提。而我们对人类素质的全面理解，与我们如何认识人的本质紧密相关。也就是说，我们关于人的本质的认识，将决定我们如何演绎人的素质结构。

从马克思主义的视角审视，人的本质在其现实性上体现为社会关系的总和。这一理论深刻揭示了，对人类素质的全面理解必须回归到具体生动的社会实践中去深入探究，从而准确把握其现实的本质规定性。当我们从社会关系总和的视角深入理解人的本质时，便能清晰地认识到人的素质并非抽象之物，而是具有历史性和具体性的存在。它既凸显了鲜明的时代特征，又展现了显著的实用价值。换言之，一个在素质结构上全面的人，绝非脱离社会、脱离实际生活的抽象个体。其素质的形成和发展，应当服务于个体在现实生活中的实际需求。换言之，教育目标的设定，不仅要明确受教育者应具备的素质，更要阐明具备这些素质的个体应如何生活、承担何种社会角色与使命。基于此，我国教育方针既明确了人的素质构成（即德智体美劳全面发展），也确立了具备该素质构成个体的社会形象（即社会主义建设者和接班人）。

因此，在探讨教育目标时，除了可从人的身心构成的抽象层面讨论其基本素质外，亦可从人的生活需求或社会角色的角度审视所需具备的素质。在这方面，斯宾塞的理论或许能为我们提供一些有价值的启示。斯宾塞认为，传统教育并未顾及生活实际需求，反而专注于传授对生活而言无关紧要的细节。他指出，无论是心智还是身体，我们追求的往往是装饰性胜于实用性。不仅在历史上如此，在当代亦然，那些受人推崇的知识被置于首位，而那些能够增进个人福祉的知识则被置于次要位置。对于生活技能有益的知识，其地位更是微不足道。在当前的大学和普通学校教育中，也存在类似的本末倒置现象。①

因此，在这个纷繁复杂的世界里，教育始终扮演着举足轻重的角色，它

---

① ［英］赫·斯宾塞. 斯宾塞教育论著选［M］. 胡毅，王承绪，译，北京：人民教育出版社，2005：7.

不仅塑造着个人的未来，更是社会进步的基石。因此，这位深谙教育真谛的智者，明确地提出了一个振聋发聩的观点：教育的根本目的，并非仅仅为了知识的累积或技能的掌握，而是为了人的完满生活做准备。这一理念，如同璀璨星辰，照亮了教育前行的道路，引领我们深入思考何为真正的教育价值。“怎样生活?”这一问题，不仅仅是个人层面的困惑，更是全人类共同的课题。它超越了物质层面的追求，触及了生命本质的深层思考。在快节奏、高压力的现代生活中，人们往往容易迷失方向，忽略生活的真谛。而教育，正是那把开启心灵之门的钥匙，它教会我们如何在纷扰中寻得内心的宁静，如何在挑战中保持坚韧不拔，如何在成功与失败之间找到平衡。从最广泛的意义上来看，“怎样生活?”涵盖了人生的方方面面：从个人修养到社会责任，从职业发展到家庭和谐，从精神追求到物质满足。教育的目标，就是培养个体在这些领域都能做出正确选择、展现良好风貌的能力。这种能力的培养并非一蹴而就，而是需要长期的教育熏陶和实践锻炼。

总之，怎样运用我们的一切能力使其对己对人最为有益，怎样完满地生活？这既是我们需要学的大事，也是教育中应当教的大事。为我们的完满生活做准备是教育应尽的职责；而评判一门教学科目的唯一合理办法就是看它对这个职责尽到什么程度。那么，教育要如何才能够更好地为完满生活做准备呢？这就需要我们对完满生活的基本构成领域和层次有准确的把握。在斯宾塞看来，应当按照重要的程度把人类生活的几种主要活动加以分类。它们可以自然地排列成为：（1）直接有助于自我保全的活动；（2）获得生活必需品而间接有助于自我保全的活动；（3）目的在抚养和教育子女的活动；（4）与维持正常的社会和政治关系有关的活动；（5）在生活的闲暇时间用于满足爱好和感情的各种活动。这五个方面构成了一个人生活的基本领域。

因此，人通过教育所获得的素质就要有助于其在这些不同的领域或角色中更好地生活。简言之，只有那些帮助人获得完满生活的素质，才是教育需要培养的。暂且不论斯宾塞关于完满生活五个方面划分的科学性如何，他这样一种基于人的生活的现实性的角度来考虑人的素质的思路，是有其特别重要的现实意义的。当前教育改革的一个重要价值取向就是强调要回归生活世界，但是教育对生活的回归不能够仅止于内容、手段和方法，更应该将生活作为教育的土壤和最终归宿。

在这方面，日本教育家小原国芳的“全人教育”思想或许是一个重要的尝试。他认为，教育的内容必须包含人类的全部文化，因此教育必须是绝对的“全人教育”。此处所说的“全人教育”，是针对完全人格，即和谐人格而言。人在文化上欠缺了多少，作为人就残缺了多少。① 而他关于人的素质结构的认识，虽然也秉持了身心二分的基本观点，但他在对身心所包含的具体要素的理解上，基于其“全人教育”思想，提出了新的教育见解。他认为，人类文化有六个方面，即学问、道德、艺术、宗教、身体、生活等。学问的理想是真，道德的理想是善，艺术的理想是美，宗教的理想是圣，身体的理想是健，生活的理想是富。教育的理想就是创造真、善、美、圣、健、富这六种价值。而真、善、美、圣四种价值称为绝对价值，健、富的价值称为手段价值。② 其关于真、善、美、圣四种绝对价值的强调，更多地体现为人的形而上的精神性需求，而健、富这两种手段的价值反映了作为形而下的物质性存在需要。

这种关于人的素质结构的划分，虽然其中蕴含着宗教性的色彩，但与以往的认识有所不同。它不仅考虑了作为人的一般性的内在规定性，而且充分考虑了人的现实性需求。特别是对于作为手段价值的健康和富裕的强调，更凸显了其鲜明的社会现实性特征。通过深入分析，我们不难发现，其对人的素质结构的理解，在继承了传统的身心二分观念的基础上，展现了其独到的见解和创新的阐释。尤为值得一提的是，在对身体的认识上，他作出了重大贡献，打破了以往仅从健康和体育角度审视身体的局限性，将维系生命存在的、与财富创造活动紧密相关的日常生活实践纳入了对身体理解的范畴。这一认识的拓展，使得人的素养结构更加全面，更贴合实际需求。若我们将小原国芳“全人教育”理念中的宗教元素进行剥离，其关于人的素质结构的宏观视角，对于我们依据生活实际来构建人的素质结构，具有不可忽视的借鉴意义。

总体而言，人的生活包括物质生活和精神生活两个主要范畴。前者是人的生活的物质基础和存在前提，其中，人的身体的健康是构成人生命存在的生理前提，而人的劳动创造则是构成人生命维系的物质保证。“任何一个民

① 小原国芳. 小原国芳教育论著选（下卷）［M］. 刘剑乔，等，译，北京：人民教育出版社，2017：1.

② 小原国芳. 小原国芳教育论著选（下卷）［M］. 刘剑乔，等，译，北京：人民教育出版社，2017：1.

族，如果停止劳动，不用说一年，就是几个星期，也要灭亡，这是每一个小孩子都知道的。”因此，劳动过程“制造使用价值的有目的的活动，是为了人类的需要而对自然物的占有，是人和自然之间的物质变换的一般条件，是人类生活的永恒的自然条件。”① 人的物质生活不同于动物的物质生活的重要地方就在于，人通过劳动可以创造出满足人的需要的对象物，因而人在自然面前获得了其作为主体的能动性，而动物只能是从对自然的直接利用来满足自我的生存需要，因而是受制于自然的支配的。这里在身体维度上对于劳动创造的强调，有点类似于小原国芳所讲的指向生活的“富”的教育。

从精神生活的角度看，劳动是人的生活的意义构成和文明保障。如果说物质生活主要解决的是人靠什么而“活着”这一现实层面的问题，那么精神生活则重在解决“为什么活”和“如何活”等意义层面的问题。对于人来讲，精神生活主要涉及三个方面：理智的生活、道德的生活和审美的生活。其中，理智的生活主要体现为人对存在世界本质的追问和探索，其基本价值追求是“真”；道德的生活则更多地与人的社会存在有关，主要体现的是生活的“善”的维度；而审美的生活主要反映的是人对生活品位和格调的追求，其核心价值就在于美。

通过上述不难发现，劳动教育对于生活而言，其独特的价值就在于，它指向的是一种创造生活的素质的培养，其核心就在于使人获得一种对象化的物质创造能力。这样一种对象化的物质创造能力显然不是其他四育所要着力培养的目标。由此可见，在这样一种分析框架中，劳动教育获得了其在育人体系当中的独特目标，这也就赋予了劳动作为独立教育的合法性。与此同时，由于劳动教育所指向的创造生活在逻辑上与其他四育所指向的生活具有一致性，这也就确保了劳动教育具备与其他四育共同构成全面发展教育组成部分的逻辑自洽性。当然，以上的分析主要是基于一种理论上的演绎，现实当中这几个领域的生活也是会相互影响、相互作用的，但这并不妨碍彼此的相对独立性。

---

① 中共中央马克思恩格斯列宁斯大林著作编译局. 马克思恩格斯选集（第四卷）［M］. 北京：人民出版社，1995：580.

二、劳动教育与“教劳结合”

“教劳结合”就是教育与生产劳动结合，这是马克思关于人才培养理论的重要内容，是中国共产党在新时代确定时代新人培养标准的重要依据。自习近平总书记在2018年全国教育大会上提出，社会主义教育要培养德智体美劳全面发展的社会主义建设者和接班人，要在学生中弘扬劳动精神；要扎根中国大地办教育，同生产劳动和社会实践相结合之后，“教劳结合”在学术界受到了高度关注，也成为学术界研究的焦点。从此，“劳动教育”“教劳结合”“劳动育人”等词语成为教育研究的高频热词。当前学界对“劳动教育”“教劳结合”“劳动育人”等问题的研究集中表现为以下几个方面：一是劳动教育与“教劳结合”之间是什么关系？劳动教育是不是就是“教劳结合”？或者“教劳结合”是不是就是劳动教育？学界之所以围绕这些问题开展研究，是因为如果不弄清楚这些问题，就会带来理论和实践上的重重偏差。一个毋庸置疑的现实就是，现代这么多关于劳动教育的理论研究，都源于马克思主义的“教劳结合”理论，而且诸多学者将马克思的“教劳结合”思想直接等同于劳动教育。然而在实践中较多称之为劳动教育的做法，其实在本质上和“教劳结合”相契合，没有明显差异。在实际育人过程中为什么会造成劳动教育与“教劳结合”关系认识的偏差呢？其实就是人们关于劳动教育的目标认识存在误区，要科学把握劳动教育与“教劳结合”的关系，就必须廓清迷雾，深刻认识劳动教育的目标。就现实而言，“教劳结合”和劳动教育两者提出的背景、具体内涵、教育地位、实施路径等都存在着很大的区别。科学掌握两者的区别，对于学界精准把握劳动教育目标具有重要意义。

（一）“教劳结合”与劳动教育提出的背景各异

要想精准把握“教劳结合”和劳动教育的区别，必须对两者形成的社会背景有非常全面的了解。究其根源，“教劳结合”和劳动教育所形成的社会背景和它们各自要解决的教育问题，存在很大差距。

“教劳结合”就是教育劳动相结合，这是马克思主义人才培养思想的重要内容。马克思之所以如此重视将两者结合，究其最现实的原因就是为了解决工业化生产背景下少年和儿童的受教育问题，但是就人类社会的发展而言，则是为了实现全人类最终解放的目标。马克思、恩格斯所处的时代其实就是工业化大生产时代，这个时代的劳动区别与以往不同时代的特别之处就在于此时劳动的技术因素的影响力增大了，劳动过程中的科技含量较以前有了很大提高。在过去的纯手工劳作时代，劳动科技含量非常低，劳动程序非常单纯，复杂性很低，劳动者个人在劳动中所需要的各种能力基本上可以通过劳动获得满足，所以，当时每个劳动者及其儿女所需要的教育通过劳动即可获得。然而，大规模工业生产的出现，对工人的劳动技能和生产技术的要求比过去的手工时代高了很多。在这种情况下，光靠工作劳动很难满足培养工人技能的需求，所以工人和他们的子女需要在上班之外接受专门的教育，来保证他们学到必要的技能和掌握专门的技术。这就打破了过去那种教育和工作紧密结合的模式，导致工人的教育和生产劳动在形式上分开了。所以，马克思所讲的“教劳结合”的育人思想，其基本立足点就是工业化大生产的实际。它所要解决的最关键问题就是如何提高工人阶级的生产技能、如何维护工人阶级子女的受教育权益等。

现阶段，我们国家大力弘扬开展劳动教育的主旋律，这个劳动教育提出的背景与“教劳结合”思想的形成的社会背景有着相当大的区别。2020 年中共中央、国务院颁布的《意见》大力倡导大中小学要加强劳动教育，当时文件出台旨在解决近年来不少青少年学生在生活和学习上出现的贪图安逸、攀比之风盛行，家务劳动不想干、集体劳动不愿干，在劳动过程中挑轻避重，部分学生甚至鄙视体力劳动者以及对劳动的认同等系列问题。[①] 这其实就是说，劳动教育对于提升学生专业技能和劳动能力虽然重要，但是更为重要的是端正学生的劳动态度、培养学生的劳动精神、塑造学生正确的价值观等等。由此可见，新时代加强学生劳动教育旨在解决的问题和曾经的“教劳结合”所要解决的问题有着很大区别。综上，“教劳结合”所要解决的问题是如何在社会化大生产过程中促进人的全面发展，而现阶段劳动教育却是德智体美劳五育中的重要组成部分，是全面培养社会主义现代化建设的时代新人的一部分，并不是全面发展教育本身。

---

① 刘建成，周奎. 新时代大学生劳动教育的逻辑起因、现实困境及路径指向［J］. 工业技术与职业教育，2023，21（04）：66-71.

（二）“教劳结合”与劳动教育的育人地位有别

“教劳结合”和劳动教育两者在人才培养方针中的地位是有很大区别的。一般而言，育人方针主要体现在教育目标、教育属性、教育意义、教育目的、教育路径、教育方法等多个方面。我国现行的教育方针在《中华人民共和国教育法》中有明确阐述，其第五条规定：“教育必须为社会主义现代化建设服务、为人民服务，必须与生产劳动和社会实践相结合，培养德智体美劳全面发展的社会主义建设者和接班人。”《中华人民共和国教育法》对于教育方针的具体表述充分说明，“教劳结合”主要回应教育实施的路径、方式和方法等问题，但是劳动教育则主要回应人才培养要实现什么样的目标的问题，也就是人才培养的规格问题。“教劳结合”可称为一种教育路径和方法，基本适用于任何社会发展模式。为此，相关学者明确提出，作为教育路径和方法的“教劳结合”是社会大工业生产发展的必然产物，根本就不是区别社会主义制度和资本主义制度的教育标志。所以，“将马克思主义者‘教育与生产劳动相结合’的教育主张理解为只存在于社会主义社会、具有社会主义性质，是一种对于马克思列宁教育思想的严重误读。”① 相反，劳动教育作为实现人才培养规格的一种教育方式，具有非常鲜明的社会属性，是深受特定社会制度的影响和制约的，这和教育部颁布实施的《大中小学劳动教育指导纲要（试行）》文件精神是相映照的。该文件明确提出劳动教育是顺应时代趋势、解决现实问题的必然举措，是新时代培养时代新人的新要求，是中国特色社会主义教育制度的重要内容，是促进时代新人综合素养全面提升的重要组成部分，是大中小学培养人才的重要环节。劳动教育的显著特色就在于其深刻的思想性，它要求全面且始终如一地将马克思主义劳动观贯穿整个过程，这样能确保劳动观念与劳动精神教育贯穿于人才培养的每一个环节，并且在社会、学校、家庭等多个维度都能落实。在此过程中，特别强调让学生通过系统学习，掌握专业的劳动知识、娴熟的劳动技能，并且深入领会劳动教育的深远意义和价值，从而塑造大学生勤俭、奋斗、创新、奉献等高尚品质。

综上所述，在我国教育方针的表述中，“教劳结合”就是教育地位，包括

① 檀传宝．何谓“教育与生产劳动相结合”——经典论述的时代诠释［J］．课程·教材·教法，2020，40（01）：4-10.

教育的路径和方式，它是面向包括劳动教育在内的整个教育的一种实现模式上的要求。但是劳动教育在我国教育方针中则属于教育目的范畴，是培养德智体美劳全面发展的时代新人的重要教育力量。“教劳结合”和劳动教育两者在育人过程中的地位是完全不相同的。

第二节　劳动教育目标的构成要素

《意见》对劳动教育旨在实现的目标进行了明确界定，那就是通过劳动教育，使学生能够理解和形成马克思主义劳动观，牢固树立劳动最光荣、劳动最崇高、劳动最伟大、劳动最美丽的观念；体会劳动创造美好生活，体会劳动不分贵贱，热爱劳动，尊重普通劳动者，培养勤俭、奋斗、创新、奉献的劳动精神；具备满足生存发展需要的基本劳动能力，形成良好劳动习惯。通过《意见》，我们可以明确得知，劳动教育要实现的目标主要蕴含如下多重构成因素：劳动观念、劳动能力、劳动精神、劳动习惯。

一、劳动观念

劳动观念是指每个个体对从事劳动所具有的功效、价值、意义和地位的总的看法和总的观点，这是决定个体劳动素养高低的关键因素。我国劳动教育中所特指的劳动观念，就是指马克思主义劳动观。归根结底，正是因为我国在人才培养中始终坚持以马克思主义劳动观为指导，决定了我国劳动教育具有区别于资本主义劳动教育的社会属性。学界对劳动价值的探究和思考寄托于对劳动本质的研究，马克思认为劳动是人类认识和改造世界的实践基础，人不仅要通过劳动提升自己能力和实现自我价值，还在劳动中与他人形成各种各样的社会关系。劳动作为人类社会诞生的第一实践环节，对社会发展、历史进步和世界历史的生成发挥着巨大的保障作用。社会发展、历史进步和世界历史的变化发展都因劳动形式的不同而具有不同特性。总体而言，马克思关于劳动价值、功效、意义等问题的看法，主要体现在其历史唯物主义、马克思主义政治经济学和教育学原理之中。也就是说马克思主义劳动观主要由三部分组成：历史唯物主义劳动观、马克思主义政治经济学劳动观和教育学原理劳动观。

（一）历史唯物主义劳动观

历史唯物主义的劳动观，重点阐述两个关键问题，其一是劳动创造人，其二是劳动创造历史。马克思和恩格斯主要是从上述两个方面论述劳动对于人类社会存在和发展的价值和意义。

1. 劳动创造人本身

劳动对于人的产生和发展具有独特的作用，劳动既创造了自然，也塑造了人的本质。马克思认为人的所有活动都是建立在具体、实际的个人活动的基础之上的，如果脱离了这个实际基础，所有关于人的活动都会成为空中楼阁。但是现实的个人得以生存的最基本的条件就是要满足自己的日常生活，基于此，每个人为了自我生存必须开展一系列社会劳动生产活动。与此同时，伴随劳动过程，人与人交流需求的增加，人的语言功能也得到了更高程度的发展，因此，“语言是从劳动中并和劳动一起产生出来的”①。劳动复杂程度的增强和人的语言能力的提升，有助于大脑的进化。正是在劳动的直接助推下，猿类才演变为人类，智商也随之提高。人类在改造自然的劳动过程中既满足了自身需求，也促进了自我发展；并且在劳动过程中逐渐形成了和动物的显著区别，人类劳动加速了动物向人类的进化。一方面，通过劳动活动人类的手脚变得更加灵活，活动自如；另一方面，通过劳动活动人类的精神世界变得更加丰富，人类的精神追求得以实现。正是通过劳动，人类逐渐摆脱了纯粹满足物质需求的生产活动，逐渐开展了既能满足物质需求又能满足精神需求的生产活动。

基于恩格斯关于劳动对人的意义的论述，马克思立足“劳动和自由相结合”的研究视角，在“劳动创造人”的进化生物学中渗透文化社会学的元素，进一步凸显了生产劳动在“猿向人过渡”和“人实现自我发展”等环节中的重要意义。马克思在《1844 年经济学哲学手稿》中指出：“正是在改造对象世界的过程中，人才真正地证明自己是类存在物。这种生产是人的能动的类生活。通过这种生产，自然界才表现为他的作品和他的现实。因此，劳动的对象是人的类生活的对象化：人不仅像在意识中那样在精神上使自己二重化，

① 恩格斯. 自然辩证法［M］. 北京：人民出版社，2015：306.

而且能动地、现实地使自己二重化，从而在他所创造的世界中直观自身。”① 上述论述表明，“有意识的生命活动”是人的本质，也可以说，将“类”等同于人的本质。但是人的类特性就是人类自由自觉的社会实践活动。劳动作为一种改造自然的实践活动，是充分展示人的类本质的重要途径。在社会生产劳动中，人才能获得对自我本质的真正占有，人才有实现自我发展的机会。动物和自己的生命活动是直接统一的。动物不把自己同自己的生命活动区别开来，它就是自己的生命活动。人则使自己的生命活动本身变成自己意志的和自己意识的对象。他具有有意识的生命活动。这不是人与之直接融为一体的那种规定性。有意识的生命活动把人同动物的生命活动直接区别开来。正是由于这一点，人才是类存在物。② 因此可以得知，劳动创造人不单纯是生物学意义上的创造活动，更是一种自由自觉类本质意义上创造人的过程，并且这样的人才是真正具有社会性意义的人。

2. 劳动创造社会财富

伴随社会分工的细化，生产力水平不断提升，人们需求也呈现多样性特点。人们需求的多样性需要通过不同劳动才能得以满足，在开展不同劳动的过程中人与人之间的交换和交流不断增强，在改造自然的过程中加剧了人与人之间的交往，因此，这个过程中人与人之间的交往关系就成为基本的社会关系。社会生产劳动的过程其实就是人与自然关系体现的过程，也是人与人关系体现的过程。人们利用和改造自然，获取物质生活资料的能力就是生产力，人与人在生产过程中产生的关系就是生产关系；生产力水平决定社会的物质基础，生产关系则构成了社会各个不同的生产领域。生产力和生产关系构成整个社会制度的基础和整个社会物质生产的基本条件。伴随社会的更迭发展，后人就是在前人生产劳动的基础上开展社会劳动，不断积累社会财富，不断实现物质生产，推动社会进步，不断满足人类社会对物质的追求。因此，从这个意义上来讲劳动就是物质社会存在和发展的基础。

3. 劳动创造世界历史

马克思主义关于人类社会发展的理论指出，全部人类史就是一部社会生

---

① 马克思. 1844 年经济学哲学手稿［M］. 中共中央马克思恩格斯列宁斯大林著作编译局，编译. 北京：人民出版社，2018：54.

② 马克思. 1844 年经济学哲学手稿［M］. 中共中央马克思恩格斯列宁斯大林著作编译局，编译. 北京：人民出版社，2018：53.

产劳动史。他指出，人类社会的第一个历史活动就是生产劳动，生活资料的生产就是人们最基本的生产需求，可知，人类历史基于生产劳动发展而创造和发展。马克思认为，劳动既创造了人，也创造了物质财富，还创造了整个世界历史。马克思明确提出：“人们为了能够‘创造历史’，必须能够生活。但是为了生活，首先就需要吃喝住穿以及其他一些东西。因此第一个历史活动就是生产满足这些需要的资料，即生产物质生活本身，而且，这是人们从几千年前直到今天单是为了维持生活就必须每日每时从事的历史活动，是一切历史的基本条件。”① 因此，可以得出结论，人类社会历史存在和发展的基本前提就是社会劳动，如果社会缺乏生产劳动，那么人类自身就会丧失存在的基础，人类历史也将停滞不前。同时，以社会生产劳动为基础的物质生产生活方式决定了不同时代人们的生产方式、交往方式以及社会形态。手推磨产生的是封建主的社会，蒸汽磨产生的是工业资本家的社会。② 因此，人类社会历史是在生产劳动助推下不断发展的，在劳动交换和分工十分普遍的资本主义时期格外显著，那时在生产劳动的助推下，全世界人们的交往变得非常密切，世界历史也是在那时正式揭开序幕。

（二）马克思主义政治经济学劳动观

马克思主义政治经济学劳动观中有个非常重要的思想是劳动是价值的唯一源泉，按劳分配是社会正义的重要表现。

1. 劳动是创造价值的源泉

马克思主义政治经济学有一个核心命题，那就是：劳动是价值的唯一源泉。马克思对资本主义的批判都建立在这一命题的基础之上。马克思认为任何商品都包含两种最重要的价值，即使用价值和价值的统一，两种价值分别具有不同的属性；使用价值属于商品的自然属性、价值属于商品的社会属性。“一切劳动，一方面是人类劳动力在生理学意义上的耗费；就相同的或抽象的人类劳动这个属性来说，它形成商品价值。一切劳动，另一方面是人类劳动力在特殊的有一定目的的形式上的耗费；就具体的有用的劳动这个属性来说，

---

① 中共中央马克思恩格斯列宁斯大林著作编译局. 马克思恩格斯选集（第一卷）［M］. 北京：人民出版社，2012：158.

② 中共中央马克思恩格斯列宁斯大林著作编译局. 马克思恩格斯文集（第一卷）［M］. 北京：人民出版社，2009：108.

它生产使用价值。”① 这段论述充分说明商品就是使用价值和价值的统一体。同时，马克思指出，生产商品的具体劳动形式和本身的自然属性决定商品的使用价值，而凝结在商品中无差别的人类劳动就决定商品的价值，而衡量劳动的具体尺度就是劳动时间，所以商品的价值一般意义上就是用劳动时间来衡量，但是这里的劳动时间不是生产个别商品的个别劳动时间，而是在整个社会生产力水平固定的情况下生产这个商品需要付出的社会劳动时间。因此，马克思认为，正因为两种不同商品之间存在这种能够相连互通的因素，才使得两种不同商品具备交换的条件并且能成功交换，这种相连互通的因素就是凝结在商品中的抽象劳动。因此，只有对上述问题进行深刻研究，我们才能更好地理解当前各种纷繁复杂的财富创造和价值创造的问题。

2. 按劳分配是社会公平的重要特征

资本主义社会的不公平体现在很多方面，其中一个重要表现就是资本家基于对生产资料的占有进而无偿剥削工人在生产劳动中创造的剩余价值。在资本主义社会，劳动者似乎获得了法律赋予的相关权利，摆脱了奴隶社会、封建社会中的人身依附关系。可是，在资本主义社会，劳动者是没有任何生产资料的，完全依附于资本家，劳动者除了自身之外，一穷二白。那么在整个物质生产的过程中，劳动者只是以商品化的劳动力而存在。显而易见，在这样的社会制度中，在这样的生产资料所有制背景下，劳动者与资本家之间的权利和地位不可能实现平等。在整个社会中，劳动者只拥有将自己劳动力出卖给哪个资本家的权利，却没有改变自己作为生产力的商品属性。这就是说，劳动者的劳动力其实根本不属于劳动者自己，而是属于雇用他的资本家。所以，资本家购买劳动力开展社会生产，其最直接的目的就是占有劳动者在劳动过程中创造的剩余价值，最终实现资本的盈利。因此，在资本主义社会，资本家从事社会生产的最大理由就是实现生产盈利和落实生产销售。也就是说，在资本主义社会，资本家生产不是帮助劳动者实现个人的个人价值，也不是满足社会大众对物质生活的追求，只是为了实现生产效益最优化、促进资本利润的最佳化。

基于马克思主义政治经济学的理论分析，要深刻理解资本主义社会中的

---

① 马克思. 资本论（第一卷）[M]. 中共中央马克思恩格斯列宁斯大林著作编译局，编译. 北京：人民出版社，2004：60.

资本，就必须透过现象认识本质。资本主义社会中的资本绝对不是一个纯粹的物质概念，而是一种社会权力，是一种与生产资料私有制不可分割的社会权力，是对劳动者剩余劳动能够进行随意剥削的特有权力。当然上述所讲的“剩余劳动”就是指“一切为养活不劳动的人而从事的劳动”[①]，同时，在整个生产过程中支配着这种剩余劳动的不是工人，而是资本家。[②] 所以，上文阐述的“劳动剥削”其实就是指资本家对雇佣劳动者创造的剩余价值的无偿占有。马克思明确提出：“分配的结构完全取决于生产的结构。”[③] 这就是说，在固有的社会制度体系中，社会制度能否保证所有劳动者真正享有其自身创造的劳动产品，便成了衡量这个社会是否充满公平正义的一个关键指标，按劳分配也就成为社会公平正义的重要特征。

马克思主义教育学原理劳动观，主要体现在其对教育与生产劳动相结合的论述中，这个观点在本书其他篇章均有详细论述，所以本章不再赘述。通过上述分析可以得知，高校开展劳动教育旨在帮助大学生树立马克思主义劳动观，这是人才培养过程中一个非常系统的工程和一个非常艰巨的任务。这不仅是一个关于如何认识马克思主义劳动观的问题，更是一个关于如何运用马克思主义劳动观指导大学生投身社会实践的问题。当前高校劳动教育还没有深入到如何塑造大学生劳动精神、树立正确劳动价值观、形成良好的劳动习惯的深度，只停留于培育大学生劳动技能的浅表层面。因此，高校在开展劳动教育的过程中，引导大学生深入学习和把握马克思主义劳动观的科学内涵，对于提升新时代大学生劳动教育水平意义重大。

二、劳动精神

劳动精神是对劳动者应具有的良好的劳动态度、劳动品格、劳动操守和劳动风范的统称，是劳动者优秀劳动意识、劳动理念、劳动态度、劳动习惯的集中展现。劳动精神是人的主体性的彰显和人的本质力量的外化，也是劳

---

① 马克思. 资本论（第三卷）[M]. 中共中央马克思恩格斯列宁斯大林著作编译局，编译. 北京：人民出版社，2004：960.

② 马克思. 资本论（第三卷）[M]. 中共中央马克思恩格斯列宁斯大林著作编译局，编译. 北京：人民出版社，2004：963.

③ 中共中央马克思恩格斯列宁斯大林著作编译局. 马克思恩格斯选集（第二卷）[M]. 北京：人民出版社，2012：695.

动者对人类发展和社会进步的理性认知与感性实践的精神结晶。它主要反映的是劳动者对其劳动的认可度和投入度。也可以这么说，劳动精神在很大程度上是一个人劳动的动力系统，对于促进个体的生存发展，增强个体劳动的获得感和幸福感具有重要意义，同时对于创新劳动工具、提升劳动实效、提高工作效率都具有积极作用。

（一）劳动精神的个体视角

塑造大学生的劳动精神在整个人才培养过程中具有承前启后的意义，这对于提升大学生综合素养具有重要价值。通过劳动教育塑造大学生的劳动精神，能引导大学生倍加珍惜劳动岗位、珍惜就业机会、增强职业热情，真正将自己的工作岗位视作实现人生价值的理想平台，把劳动精神融入自身成长成才的过程。

1. 培育奋发图强、不畏艰苦的卓越品质

劳动精神是中华民族延续发展的内生动力，是中华民族伟大复兴的中国梦得以实现的原生动力。塑造劳动精神是个体卓越品质形成的迫切需要，更是培养具有良好精神面貌的时代新人的必然要求。习近平总书记将新时代劳动精神概括为“崇尚劳动、热爱劳动、辛勤劳动、诚实劳动”，是基于劳动价值至上的一种精神状态，体现在具体的劳动过程中，并成为支撑劳动状态的精神力量。

马克思主义强调，人的本质离不开劳动，但劳动本身并不等于人的本质。要促进劳动与享乐的统一，必须以改变劳动本身为现实基础，也就要对异化劳动进行扬弃和超越。习近平总书记指出：“劳动是推动人类社会进步的根本力量。幸福不会从天而降，梦想不会自动成真。实现我们的奋斗目标，开创我们的美好未来，必须紧紧依靠人民、始终为了人民，必须依靠辛勤劳动、诚实劳动、创造性劳动。”① 在这样一个百舸争流、激烈竞争的时代，劳动高度社会化，劳动分工的细化使得人与人之间功能性依赖程度越来越高。如果，在这种背景下的劳动者缺乏劳动精神，在工作中被动懒散，制作的产品以次充好，那么不仅仅会给自我的工作带来巨大威胁，甚至会给社会其他成员的生活带来巨大的危害。也就是说，劳动精神实际上承载着对他人甚至是对整

---

① 习近平谈治国理政（第一卷）［M］. 北京：外文出版社，2018：44.

个人类社会的敬畏。没有这种敬畏，个体劳动者就会很容易放弃对诸如诚实劳动等劳动精神的坚守和执着。因此。劳动精神塑造个体的卓越品质的功能，既关乎劳动者本身，更关乎整个人类社会。塑造大学生的劳动精神既为大学生个人梦想的实现提供充足动力，更为中国式现代化的实现奠定坚实基础。

2. 弘扬开拓创新、砥砺奋进的进取精神

劳动精神除了有助于培育大学生奋发图强、不畏艰辛的卓越品质外，还是弘扬开拓创新、砥砺奋进的进取精神的重要条件。从前文论述可知，劳动是人的本质力量对象化的实践活动，正是在这种对象化的实践活动中，个体才能充分占有其自由自觉的类本质，从而获取存在的价值和意义。如果一个大学生丧失了劳动的激情，那么，他就很难从劳动本身获取工作动力，也就很难感受劳动赋之于人的精神幸福的价值和意义。从这种意义上说，劳动不仅是一种谋生的手段，还是自我提升的重要路径；通过劳动既能培育卓越的品质，更能在大学生群体中弘扬开拓创新、砥砺奋进的进取精神。习近平总书记指出，实现我们的发展目标，不仅要在物质上强大起来，而且要在精神上强大起来。① 高校教育的根本任务就是要落实立德树人，中共中央多次强调要顺应时代发展趋势培养德智体美劳全面发展的社会主义建设者和接班人，劳动精神是社会主义建设者和接班人必须具备的基本内核。中共中央、国务院强调要把劳动教育置于五育的重要地位，凸显劳动教育对于培育学生开拓创新、砥砺奋进的进取精神的重要作用，彰显其在落实立德树人根本任务中的重要价值。当然，要培育大学生的劳动精神，需要营造积极向上的教育氛围，这就需要重视劳模精神对大学生群体的重要意义。习近平总书记指出："必须大力弘扬劳模精神、发挥劳模作用。榜样的力量是无穷的。劳动模范是民族的精英、人民的楷模。"② 劳模精神就是新时代"五育"育人视域下时代精神的集中反映，是鼓舞全党全国各族人民风雨无阻、勇敢前进的强大精神动力。劳模精神是劳动精神在更高阶段、更高层次、更高梯度的跃升，对于大学生开拓创新、砥砺奋进的进取精神的培育具有非常重要的作用。

进入奋战全面建设社会主义现代化国家的新征程，中共中央高度强调大学生劳动精神的塑造，要求要将劳动精神塑造融入教书育人的全过程，使大

---

① 习近平谈治国理政（第一卷）[M]. 北京：外文出版社，2018：46.

② 习近平谈治国理政（第一卷）[M]. 北京：外文出版社，2018：46.

学生走上工作岗位后能将自己的职业当作人生追求，在职业生涯中积极弘扬时代精神，并且迸发无比的劳动热情，成为真正符合社会需求的德智体美劳全面发展的时代新人。

（二）劳动精神的社会视角

劳动精神对个体具有重要意义，能培育个体的卓越品质、塑造个体的时代精神，关乎个体的生存感和意义感的获得，同时，劳动精神同样对整个社会生产力水平的提升具有重要意义。一般而言，讲劳动精神主要是针对大学生个体的劳动品质培育，甚至将劳动精神和个体劳动品质画上了等号。但是，我们探究劳动精神不仅要看到劳动精神的个体意义，而且要看到劳动精神的社会意义。如果在探究劳动精神的过程中仅仅将劳动精神看作是一种个体的德行，那么这样无形中就将劳动精神降格为一种个体可以随意取舍的个体行为。个人品质的劳动精神确实是一种不能用外力去强制改变的东西，其主要依赖于个体的劳动意识，靠劳动者个体的内在意识去自觉守护。

然而，劳动精神不是一种单纯的个体劳动美德，不是纯粹的个体德行。习近平总书记指出："劳动是财富的源泉，也是幸福的源泉。人世间的美好梦想，只有通过诚实劳动才能实现；发展中的各种难题，只有通过诚实劳动才能破解；生命里的一切辉煌，只有通过诚实劳动才能铸就。"① 中华民族实现从站起来到富起来再到强起来的伟大飞跃，不是伸手向他人索要，而是在中国共产党的领导下，一代代中华儿女在坚持中国道路、弘扬中国精神、凝聚中国力量上发挥模范带头作用，万众一心、众志成城，为实现伟大梦想不懈奋斗来的。显而易见，在这个不懈奋斗的过程中，如果没有这样一种坚强而有力的劳动精神作为支撑，中国社会的伟大飞跃是难以实现的。习近平总书记在党的二十大报告中指出："从现在起，中国共产党的中心任务就是团结带领全国各族人民全面建成社会主义现代化强国、实现第二个百年奋斗目标，以中国式现代化全面推进中华民族伟大复兴。" 当前，我国正处于全面推进中华民族伟大复兴的关键阶段，要实现这个宏伟目标，需要更大力度激发所有大学生的劳动精神，需要以更大力度塑造全体大学生的创造性劳动精神。目前，中国 GDP 总量排世界第二，但人均 GDP 还不理想，中国已经成为世界制

① 习近平谈治国理政（第一卷）［M］. 北京：外文出版社，2018：46.

造大国，但还不是制造强国。制约中国经济发展和科技进步的关键领域主要是高精尖行业，如果我们不能在高精尖行业实现关键技术的突破，不能牵住制约我国科技创新进步的“牛鼻子”，不能牢牢掌握核心技术领域的知识产权，那么，中国的经济发展和科技进步就非常容易受到他国技术垄断而深陷泥潭，甚至会处于停滞不前的状态。因此，为避免上述局面的出现，就需要大学生以更加奋进的激情、果敢的斗志、执着的精神开展辛勤劳动、诚实劳动和创造性劳动，为实现中华民族伟大复兴贡献力量。基于上述思维逻辑，新时代高校要自觉将大学生劳动精神培育与人类利益、社会进步、国家前景紧密相连，方能真正发挥劳动教育促进社会进步的作用。因此，高校开展劳动教育，塑造大学生劳动精神，既要基于劳动者个体进行审视，也要基于社会整体进行探究，要切实让所有大学生真正感受劳动精神所具有的社会价值和社会意义，这样才能真正发挥劳动精神的时代价值。

三、劳动能力

劳动能力作为构建劳动素养体系的核心要素，是确保劳动者高效完成各类劳动任务的关键保障。在推进劳动素养体系建设的过程中，我们必须充分认识到通过劳动教育培育劳动能力的重要性，并以此为着力点不断提升劳动者的综合素质和能力水平。《意见》对劳动教育目标也进行了明确规定，其中指出要培养学生具备满足生存发展需要的基本劳动能力。这一表述实际上对劳动能力作出了明确的规定：第一是劳动能力的性质；第二是劳动能力的程度。前者主要表明通过劳动教育要培养的劳动能力是所有人生存发展都应该掌握的劳动能力而不是专指特定职业的劳动技能，这里的劳动能力具有鲜明的非专业性和非职业性特点。后者明确了劳动教育要达到的培养劳动能力的程度，即劳动教育不是要培养学生高精尖的劳动技能，而是要培养学生生存发展的基本能力。现在，部分高校劳动教育实践教学比较注重对学生各种劳动技能的培养，但是，这并不代表所有劳动技能都属于劳动教育所要培养的劳动能力的范畴。这就像前文所论述的，劳动教育培育劳动能力，主要注重基本能力的培养，那么什么样的能力是基本劳动能力呢？主要包括以下几个方面：

（一）日常生活能力

习近平总书记指出："要采取适应当前环境和条件的有效措施，加强劳动教育，组织好形式多样的劳动实践，让学生在实践中养成劳动习惯，学会劳动、学会勤俭。这是强国富民的大事，教育部门同其他部门要一起研究、拿出措施，切实抓起来。"① 习近平总书记所倡导的要让学生学会劳动，首先就是要培养大学生的日常生活能力。对大学生开展日常生活劳动教育必须立足个人日常生活，而立足个人日常生活又必须以个人日常生活事务为依托。要通过日常生活事务引导大学生提高生活能力和养成良好的劳动习惯。劳动教育要坚持理论与实践结合、坚持教育与日常生活融合，要在日常生活中达到润物无声的效果。因此，为培育大学生的日常生活能力，要充分激发家庭在教育中的效能，重视家庭对大学生劳动教育的基础性、关键性作用。在劳动教育中要特别注重将大学生的衣食住用行等活动融入实践教学体系之中，抓准这些日常生活中的关键节点，引导大学生深入体验劳动所带来的参与感、获得感、成就感与幸福感。通过上述方式真正向学生诠释"一分耕耘，一分收获"的真谛，并且激励大学生树立正确的劳动观念和积极的人生态度。

（二）基本劳动技能

高校对大学生开展劳动教育，除了要培育大学生的日常生活能力之外，还要培养大学生最基本的劳动技能，也就是对大学生开展最基本的生产性劳动，通过最基本的生产性劳动增强大学生对劳动者的尊重之情，从而形成高度的劳动自觉。高校对大学生开展生产性劳动教育旨在让学生在工农业生产过程中感受物质财富创造的艰辛，并且切实感受到伟大出自平凡劳动。技能是立业之基，素质是兴业之本。习近平总书记指出，要为祖国发展培养一代又一代勤于劳动、善于劳动的高素质劳动者。引导大学生投身传统工具的生产活动，亲身体验最基本的生产性劳动，可以使其感受广大劳动人民的艰辛与智慧，并且能够掌握最基本的劳动技能。在这个过程中，鼓励、引导大学生把产业新业态、劳动新形态和生产技术融合起来，促进知识及技术转化成新质生产力，提升社会生产效能，创造性地解决实际问题，并且不断激发创

① 习近平著作选读（第二卷）［M］．北京：人民出版社，2023：202.

新创造的潜能，这既能提升劳动教育的实效性，又能增强社会生产的高效性。

四、劳动习惯

劳动习惯是以培育劳动者劳动技能为基础，以提升劳动者素质为内核，帮助劳动者形成良好劳动行为的劳动状态。这是为了实现更高层次的一种追求，是提升劳动素养的重要参考。劳动习惯是一个人劳动意识和劳动品质的综合体现。从古至今，诚实劳动一贯被视为中华民族衡量道德高低的重要标准，是评估劳动价值和获得社会认可的重要依据。杨时在《二程粹言·论道篇》中有言："诚无不动者，修身则身正，治事则事理。"《礼记·中庸》中言："君子诚之为贵。"《后汉书·马援传》中有："且开心见诚，无所隐伏。"古代贤人志士对"诚信"的诠释强调诚信是内在道德自律和外在行为约束的结合。就个体而言，一个诚实的劳动者如果能够坚守初心、全心全意、真诚无畏地履行自己的本职责任，通常能够赢得他人的尊敬与赞誉。就社会而言，诚实劳动不仅为我们创造了丰富的物质世界，而且创造了强大的精神价值。它不仅是人类实现生存需求的基础，更是实现个体奉献社会、推动社会整体发展与进步的重要途径。诚实劳动对于社会的发展与进步具有非常重要的意义。同时，勇于实干的精神是中国共产党的优良传统，是中华民族的宝贵品格，实干就是要不畏艰辛、脚踏实地、执着劳动。中国特色社会主义伟大事业是在党的领导下干出来的，中国式现代化的宏伟目标也是干出来的。高校要通过劳动教育培育大学生良好的劳动习惯，就是要激励大学生立足自我工作岗位，鼓足干劲、闯劲、钻劲，努力拼搏、迎难而上，和广大人民群众一同，用辛勤劳动创造中国人民的美好生活，争做适应时代需求的"弄潮儿"。当然，广大大学生不仅要有能开展辛勤劳动和诚实劳动的勇气，还要有能在科技变革和产业变革的新背景下，善于开展创造性劳动的锐气。正如习近平总书记所强调的，要让创新成为青春远航的动力，让创业成为青春搏击的能量。基于信息时代和知识经济的蓬勃发展，为适应新时代对劳动教育的特殊需求，高校须严谨、稳重地推进劳动教育内容的充实与更新，理性地改进劳动教育的方式方法，并创新劳动教育的实施手段，以此增强个体的创造性劳动能力，从而更好地满足新时代对劳动教育的期待和要求。

确实，当前我国劳动教育培养学生的劳动习惯更多是强调培养学生诚实劳动的态度，即重点增强大学生劳动自觉和劳动自律，注重的是主观意识的问题，对大学生在劳动过程中的劳动效率和劳动安全强调得不够。现实中，劳动过程中的劳动习惯和劳动效率、劳动安全其实在本质上是一个问题。劳动习惯好，劳动安全会越被注意，劳动效率也会越发提高。所以，培养大学生劳动习惯，除培养大学生诚实劳动的劳动态度外，在教育中还必须融入劳动安全、劳动效率等教学内容，才能够真正将劳动教育目标落到实处。

第三节　劳动教育目标的实践之需

关于劳动教育目标的探究是学术界不可回避的重要课题。深入开展关于劳动教育目标的探究，不仅具有深厚的理论意义，而且具有强烈的现实价值。实事求是地说，当前高校在开展劳动教育实践的过程中，存在各种各样的问题，究其本质，这些问题多与劳动教育目标有关联，比如，劳动教育目标含糊、定位不准、认识不清、落实不到位等等。

一、有效应对劳动教育目标缺位的现状

毋庸置疑，劳动教育目标的实现是高校开展劳动教育实践的最终归宿。但是就教育现实而言，很多高校开展劳动教育实践都存在一个共同的问题：劳动教育目标的虚化。劳动教育目标的虚化主要表现在两个方面：一是对某一专业技能的过分强调，忽视了对劳动教育目标的整体把握；二是对劳动手段过分强调，忽视了劳动教育的终端就是要实现育人目标。明确劳动教育目标是有效弥补劳动教育目标缺位的现实需要。

（一）忽视劳动教育整体目标

关于劳动教育目标的构成要素，前文已经进行了论述，主要包括：形成劳动观念、塑造劳动精神、培育劳动能力、养成劳动习惯等。由于多重因素的影响，在劳动教育中，社会大众非常注重通过劳动教育或者劳动教育实践培育学生的劳动技能，轻视劳动教育中形成的劳动观念、劳动态度、劳动精神、劳动习惯等，甚至忽略马克思主义劳动理论中的教育目标。很多高校和地方在开展劳动教育实践时，只顾学生劳动教育能力的培养或者某一专业技能的提升，社会大众在乎的是学生是否动手、是否流汗、是否参与，至于这

些劳动实践究竟在多大程度上完成了马克思主义劳动理论的培养任务，更多是不闻不问、置身事外。虽然部分高校的人才培养方案涉及劳动教育目标，提到了劳动精神和劳动理念等的培育，但是在劳动教育的具体实践中，就如何有效落实人才培养方案中的上述理念，却是雷声大雨点小，效果微弱，最终导致劳动教育整体目标落空。事实上，在深入剖析劳动教育的多维目标时，我们不难发现，相较于劳动精神、劳动能力和劳动习惯等的培养，要引导学生坚守马克思主义劳动理论的任务显得尤为艰巨。这一挑战主要源于马克思主义劳动理论所蕴含的丰富思想内涵，使得其在转化为具体教育内容的过程中面临诸多现实难题。同时，我们也必须正视一个现实，即长期以来，从事劳动教育的教育工作者在理解马克思主义劳动理论方面尚显浅薄，部分教师甚至对马克思主义劳动理论的具体内容缺乏清晰的认识。上述情况必然导致高校在实际教育教学过程中，倾向于回避核心内容，选择相对简单的劳动技能作为突破目标，这无疑削弱了劳动教育的深度和广度。

如果高校在劳动教育实践中忽略马克思主义劳动理论教育目标的要求，会导致社会大众对劳动教育产生误解，形成劳动教育缺乏思想底蕴、缺乏知识含量的错误认识，进而造成劳动教育地位不高、育人效果不好的结果。因为，人们会认为大学生毕业后只要能干事、会干事，掌握了一项技能，就万事大吉。如果实际情况真能如此也就好了，就不需要学界对劳动教育开展深入研究了，甚至无需高校开设专门的劳动教育课程。因为，社会上有大量的职业技术培训机构和就业速成班，教师只要有所选择地播放这些就业指导视频，或者组织学生参加培训就可以达到目标。因此，高校在开展劳动教育的过程中，如果脱离了马克思主义劳动理论的指导，缺少了马克思主义劳动理论的内核，高校劳动教育和社会职业培训机构就没有区别，高校立德树人根本任务也就无从谈起。

上述问题是由多重因素引起的，当然，在众多因素中绝对不能忽略这个最根本的因素，那就是缺乏对马克思主义理论的深刻钻研和独特认识。比如，高校期盼通过劳动教育培养大学生的正确劳动观，但是部分高校、部分教师根本就不清楚马克思主义劳动观是什么，在此方面的知识甚至是一片空白，这又如何能实现教育的目标呢？因此，要确保通过劳动教育落实马克思主义劳动观，需要帮助广大高校教师就这一目标开展具体内容的阐述和介绍，提升广大教育工作者的劳动教育意识。

（二）误解劳动教育育人目标

当前很多高校在开展劳动教育的过程中，将选取劳动教育场地、挖掘劳动教育资源、创新劳动教育形式等摆在劳动教育工作的首位，很少有高校学者深刻钻研劳动教育目标，这样就在很大程度上出现了把劳动教育手段等同于劳动教育目标的错误认识，最终导致把推进劳动教育的手段当成了目标本身去追求的现实问题。比如，某些高校总是纠结于在劳动教育中是组织学生开展“三下乡”活动还是引领学生开展志愿服务、是参加校内活动还是参加校外活动等等，究其本质而言这就是本末倒置。这主要是因为，不管高校是组织学生开展“三下乡”活动还是引领学生开展志愿服务、是参加校内活动还是参加校外活动，这些都是我们开展劳动教育的路径、载体或者方法，根本就不是劳动教育所要追求的目标本身。

其实就是说，高校开设劳动教育课，组织大学生投身劳动教育实践，并不是单纯为了培养大学生的某一项专业技能和专业能力，而是为了通过这些活动，向学生弘扬劳动精神，教育引导学生崇尚劳动、尊重劳动、懂得劳动最光荣、劳动最崇高、劳动最伟大、劳动最美丽的道理，长大后能够辛勤劳动、诚实劳动、创造性劳动，从而帮助大学生树立马克思主义劳动理念、劳动精神、劳动态度。如果高校在开展劳动教育的过程中只纠结于具体劳动教育手段的选择，而不考虑劳动教育目标的实现，久而久之就会误将教育手段当成教育目标。因此，思路决定出路，创新思路才有出路，教育手段的选择根源于教育目标，选择什么样的教育手段关键在于其对教育目标的有效性。客观地说，教育手段的选择是灵活自由的，而教育目标则相对稳定。高校应该首先考虑劳动教育目标的实现，而不是劳动教育手段的选择，在确定劳动教育目标的前提下，因事而化、因时而进、因势而新地选择具体教育手段和确定教育载体。

《意见》明确指出劳动教育必须遵循因地制宜的原则。这一原则要求高校在开展劳动教育时，必须紧密结合各地区和学校的实际情况，充分结合当地自然、经济、文化、历史等特点，深入挖掘劳动教育资源。具体而言，应因地制宜、因校施策；宜工则工、宜农则农，通过多路径、多举措、多形式开展劳动教育，坚决避免“一窝蜂”的片面做法。这实际上表明，教育目标一定要摆在高校劳动教育优先的位置上，高校只有在明确了劳动教育目标的前提下，才能灵活自主切实地选择教育方式，从而避免所有高校“一窝蜂”地以一种具体劳动活动代替劳动教育的做法。

二、高校激发劳动教育目标价值的动力

劳动教育目标是高校劳动教育要解决的首要问题。劳动教育目标不仅决定劳动教育的发展过程、育人质量评价、教育实施方向等，而且还直接影响高校对培养什么人、怎样培养人、为谁培养人等重大系列问题的看法和实践。因此，高校劳动教育的目标对于个体、学校和社会都具有非常重大的价值。

（一）劳动教育目标是促进个体成长的内生动力

1. 指引职业规划

劳动教育对大学生职业生涯发展具有重要作用，是大学生职业生涯规划的重要环节。通过明确劳动教育目标，切实为大学生综合素养发展指明方向，可使大学生根据教育目标对自我进行科学的职业规划。一个人要想在事业上取得成功，离不开内因和外因两个条件，接受良好的职业教育这是外因，除此之外，个人的勤奋努力这一内因显得更加重要。如果大学生从一开始就为自己设定了一个明确的目标，就为成功奠定了坚实的基础。也就是说，个人事业要取得成功，不仅要有常规的教育指导，还要有自我的拼搏奋斗。适宜、明确的劳动教育目标，对于个体劳动素养的提升具有十分重要的激励作用，是一个人成长成才的内在动力。当大学生通过劳动教育目标预见了若干年后成功的自我，那么，就特别容易使其迸发出奋斗的激情，提升学习的主动性和积极性。这实际上就是要求高校在开展劳动教育时，将劳动教育目标和大学生职业生涯发展紧密联系起来，使大学生能够通过劳动教育把握教育目标和个人成才的内在逻辑，从而在劳动教育中不断提升自己。

2. 提供内在评价

习近平总书记强调：“学生培养得怎么样，要看拿什么样的尺子去衡量，以什么样的眼光去发现。”[①] 劳动教育目标就是一把尺子，能够为大学生的劳动教育提供内在评价作用。大学生在参与劳动教育的过程中，可以拿教育目标来做对比，看看自己有没有达到目标。如果发现自己的表现达到目标了，

① 习近平著作选读（第二卷）［M］. 北京：人民出版社，2023：202.

那自我就会获得积极肯定的力量，让自己更有信心和动力去投入劳动。如果发现自己的表现离目标还差那么一点儿，这把尺子就会提醒自己调整学习策略和方法。这样看来，劳动教育目标也像是一盏明灯，指引着大学生不断前进。

（二）劳动教育目标是整合社会资源的重要因素

高校劳动教育的有序推进，离不开全社会成员的坚定支持与广泛参与。而要赢得这份支持，关键在于劳动教育必须拥有一个明确且被社会各界广泛认同的教育目标。若无此目标，劳动教育便难以获得社会的有力支持，其推进之路亦将充满挑战。究其原因可以发现，在整个劳动教育过程中，教育目标是劳动教育最核心的内容，所以教育的期盼和策略都会通过劳动教育的目标反映出来。也就是说，劳动教育目标是帮助社会大众认识了解劳动教育的重要依托。总体而言，劳动教育目标有利于社会教育资源的整合利用。

1. 教育目标能营造良好的育人氛围

明确劳动教育目标，对于加强劳动教育的社会宣传、建构良好社会形象等均具有重要的作用。科学的劳动教育目标其实就是一张向社会展示高校育人工程的靓丽名片，也是向社会阐述劳动教育价值和意义的重要载体，更是帮助社会大众深入认识和客观评价劳动教育的重要依据，从而能在全社会形成积极奋进的劳动教育良好氛围，吸引更多社会力量参与高校劳动教育。

2. 教育目标能整合优质的育人资源

劳动教育目标不仅能营造良好的育人氛围，还能够整合社会优质教育力量和育人资源，构建立体化、社会化的劳动教育体系。当社会大众对高校劳动教育有了比较深刻的认识后，就能结合自身实际情况，充分发挥自身力量，尽其所能扮演好自身在推动劳动教育过程中的重要角色。相反，如果劳动教育目标不清晰，无法科学有效向社会大众诠释劳动教育的科学内涵、育人价值、教育功效，就很难激发社会大众的教育能动性，更难以整合社会大众的劳动教育资源、汇聚形成高校劳动教育合力。也就是说，明确的劳动教育目标，为高校汇聚各种优质资源、凝聚劳动教育合力提供了重要条件。

综上所述，劳动教育目标在高校劳动教育实践中的意义是非常重大的。科学探究劳动教育目标的深厚内涵，对于科学制定劳动教育目标具有重要指导意义，可以说这是高校开展劳动教育实践要解决的迫在眉睫的问题。当我们从劳动教育目标的角度来看待劳动教育，会发现这个领域有着广阔的发展空间。一系列原来没被考虑进劳动教育的资源，在劳动教育目标的指导下，就能被实实在在地利用。所以，我们要准确理解劳动教育目标，这样才能让劳动教育真正落地生根，发挥出实际作用。

第四章　新时代劳动教育的内容重塑

劳动教育作为教育体系的核心组成部分，承载着培养学生劳动技能、劳动态度和劳动精神的重要使命。教育部发布的《大中小学劳动教育指导纲要（试行）》明确指出，劳动教育涵盖了日常生活劳动、生产劳动和服务性劳动中的知识、技能与价值观，其目的在于全面提升学生的劳动素养。劳动教育内容作为实现劳动教育目标的重要载体，是师生互动、知识传递的关键环节。

当前，劳动教育在实践中易陷入“窄化”误区，即片面地将劳动教育的实施局限于劳动实践这一单一形式。许多学校反映劳动教育难以深入开展，其中一个重要原因便是缺乏足够的、真实的劳动实践机会。这种观念实际上是对劳动教育内容形态理解的片面化，未能全面把握劳动教育的丰富内涵。

劳动教育内容的构建应基于其能否有效落实劳动教育目标的要求。凡是有助于提升学生劳动素养的教育内容，无论其是否直接涉及劳动实践，均应纳入劳动教育的范畴。因此，劳动教育内容的形态应涵盖劳动和非劳动两大领域，以全面促进学生的劳动素养发展。

第一节　劳动教育内容的呈现形态

一、劳动教育内容的劳动形态

劳动教育内容的劳动形态主要体现在以具体的劳动实践形式为载体，组织实施劳动教育。以劳动实践为载体的劳动教育具有深刻的现实意义，特别是在当前学生普遍缺乏真实劳动体验的背景下，强调通过劳动实践开展劳动教育显得尤为重要。劳动的本质是实践，其现实形态表现为在人力（脑力和体力的综合）作用下实现自然人化的过程。真实的劳动是学生将劳动素养从静态转变为动态、从观念转变为实际操作的关键环节。

根据不同的分类标准，劳动可以呈现为多种形态。例如，从劳动工具的角度出发，劳动可分为手工劳动、机器劳动和智能劳动等。根据教育部颁布的《大中小学劳动教育指导纲要（试行）》，劳动教育的内容主要包括日常生活劳动、生产劳动和服务性劳动三种类型。这三种劳动形态的划分更多地遵循生活实践的逻辑，而非严格的学术逻辑。日常生活劳动侧重于劳动发生的基本场景；生产劳动则从劳动产出的特点出发，强调劳动的物质生产性；服务性劳动则突出劳动的服务目的，与服务业密切相关，但并非仅限于服务业范畴的劳动教育。

（一）日常生活劳动

日常生活劳动是指在日常生活领域中进行的各种劳动形态的总称。开展日常生活劳动教育的重要性在于，日常生活既是维持个体生存和发展的基本物质条件，也是培养个体基本劳动品质的重要场所。因此，基本的日常生活劳动意识和能力是每个个体必须具备的基本素质。家务劳动作为日常生活劳动的重要组成部分，是当前学校实施日常生活劳动教育的重要途径。然而，日常生活劳动并不仅限于家务劳动，还包括其他形式的劳动，如生产劳动和服务性劳动，它们以不同形态存在于日常生活中并发挥作用。例如，快递服务作为服务性劳动的一种形式，在现代生活中扮演着重要角色；同时，维持家庭生活所需的各种生产劳动也是日常生活不可或缺的一部分。

因此，我们需要突破将日常生活劳动等同于家务劳动的局限，将其置于更广泛、更立体的人类劳动世界中进行考察。通过深入分析日常生活劳动与整个人类劳动世界的内在联系，我们可以帮助学生更好地理解日常生活劳动的多样性和复杂性。同时，从历史维度审视日常生活劳动的变化和发展，可以使学生深刻领会“劳动创造美好生活”等马克思主义劳动观的深刻内涵和现实意义。例如，通过对比不同历史时期，人们在日常生活劳动中的主体、内容、工具和方法等方面的差异，学生可以更加深入地理解劳动对于社会发展和个人成长的重要作用。

综上所述，关于日常生活劳动的教育，我们不仅要关注其具体所指的生活自理能力，还要高度重视其社会性和历史性。这意味着，在日常生活劳动教育中，我们既要注重培养学生的基本劳动意识和劳动能力，也要引导他们理解劳动的社会价值和历史意义，从而全面提升学生的劳动素养。

（二）生产劳动

生产劳动，作为人类社会得以持续存在与稳健发展的基石，其重要性不言而喻。通过深入开展生产劳动教育，个体不仅能够深入了解和掌握生产劳动的核心技术原理，更能够深刻领悟和把握“劳动创造历史”“劳动创造价值”等马克思主义劳动观的精髓，以及现代工匠精神的实质。因此，全面发挥生产劳动的教育功能，首要任务便是精准把握其内涵与性质。在当前社会背景下，随着劳动科技含量的持续提高，非生产性劳动日趋增多。如何准确界定和理解生产劳动与非生产劳动之间的边界及其相互关系，已成为当代劳动教育在内容设置上亟待关注的重要议题。马克思曾深刻指出，社会生产过程既是人类生活的物质生存条件的生产过程，又是一个在历史上经济上独特的生产关系中进行的过程，是生产和再生产着这些生产关系本身，因而生产和再生产着这个过程的承担者、他们的物质生存条件和他们的相互关系即他们的一定的社会经济形式的过程。基于此，生产劳动主要具备两大规定性：一是物质规定性，即生产劳动作为物质财富的创造过程，是人类社会生存和发展的物质基础；二是社会规定性，即生产劳动在特定的生产关系中进行，反映了人与人之间的经济关系。

因此，我们需深刻认识到生产劳动的双重规定性，并以此为基础，科学设计劳动教育内容，引导学生树立正确的劳动观念，培养具备现代工匠精神的高素质劳动者。

1. 生产劳动的物质规定性

从物质规定性的视角审视，生产劳动是指人类通过自身劳动力作用于劳动资料，进而创造社会财富的过程。这一过程普遍存在于各个社会形态之中，是人类社会发展的必要前提。换言之，无论历史如何变迁，社会形态如何更替，只要有人类社会存在，生产劳动便以其独特的方式存在。马克思认为，劳动过程的简单要素是：有目的的活动或劳动本身、劳动对象和劳动资料。这三者共同构成了劳动过程的核心要素，缺一不可。其中，劳动过程的主体即人的劳动力，是整个劳动过程的主导力量，对其他生产要素的发展起着决定性作用。在劳动过程中，人的活动借助劳动资料使劳动对象发生预定的变化，最终转化为产品。劳动与劳动对象紧密结合，劳动得以物化，而劳动对象则经过加工转变为具有使用价值的物品。从结果的角度看，劳动资料和劳动对象共同构成了生产资料，而劳动本身则体现为生产劳动。在生产力水平相对落后的时代，劳动力与生产资料的关系呈现出高度的直接统一性。单个劳动力往往直接承担生产过程中的所有劳动职能，与劳动产品之间形成了紧密的创造与被创造关系。然而，随着生产力的不断发展，生产劳动过程的复杂性日益增强，劳动力开始出现职能上的分化。每个个体仅承担生产劳动所需劳动职能中的某一环节，劳动产品的创造成为众多承担不同生产职能的劳动力相互协作的结果。在现代生产背景下，这种协作性生产劳动日益成为主流。不同劳动者的合作劳动取代了单个人的劳动，成为现代生产劳动的基本特征。这种转变不仅提高了生产效率，也促进了社会分工的进一步细化，推动了社会生产力的持续发展。结合劳动的出现，现代生产劳动中对劳动者的认定面临着新的挑战。以往，我们判断生产劳动者与非生产劳动者的标准相对明确，即依据其是否直接参与物质产品的生产和创造。然而，在现代社会“总体工人”的框架下，劳动者在生产劳动中所扮演的角色和所发挥的作用，往往因其所承担的劳动职能与劳动产品的关联程度而呈现显著的差异。一线生产工人无疑是与生产劳动联系最为紧密的群体。但问题在于，这是否意味着一线工人就是最重要的生产者呢？当前，关于生产劳动的教育内容在呈现时，更多地聚焦于一线工人的生产活动，却在一定程度上忽视了现代生产的联合特性以及“总体工人”的核心理念。实际上，在结合劳动的条件下，直接对劳动对象进行加工的操作工人的劳动属于生产劳动，而各种辅助工人的劳动同样属于生产劳动范畴。不仅生产第一线的工人劳动是生产劳动，那些远离第一线的科室人员的劳动同样对生产活动具有不可或缺的作用。无论是车间内从事体力劳动的工人，还是从事脑力劳动的管理人员与科技人员，他们的劳动都是生产劳动的重要组成部分。

因此，在当前关于生产劳动的教育中，我们必须摒弃过去那种仅从单个工人劳动创造的视角来看待问题的局限性，转而从劳动者的结合劳动以及“总体工人”的角度，全面理解和把握当代生产劳动的系统性和复杂性。我们不能简单地将生产劳动等同于一线工人的劳动，而应看到处在不同劳动职能分工体系中的劳动者对生产劳动所作出的不同贡献。只有这样，我们才能更准确地认识现代生产劳动的本质和特征，为培养适应现代社会发展需求的高素质劳动者提供有力支撑。

2. 生产劳动的社会属性规定

若生产劳动的物质属性规定是从历史唯物主义视角对其属性的界定，那么生产劳动的社会属性规定则赋予了其政治经济学的深刻内涵。从社会属性规定的维度出发，生产劳动特指那些能为资本家创造剩余价值的活动。换言之，凡是有助于资本家获取利润的活动，均属于特定社会形态下的生产劳动范畴。马克思曾深刻指出，生产工人的概念不仅涵盖了活动和效果之间的关系，工人和劳动产品之间的关系，更蕴含了一种特殊社会、历史条件下产生的生产关系。因此，从资本主义的视角审视，唯有那些创造剩余价值且非为自身而是为生产条件所有者创造剩余价值的劳动，方属真正意义上的生产劳动。

基于上述认识，我们不难理解：生产劳动不仅体现为物质产品的创造过程，更是一种社会关系的展现形式。正是基于这样的理解，马克思将资本主义社会中的歌唱表演、教学活动等亦纳入了生产劳动的范畴。他认为，若要在物质生产领域之外寻找例证，那么，只有当教员不仅教授学生知识，更为校董的财富增长贡献力量时，方可被视为生产工人。出现这一现象的根本原因在于，资本家不仅可通过工人的劳动、农民的耕作创造剩余价值，还可利用歌唱表演、教学活动、文学创作等非物质生产领域的服务活动，将物质生产领域中劳动者创造的剩余价值的一部分转移至自身，从而实现利润的攫取。由此可见，无论是物质生产领域还是非物质生产领域，劳动的共同特征在于与资本的交换，为资本家带来利润。

从劳动与资本的这一关系出发，我们可以得出结论：无论是哪个领域的劳动，均属于资本主义生产劳动的范畴。这一认识实际上提醒我们，在生产劳动过程中，除了人与物之间的对象化关系外，同样存在着人与人之间复杂的剥削与被剥削关系。而现实的生产劳动无疑是在特定的社会制度环境下进行的，因此，对生产劳动的理解，既要关注其物质创造性，亦需深入剖析其蕴含的社会关系特征。

基于此，以生产劳动为载体的劳动教育，一方面，应引导学生通过亲身参与生产劳动，深刻领会劳动创造历史、劳动创造财富的历史唯物主义观点；另一方面，更应注重引导学生关注生产劳动中的劳动关系形态，从而真正领会政治经济学意义上生产劳动所蕴含的社会压迫与社会解放的历史意义。综上所述，生产劳动这一概念是物质性与社会性的有机统一。物质性是其一般性规定，贯穿于所有历史与文化之中；而社会性则是其特殊性规定，与特定的社会制度紧密相连。生产劳动的物质属性规定是其社会属性规定存在的前提，而社会属性规定则是其物质属性规定的具体体现。因此，完整的生产劳动教育应既包含对生产劳动物质属性规定的传授，亦应涵盖对生产劳动社会属性规定的阐释，从而构成生产劳动教育的全面要求。

（三）服务性劳动

在教育部2020年颁布的《大中小学劳动教育指导纲要（试行）》中，服务性劳动的目标被明确界定为：让学生利用知识、技能等为他人和社会提供服务，在服务性岗位上见习实习，树立服务意识，实践服务技能；在公益劳动、志愿服务中强化社会责任感。从这一政策文件来看，服务性劳动并非特指某一具体劳动形态，而是一个具有明确劳动目的性的概念。因此，服务性劳动教育旨在通过多样化的劳动实践，引导学生将所学技能应用于服务他人和社会的实践中。至于选择何种类型的劳动形式，应根据实际情况和教育目标灵活确定，重要的是服务性劳动教育应侧重于培养学生的公共精神、公民参与意识以及参与能力，而非仅局限于某一具体行业或产业。

在现实中，对于服务性劳动教育的理解存在诸多误区。其中，最为突出的问题是将“服务性劳动”等同于“服务业”的劳动教育。然而，服务业作为一种产业结构划分，涵盖了多个行业和领域，其劳动形态多样，既包括物质生产部门也包括非物质生产部门。因此，将服务性劳动等同于服务业劳动教育，显然是对服务性劳动教育内涵的误解和窄化。为了纠正这一误区，我们应明确服务性劳动教育的重点在于引导学生将所学技能应用于服务他人和社会的实践中，而非局限于某一特定行业或领域。同时，我们应加强对服务业劳动教育的认识和理解，将其作为劳动教育的重要组成部分，以帮助学生全面认识我国乃至世界的劳动结构特点和发展趋势。

鉴于此，服务性劳动的核心在于服务精神的彰显，它深刻体现了公共精神与公民参与意识、能力的培育，而非单纯指向服务业这一产业形态。服务性劳动教育的本质，旨在引导学生将在家庭、学校、社会中所积累的各类劳动能力，积极转化为服务他人、奉献社会的实际行动。因此，如何有效激发学生的服务意识、提升自我服务能力，成为服务性劳动教育亟待解决的关键问题。然而，当前服务性劳动教育在理解“服务”这一概念时存在诸多误区。其中，最为显著的问题是将“服务性劳动”狭隘地等同于“服务业”相关的劳动教育。事实上，服务业更多是从产业结构划分的角度进行界定，涵盖了交通运输、仓储邮政、信息传输、计算机服务与软件业、批发零售、住宿餐饮、金融房地产、租赁商务服务、科研技术服务等多个行业领域。从服务业涵盖的具体行业来看，它并非一种独立的劳动形态，而是多种劳动形态的集合体，既包含物质生产部门，也涵盖非物质生产部门。有学者对服务业中的物质生产部门和非物质生产部门进行了详细区分。物质生产部门主要包括直接生产物质产品的劳动，如食品制造等；为直接生产过程提供服务的劳动，如电气、煤气、管道、邮电运输等；以及与物质产品生产直接相关的专业化服务劳动，如技术咨询、信息提供、设备维修等。而非物质生产部门则主要涉及以活动形式提供的各种劳务，如旅游、理发、清洁、卫生保健等；流通领域的服务劳动，如商业批发零售、广告、金融保险等；上层建筑领域中的服务，如法律、教育、文学艺术等。如果将服务性劳动简单地等同于服务业劳动，那么劳动教育的范畴将过于宽泛，既需涵盖生产性服务业劳动教育，也需涉及非生产性服务业劳动教育。然而，服务性劳动教育的目标与服务业劳动教育的目标存在显著差异。若不能自觉区分这些差异，服务性劳动教育便可能偏离其初衷。当然，这并不意味着服务性劳动与服务业之间毫无关联。教育部颁布的《大中小学劳动教育指导纲要（试行）》在强调服务性劳动的重要性时，也明确提出要在服务性岗位上开展见习实习活动。这些服务性岗位往往由服务业，特别是非生产性服务业提供。因此，针对服务业劳动进行的劳动教育同样具有重要意义，有助于学生全面认识我国乃至世界劳动结构的基本特点和发展趋势，这也是当前劳动教育中亟待加强的重要方面。

二、劳动教育内容的非劳动形态

劳动教育在内容上应当全面而深入，既要涵盖日常生活劳动、生产劳动和服务性劳动等具体的劳动形态，又要包含劳动者、劳动文化、劳动关系等非劳动形态的内容。然而，当前劳动教育在内容的开发上却存在着一个显著的问题，那就是过度偏重于劳动形态的教育内容，而忽视了非劳动形态的教育内容在实现劳动教育目标方面的重要价值。实际上，非劳动形态的教育内容在劳动教育中具有不可或缺的地位。它们不仅有助于深化学生对劳动的理解和认识，更能引导他们形成正确的劳动观念、劳动情感、劳动态度和劳动精神等观念性社会意识。这些观念性社会意识是劳动教育的重要育人目标之一，它们对于学生的人生观、价值观的形成具有深远的影响。以马克思主义劳动观为例，它强调劳动是创造价值的基础，是人类社会发展的重要动力。通过引导学生学习和理解马克思主义劳动观，可以帮助他们树立正确的劳动价值观，认识到劳动不仅是生存和发展的手段，更是一种实现自我价值和社会价值的途径。这种价值观的培养，有助于学生在未来的工作和生活中，以积极的态度面对劳动，实现个人和社会的共同发展。此外，劳动文化、劳动关系等非劳动形态的内容也是劳动教育不可或缺的一部分。劳动文化是一个民族在长期劳动实践中形成的独特精神风貌和价值观念，它对于塑造学生的精神世界、培养他们的劳动情感具有重要作用。而劳动关系则涉及劳动者与雇主、劳动者与劳动者之间的关系，它反映了社会生产关系的本质。通过学习和了解劳动关系，学生可以更好地理解劳动在社会生活中的地位和作用，增强他们的社会责任感和使命感。然而，将各种正确的劳动观念、劳动精神和劳动价值观内化为个体人格结构中的稳定组成部分，并非易事。这需要教育者采取多种手段和方法，如通过生动的案例、形象的比喻、深入的讨论等方式，引导学生深入思考和理解劳动的本质和意义。同时，还需要注重培养学生的实践能力和创新精神，让他们在具体的劳动实践中体验劳动的乐趣和价值，从而真正认同劳动的价值和意义。

综上所述，劳动教育在内容上应该全面而深入，既要包括具体的劳动形态内容，又要涵盖非劳动形态的内容。在《辞海》中，劳动教育被界定为对劳动观和劳动态度的培养，明确将劳动价值观和劳动精神的塑造列为劳动教育的重要内容，也就是说劳动教育的价值决定劳动教育的内容。不同时代赋予劳动教育不同价值，我国关于劳动教育的价值认定在不同时期也有不同的体现。新中国成立初期，我国劳动教育重视生产劳动价值取向；“文革”结束后，我国劳动教育强调提升劳动技术的价值取向；进入 20 世纪 80 年代，我国劳动教育非常注重提升劳动者劳动能力的价值取向；进入新时代，我国劳动教育强调以人为本，注重德智体美劳的全面发展。《意见》中明确提出：“劳动教育是国民教育体系的重要内容，是学生成长的必要途径，具有树德、增智、强体、育美的综合育人价值。实施劳动教育重点是在系统的文化知识学习之外，有目的、有计划地组织学生参加日常生活劳动、生产劳动和服务性劳动，让学生动手实践、出力流汗，接受锻炼、磨炼意志，培养学生正确劳动价值观和良好劳动品质。”伴随社会生产力水平的迅猛发展，以及网络信息技术的广泛应用，劳动基本形态也已经发生了根本性变化，从传统的体力劳动转变为脑力与体力、线上与线下协同推进，服务型劳动比重逐渐加大的现代综合劳动。同时，大学生劳动教育既是一个系统教育，又是一个过程教育，要充分考虑大学劳动教育与其他时段劳动教育的融通问题，但又要着重考虑大学时段的劳动教育的突出特点，强调创造性和主动精神的培育。因此，根据上述分析和结合我国劳动教育总体目标，可将新时代劳动教育内容的非劳动形态划分成劳动价值观塑造、劳动习惯养成、劳动能力提升等。

（一）塑造尊重劳动、崇尚劳动价值观的教育内容

大学生处于“拔节孕穗”的关键时刻，世界观、人生观和价值观均未形成，用什么样的思想和文化引导学生，对他们未来的价值观和人生信仰具有重要影响。当今世界国际竞争激烈，世界潮流相互激荡、世界文化纷繁复杂，对大学生影响巨大，尤其是受社会文化认知偏差和西方消极懈怠“佛系文化”的影响，部分大学生的劳动价值观和价值取向存在很多问题，主要表现为歧视体力劳动、劳动意识不强、不尊重劳动成果等现象。同时，部分学校对劳动教育在立德树人过程中发挥的以劳树德、以劳增智、以劳健体、以劳育美、以劳促创的重要意义认识不够，导致大学生对劳动、劳动教育的具体内涵、重要意义和社会地位，树立正确的劳动价值观等都重视不够。

“尽管前进道路并不平坦，改革发展稳定任务仍很艰巨而繁重，但面对未来，我们充满必胜信心。”[①] 我国现在正处于全面建设社会主义现代化国家的新征程、向第二个百年奋斗目标进军的关键时刻，不管是从国家整体发展的战略层面看，还是从社会发展的具体进程看，我国要再创伟大辉煌成就必须激发广大劳动者的积极性，要调动数以千万的一线劳动者的辛勤奋斗。基于每个公民个体而言，幸福不会从天而降，梦想不会自动成真。每个人要创造幸福美好生活都需要努力奋斗，必须依靠辛勤劳动、诚实劳动、创造性劳动。劳动已是人们工作和生活的基本常态。

---

① 习近平谈治国理政（第一卷）［M］. 北京：外文出版社，2018：44.

综上所述，加强对大学生的劳动教育，全面引导大学生对劳动本身进行全面、科学、合理、深入的认识，能为大学生精准回答“为什么要劳动”“为谁来劳动”“怎么去劳动”等一系列困惑大学生的问题，增强大学生对劳动的深刻理解和对劳动教育的深刻认同，在未来的学习生活中对劳动教育真信、真学、真做；高校劳动教育也能变被动为主动，真正提升劳动教育实效。新时代劳动价值观教育不是死板的，而是充满活力和激情的！它就是要我们传承劳模精神，大力宣扬劳动的伟大意义，让大学生在劳动的过程中，找到那种自我陶醉、自我满足、自我实现的感觉。

实践证明，只有在劳动的过程中，让大学生深深地感受到劳动的酸甜苦辣，被劳动精神深深感染，这样的劳动教育才能像春风化雨、润物无声。因此，高校要通过丰富多彩的实践活动和先进的思想引领，让当代的大学生能够秉承“劳动最光荣、劳动最崇高、劳动最伟大、劳动最美丽”的劳动价值观，让大学生把握好自己的人生航向。在迈向未来的征程上，充分激发大学生的奋斗精神，焕发他们的主动担当精神，投身到社会主义现代化伟大事业的建设中去。只有这样，才能真正实现劳动教育的目标，培养出具有正确劳动观念、良好劳动习惯和崇高劳动精神的新一代青年。

（二）培养劳动思维、劳动习惯的教育内容

基于价值认同理论的视角分析劳动教育价值，其实现规律可以阐述为：首先是增强大学生劳动教育的理念认同；其次是在理念认同的基础上增强大学生的价值认同；最后是将大学生对劳动教育的价值认同内化为劳动自律、外化为劳动自觉。[①] 也就是说，理念认同是高校劳动教育的初级目标，价值认同是高校劳动教育的中级目标，行动自觉才是高校劳动教育的终极目标。《意见》中关于劳动教育的总目标也对此进行了印证，即劳动教育的终极目标在于引导广大青年大学生塑造科学的劳动理念与优良的劳动习性，并将之融入学习、生活的各个环节，以劳动为引擎，推动个体成长的健康循环。在现实的劳动教育实践中，劳动价值认同与劳动思维方式行为习惯的形成之间存在着紧密的联系，呈现出相辅相成、相互促进的态势。首先，大学生对劳动价值的认同态度是通过劳动思维和劳动习惯体现出来的。如果大学生劳动精神

① 孟国忠．高校劳动教育价值实现的机理研究［J］．学校党建与思想教育，2019（14）：85-87.

积极、劳动行为主动，那么其在劳动过程中就会投以十倍、百倍的热情，主动、细致地完成劳动任务；反之则不然。其次，在一次次劳动思维与劳动行为习惯的逐步形成中，劳动教育的价值不断得以深化和升华。通过这种螺旋式上升的方式，大学生得以获取更加高昂的劳动状态，从而不断推动劳动教育的深入发展。这与班建武在《新时期劳动教育理论体系建构研究》一文中阐述的一样，即培养劳动思维和劳动行为习惯，其核心目标在于塑造学生积极向上的劳动状态，以此作为教育工作的重中之重。① 高校在劳动实践与探索教育过程中，致力于引导和帮助学生成长为幸福的劳动者，成为社会主义现代化国家的坚定建设者。高校通过劳动思维和劳动习惯的养成，使劳动成为大学生主动自觉的意识与行为，从而可以转变教育中的被动局面，实现化被动为主动，为培养具备创新创业精神的劳动者和开展高质量劳动奠定坚实基础。

（三）增添专业技能、通识劳动技能的教育内容

高校具有多重功能，其中服务社会是重要功能，这使得其专业设置和教学目标的制定就具有很强的劳动属性。高校劳动教育要与专业技能培训紧密相连。一方面，提升大学生劳动技能在很大程度上依靠劳动教育的开展。在专业教学过程中，劳动教育元素融入越多，对专业教学的效果就越好，大学生专业技能提升就越明显；反之，如果在专业教学过程中，劳动教育元素融入越少，或者没有劳动精神、劳模精神的融入，大学生专业技能学习的收获就越少，专业学习效果就越差。另一方面，伴随大学生劳动技能的逐渐提升，大学生对劳动教育的认知与感受经历了从最初的感性认识，认为“专业技能提升依靠劳动教育”，到后期的理性认识，认为“专业技能提升本质就是一种劳动”，再到“劳动是人类的必需内容”的转变过程。

意识对实践具有较强的反作用，认识不断变化，其主导下的人类行为也会深受影响。高校在开展劳动教育教学的过程中，可在专业技能培训中有机融入劳动教育元素，在课程标准、教学计划中科学融入劳动教育。在引领大学生探寻专业技能的奇妙之旅中，高校也在悄无声息地滋养着大学生的通识劳动技能之树，最终让学生们在专业技能与通识劳动技能的双重滋养下茁壮

---

① 班建武. 新时期劳动教育理论体系建构研究［M］. 杭州：浙江教育出版社，2022：153.

成长，实现双翼齐飞！

比如在“中药学”这门课程中，教师可以组织学生采药、制作标本，自己动手制作药材，这样既能解决大学生生活中的问题，又能提升其课程理论知识的运用能力，还能促进其团队协作能力、人际沟通能力、自我管理能力的提升。近段时间，部分高校教育窄化了劳动能力范畴，把“劳动技能”仅仅限定在某一专业技术领域的狭窄视野里，仿佛给学生的成长套上了枷锁，让他们在方法能力、社会能力和自我管理能力这些重要方面的培养上倍感压抑。这样一来，劳动综合能力的发展变得扭曲而失衡，思维模式也受到了束缚，难以展翅高飞。在新时代的背景下，劳动教育肩负着培养具备专业技能的复合型人才的重要使命。高校既要注重培养学生的一技之长，使其成为技能型人才的中坚力量，又要全方位锤炼学生的实践能力、交往能力和自我管理能力，使其具备应对复杂劳动环境的能力和素质，更好地适应多元化的劳动需求，最终能够胜任并出色完成复合型劳动任务，为社会的持续发展和进步贡献青春力量。

（四）培育劳动素养、综合素质的教育内容

“劳动者素质对一个国家、一个民族发展至关重要。当今世界，综合国力的竞争归根到底是人才的竞争、劳动者素质的竞争。”习近平总书记这一论述深刻指出，要在激烈的国际竞争中取胜，提升劳动者素质是关键。而培育大学生的劳动素质的基本前提就是要开展大学生“辛勤劳动、诚实劳动、创造性劳动”教育，并且在此基础上不断提升其劳动技能水平。辛勤劳动，就是要奋发图强、自力更生。中国式现代化依靠最广大人民群众用辛勤劳动实现，社会主义现代化强国目标的实现同样需要最广大人民群众用辛勤劳动创造。诚实劳动，就要兢兢业业、尽职勤勉。高校要通过劳动教育积极鼓励大学生勇于开拓、敢于创新，推动青年才俊如同泉涌般源源不断涌现，为我国的发展贡献青春力量。因此，高校加强大学生劳动教育需要增强以劳动者素质培养为目标的内容的教育。

与此同时，高校劳动教育要注重劳动者综合素养的培养。劳动教育是国民教育体系的重要内容，是学生成长的必要途径，具有树德、增智、强体、育美的综合育人价值。新时代，高校劳动教育应充分发挥劳动教育的综合育人效能，促进大学生德智体美劳全面发展。

首先，通过劳动教育树德。高校可通过劳动教育培养大学生自立自强的意识以及主动奉献社会、服务他人的优良品德，并且通过“以劳树德”增强价值引领，使大学生形成尊崇劳动和热爱劳动的品质。其次，通过劳动教育增智。学习应当是一种促使智慧和双手的努力相结合的劳动。[①] 学习并非单纯的知识堆砌，而是要通过丰富多样的实践活动，促使学生将脑力劳动与体力劳动深度融合。通过这样的方式，能不断提升大学生的智慧水平，增强其思考与解决问题的能力，进而实现全面发展。再次，通过劳动教育强体。在劳动教育的深入推进中，大学生积极投身社会实践，充分发挥个人劳动力，此举不仅显著增强了身体的协调性和灵敏性，更使得体魄得到全面锻炼，身体素质获得显著提升。通过这一过程，不仅能够实现大学生强身健体的目标，更能促进大学生人格的健全发展，磨砺大学生坚定的意志品质，为培养德智体美劳全面发展的社会主义建设者和接班人奠定坚实基础。最后，通过劳动教育育美。劳动实践本身便是美的体现，体力劳动彰显了力量之美，脑力劳动则展现了智慧之美。习近平总书记在全国教育大会上深刻阐述了劳动最美丽的理念，从审美层面，对劳动所蕴含的美学内涵进行了深入的剖析，这一论述成为新时代劳动教育的重要价值导向。

以上从四个育人方面对非劳动形态的劳动教育内容做了简要的分析。实际上，现实中所存在的非劳动形态的劳动教育远不止上述四种形式。只要我们始终秉持劳动教育的目标导向，深入思考和探索劳动教育的内容，便不难发现，诸多被我们忽视但同样有助于实现劳动教育目标的非劳动形态的教育内容正在潜移默化地发挥着作用。

第二节　劳动课程内容的科学设置

劳动教育作为中国特色社会主义教育制度的核心组成部分，其本质在于通过教育性实践全面发挥劳动的综合育人价值。劳动课程内容的科学设置，对于实现劳动育人价值的深度和广度具有直接而深远的影响。《意见》中强调，劳动教育要体现时代特征，适应科技发展和产业变革，针对劳动新形态，

---

① 苏霍姆林斯基. 论劳动教育［M］萧勇，杜殿坤，译. 北京：教育科学出版社，2019：72.

注重新兴技术支撑和社会服务新变化。后来，教育部印发的《大中小学劳动教育指导纲要（试行）》中指出，在充分发挥传统劳动、传统工艺项目育人功能的同时，紧跟科技发展和产业变革，准确把握新时代劳动工具、劳动技术、劳动形态的新变化，创新劳动教育内容、途径、方式，增强劳动教育的时代性。对此，高校应结合劳动形态在新时代呈现出的新特点，科学设置劳动教育的课程内容，丰富与拓展劳动教育内容的选择维度，从而构建能够彰显时代特征的劳动课程内容体系，为提升新时代高校劳动教育实效奠定基础。

一、劳动课程内容设置的时代趋势

劳动教育作为一种具有深刻育人价值的教育性实践活动，其课程内容的科学设置对于全面实现劳动育人的价值具有举足轻重的意义。为此，高校在优化现代劳动课程内容时，必须紧密关注经济社会生活中劳动形态的新变化、新趋势，从而有针对性地拓宽劳动课程内容的选择维度，深入挖掘并充分发挥劳动新形态所蕴含的育人潜能。通过这一举措，我们不仅能够提升劳动课程内容体系的时代性和先进性，更能确保其育人效果的实效性和长效性，为培养具备新时代劳动素养的优秀人才提供保障。

（一）基于劳动形态视角设置劳动课程内容

劳动课程内容的设置是全面落实劳动教育的关键，但是劳动课程内容的设置问题一直也是高校劳动教育存在认识上争议的问题，不同学校有不同的举措和态度。部分学校将劳动课程内容定位于劳动作用的对象，也就是说将待加工的自然材料或者经过加工的半成品等劳动作用对象等同于劳动课程内容，这种观点将劳动对象和劳动教育的内容与载体混为一谈，将劳动视为生产物质资料或物质财富的活动，导致劳动教育内涵的广泛性大打折扣，严重压缩了劳动教育的内容。在这种思维引导下，劳动课程内容设置被局限为校内外的各种体力劳动活动，以及各种工农业生产活动；或者将劳动课程内容窄化为讲授生产过程和劳动技术的生产技术课，使劳动教育成为纯粹讲解劳动知识、介绍劳动经验、传授劳动技能的专门课程，殊不知这样完全忽略了劳动教育在立德树人过程中的树德、增智、强体、育美等方面的综合育人功效。《意见》从劳动形态的分析视角出发，对劳动教育的内容选择与设置进行了明确的规范和要求。该文件明确指出，在推进劳动教育的过程中，应充分重视并加强日常生活劳动、生产劳动以及服务性劳动的教育力度，同时紧密结合时代特征，积极适应科技发展和产业变革的新形势，确保劳动教育的内容与时代发展相契合，实现劳动教育的全面加强与提升。不难发现，该文件明确阐述了劳动形态的分析视角，指明劳动课程内容的确立及其内容体系构建的关键在于如何遴选、组织劳动形态。通常而言，劳动形态作为劳动实践的具体展现，涵盖了劳动的工具、对象、方法等系列要素。这些要素在特定的劳动场域中通过自组的方式，形成具有整体性、综合性和实践性的劳动表现形式，充分体现了劳动实践的多样性和丰富性。在《教育大辞典》中，劳动形态被严谨地界定为劳动的具体表现形态。该辞典从人的劳动能力、劳动者与生产资料的紧密结合过程以及最终物化的产品这三个维度，深入剖析了潜在、流动以及凝结三种不同形态的劳动之间的差异。因此，劳动目的或者方式不同，劳动工具和劳动资料的选择也会不同，从而影响劳动教育的育人功效。所以，紧扣劳动教育形态这个视角既有利于从劳动要素全局视野把握劳动的综合性，又有利于开创劳动课程内容的新视野。具体而言，劳动形态包括劳动的目的与方式、劳动的工具与资料、劳动的对象与场域等劳动要素之间的相互联系、实践整合以及情境导入。这一视角凸显了劳动课程内容的整体性、实践性与情境性，这样能有效走出将劳动课程内容等同于劳动对象或相关劳动资料的误区。总之，我们现在面临着一个重要的问题，那就是如何根据劳动形态的新变化和它的时代特征，来设定劳动课程的内容，这是个核心议题，得深刻探究。

（二）顺应时代变化趋势设置劳动课程内容

今天，人类正处于网络信息技术突飞猛进与深刻变革的时代，这是人类社会鲜明的时代特征。在人类劳动实践的发展变革中，一个显著的趋势是以网络信息技术为劳动工具，以知识、数字、信息等为基本劳动资料，逐步迈向信息化、数字化、智能化的新时代。

不难发现，在全球范围内，那些经济发达的国家的社会进步和经济发展，很大程度上是依靠了信息产品的研究与生产，以及信息技术领域的创新与服务的提供。正因如此，多种新型劳动形态逐渐崭露头角，它们分别是：数字劳动、智能劳动、知识劳动、虚拟劳动、科技劳动、信息劳动等。这些新型的劳动形态，帮助劳动者们摆脱了那些繁重、单调的体力劳动，还有一成不变的流水线式工业劳动，正成为推动经济飞速增长、促进产业结构优化升级的关键力量，真可谓是劳动者的福音，真的是社会生产力的巨大飞跃。经过多年发展，现代信息技术，比如“互联网+”“大数据”还有“人工智能”等，逐渐跟传统行业相融相促、同频共振。这种深度的融合，不仅仅是个新潮流，更是推动产业转型、行业升级的大方向和大趋势。因此，这就是传统劳动形态和现代劳动形态完美结合的一个典范。

在我国经济社会产业变革的浪潮中，特别是在供给侧结构性改革如火如荼的推进下，各产业间的重组与融合像是跳动的音符，奏响了一曲活力四射的交响乐。它们不仅挑战着基于第一、第二、第三产业构建的传统劳动形态格局，更如同魔术师一般，不断变出新奇的职业类型和五彩斑斓的劳动形态，为我们的社会注入了源源不断的生机与活力。比如，把农业和服务业相融合起来，创新出了很多新概念，休闲农业、农村养生、体验耕作等等，这些都是两个行业融合后产生的新业态。这些新业态都有一个共同点，那就是它们都打破了传统的界限，展现出了跨界的特点。这些新业态不仅让农业变得更加有趣和多样，还改变了劳动实践的目的和方式。人们曾经可能更注重物质层面的产出，但现在，这些新业态更注重满足人们的个性化需求。换句话说，现在的劳动实践已经不再是单纯地追求产出“物”，而是转向了以“服务”为核心。在这个过程中，服务、科技和审美等维度的价值也得到了更多的重视。比如，在休闲农业中，我们不仅可以享受田园风光，还可以体验到各种农业活动；在农村养生中，我们可以借助科技手段来监测身体状况，享受更加科学、健康的养生方式。在此背景下，生产与技术、知识与价值、信息与文化、时间与空间、情感与审美等劳动要件的耦合比任何时代都更加复杂多样。① 伴随经济社会产业变革，出现了服务性劳动、审美性劳动、创新性劳动等多样化、复合化的劳动形态。所以，现在的劳动对创造性、数字化、审美性和个性化的要求都比以前高多了。这也意味着，劳动者们需要拥有更全面的劳动素养，才能应对这些新的挑战。简单地说，劳动不再只是简单的体力劳动，它变得更加多元化和复杂化，对劳动者的要求也越来越高。

综上所述，劳动形态的新变化充分展现了劳动作为一项实践活动的发展性、多样性与复杂性。在这一过程中，劳动不仅涉及体力与脑力的投入，更

---

① 班建武. “新”劳动教育的内涵特征与实践路径［J］. 教育研究，2019，40（01）：21-26.

是信息技术与数字工具深度融合的对象化实践。劳动不仅具备生产性，更凸显出创造性、服务性以及审美性等多元化、复合性的鲜明特征。劳动形态的新变化与新特征对劳动课程内容的设置提出了新的挑战与更高要求。

二、劳动课程内容设置的现实要求

为了让大家更清楚地了解现代劳动教育的新变化和新特点，高校需要对课程内容进行精心设置。首先，要让劳动任务更加贴近真实生活，充分激发大家的兴趣和动力，也让劳动教育更有意义。同时，我们也要推动劳动形态的多样化和多元化。不同的劳动形态有着不同的特点和价值，通过多样化的劳动实践，大家可以更全面地了解劳动的魅力。当然，也不能忘记传统劳动形态与现代劳动形态之间的关系。要用一种兼容并蓄的态度去看待它们，找到它们之间的共同点和差异点，实现劳动形态育人价值的互补与协同。这样一来，高校现代劳动课程内容就会更加丰富多彩、更加贴近实际，也能更好地发挥劳动教育的育人作用。

（一）以务实劳动任务促进劳动形态的多元

社会生活中的劳动分工日新月异，不同劳动具有不同任务，不同劳动任务的目的、劳动资料、劳动形式等都以不同形式呈现。也可以理解为，劳动任务和劳动形态并不是简单的一一对应关系，而是多维融合的复杂关系。比如，与中药材相关的劳动任务便可表现出多元化劳动形态，包括种植、挖掘、炮制等体力劳动；包装、保管、营销等服务性劳动和职业体验劳动；在信息技术的帮助下，还可以更轻松地完成很多工作，如信息检索、分析和管理等。数字劳动也是信息技术大显身手的领域。除此之外，信息技术还帮我们在一些审美性劳动上大展拳脚。比如中药广告的设计，有了信息技术的加持，广告可以做得更有趣、更吸引人。还有中医文化的传播，信息技术让我们可以更方便地了解中医文化的历史和内涵。

因此，劳动任务越实在具体，与之相关的劳动形态之间的耦合、联结与共融等特点也就更加突出。基于这一视角，增强劳动任务的务实性特点主要是为拉近学校劳动教育与现实劳动生活之间的距离。高校强调，应当以真实的劳动对象、要素等作为组织线索，充分运用多样化的劳动工具、资料等资源，有效驱动体力、脑力以及数字劳动等各类劳动形态。同时，注重生产性劳动、服务性劳动与审美性劳动等多方面的结合，以及日常生活劳动与职业体验劳动等多元化、多样性劳动形态的并存与整合，从而全面提升劳动的质量和效益。加强劳动任务的务实品质主要是为促进劳动形态的丰富多元、融合发展提供催化剂和促进力，让整个劳动实践过程焕发出勃勃生机，洋溢着综合性、整合性和跨形态性的独特魅力，从而生动展示社会经济生活中劳动形态的现实演变与鲜明特色。这个设置策略更加科学有效，它不仅能消除不同劳动形态之间的隔阂和障碍，还能加强它们之间的联系和互动，这样一来，各种劳动形态就能更好地协同工作，实现更高效的合作。基于务实性劳动任务的设计，可以把一个整体劳动任务拆分成一个个具体的项目化劳动教育课程，这样一来，高校大学生就能亲自去体验各种各样的劳动形态了，比如脑力劳动、体力劳动、智能劳动、服务性劳动，还有职业体验劳动等等。通过这些劳动教育课程的开展，大学生不仅可以开展创新学习，体验学习，还可以尝试服务学习和跨学科学习等多样化的学习实践。这样做不仅能让学生更深入地了解和感受劳动教育的意义和价值，还有助于实现劳动教育的综合性育人目标。

综上所述，这一策略就像魔法钥匙，为劳动教育打开了发挥其独特育人功能的大门，它不仅仅局限于提升某一方面的素养，而是如同一位多才多艺的指挥家，引领着多方面素养的华丽交响曲。更值得一提的是，基于务实性劳动任务的驱动，现代劳动教育的内容组织仿佛变成了一幅绚丽多彩的画卷，多维、跨界、交互与融合的特征跃然纸上，生动展现了劳动形态日益丰富并相互交织、融为一体的新风貌。

（二）劳动形态育人价值的互鉴融通

劳动教育不仅仅是让我们动手干活那么简单，它犹如一座丰厚的育人宝库，培养我们的品德、增长我们的智慧、锻炼我们的身体，还能让我们更懂得欣赏美。因此，如何充分发挥劳动教育的育人功效，就成了劳动课程设置和建设的重点。劳动育人价值不容小觑，某种特定的劳动形态能产生独特的育人效果。具体来说，体力劳动不仅能锻炼身体，还能让人充满活力；脑力劳动则是提升智慧的利器，让大脑更加灵光；服务性劳动就像一座桥梁，连接着人与人之间的情感，也连接着个人与社会的纽带，传递着道德的价值；而审美性劳动，则将劳动之美展现得淋漓尽致，让人在劳动中受到美的熏陶。

这充分说明新时代劳动课程内容设置应该坚持劳动形态育人的互鉴性、融同性原则，既要注重彰显某一劳动形态的多元育人价值，还要注重劳动形态间所包含的育人价值的整体、互鉴与融通，构建劳动形态育人价值的互融结构体系，让每一种劳动形态都能绽放出独特的光彩，这样一来，在育人价值的大舞台上，劳动形态们就能欢快地携手共舞，实现有机融合。如此，不仅育人效能会显著增强，育人的品质也会焕然一新，更上一层楼。这就是说，新时代劳动课程内容设置要坚持育人价值的互鉴融通，不能局限于单一劳动形态。单一的劳动形态与劳动的复杂性和综合性定位相去甚远，同时难以充分展现劳动在综合育人方面的重要价值。高校得站在育人价值联动、均衡、协同的制高点上，深刻探究育人活动，不管是学段、年级、单元这些时间层面，还是具体到劳动任务、项目实施这些实际操作层面，都得让劳动形态多元化、多样化，像拼图一样，每块都独特，但拼在一起又能完美呈现劳动形态内在育人价值，让整个画面更加生动活泼。其实，坚持劳动形态育人价值的互鉴融通并不是对其他教育形态的否定，而是坚持劳动形态多元育人的灵活性和创新性。因此，这一育人思路已经为劳动教育彰显独特的育人功能发挥了关键性作用，致力于促进大学生成为德智体美劳全面发展的社会主义建设者和接班人。综上所述，现代劳动教育在真实性劳动任务的驱动下，简直像是打开了一个五彩斑斓的宝盒。内容组织上，多维、跨界、交互与融合，就像是不同色彩的线条交织在一起，绘制出一幅幅生动活泼的画卷，全面展现了劳动形态日益丰富的美好景象，像是一场劳动界的“时尚秀”，各种劳动元素相互碰撞、融合，共同演绎着劳动的新趋势和新风采，为培养德智体美劳全面发展的时代新人提供了条件。

（三）劳动课程内容设置的实践导向

劳动的本质就是实践，劳动过程就是实践过程。马克思指出：“全部社会生活在本质上是实践的。”① “要按照人才成长规律改进人才培养机制。”② 新时代高校要根据人才培养目标要求，针对不同学段大学生的学习特征和不同

① 中共中央马克思恩格斯列宁斯大林著作编译局. 马克思恩格斯选集（第一卷）［M］. 北京：人民出版社，2012：135.

② 本书编写组. 习近平总书记教育重要论述讲义［M］. 北京：高等教育出版社，2020：193.

专业学生情况，构建突出实践特色的劳动课程内容体系。高校遵循实践导向开展劳动教育，需要结合大学生的学习时段有计划地进行。

1. 开展通识性劳动实践教育

当前，我国存在创新型科技人才结构性不足矛盾突出，世界级科技大师缺乏，领军人才不足，工程技术人才培养同生产和创新实践脱节，创新意识、实践能力、进取精神有待提高，特别是经济转型升级所需要的创新型、实用型、复合型人才供给不足等问题。因此，要加强创新人才特别是拔尖创新人才的培养，提升一流人才培养能力，优化人才培养结构。凿井者，起于三寸之坎，以就万仞之深。学生在学校里应该学什么、能学到什么、学得怎么样，都同人才培养体系密切相关。习近平总书记在全国教育大会上强调，要努力构建德智体美劳全面培养的教育体系，形成更高水平的人才培养体系。要把立德树人融入思想道德教育、文化知识教育、社会实践教育各环节，贯穿基础教育、职业教育、高等教育各领域，学科体系、教学体系、教材体系、管理体系要围绕这个目标来设计，教师要围绕这个目标来教，学生要围绕这个目标来学。对于刚刚步入大学校园的新生而言，高校要围绕增强大学生劳动意识的宗旨着重开展以实践为主的劳动教育活动。高校要设置专门劳动周(月)、社会实践等通识性劳动实践形式进行劳动教育。首先，增强大学生的劳动认同。每学年，高校将结合学期内与寒暑假的实际情况，灵活安排设立劳动周（月）。在劳动周（月）期间，学校将以集体劳动为主，结合分组劳动和个人劳动的方式，确保劳动周（月）的时效性和实效性。同时，根据校园实际工作需要，设置劳动实践工作岗位，为学生提供更多的劳动实践机会。通过这样的劳动教育实践，学生不仅能够锻炼自身的能力，更能深刻感悟劳动精神，培养正确的劳动观念和价值观。其次，增强大学生的劳动自觉。要以寒暑假为契机，引领大学生深入社区开展社会调研，增强对社情的了解。通过组织大学生积极开展社会调研，深刻了解社会、调研基层；深刻了解国情和民情，感受祖国的巨大变化，体验时代飞速发展带来的巨大进步，增强对劳动人民辛勤劳动的崇敬之情。同时，要激励大学生深入挖掘家乡的特色文化，积极探寻家乡丰富的文化资源，介绍家乡繁荣发展的多彩故事。同时，要充分发挥网络平台的作用，有效利用网络信息技术，发挥移动互联网和智能网络平台的魔力，借助网络资源开展线上调研活动，让大学生在实践中收获满满的成果。与此同时，还要加强劳动理论课程教学、鼓励大学生勤工助学等，帮助大学生具备满足生存发展、社会发展需要的基本技能。通过上述途径培育大学生感恩人民、感恩劳动的意识，养成自觉投身劳动的良好习惯。

综上所述，从大学生进入校园开始，高校就应积极组织学生参与力所能及的生产劳动，通过与普通劳动者共同劳作，让大学生在实践中深入体验劳动、领悟劳动的真谛。此举旨在培育学生的服务意识，使大学生在面对公共卫生事件、灾害等危机时能够主动担当、积极奉献，展现出良好的社会责任感。

2. 开展专业性劳动实践教育

当今时代，知识更新不断加快，社会分工日益细化，新技术新模式新业态层出不穷。这既为青年施展才华、竞展风采提供了广阔舞台，也对青年能力素质提出了更新更高的要求。不论是成就自己的人生理想，还是担当时代的神圣使命，青年都要珍惜韶华、不负青春，努力学习掌握科学知识，提高内在素质，锤炼过硬本领，使自己的思维视野、思想观念、认识水平跟上越来越快的时代发展。进入新时代，社会形势发生急剧变化，对学生的要求也发生了变化。新时代大学生要苦练内功、提升能力、练就过硬本领。对于已经具备一定劳动理论知识和专业知识的大学生而言，高校要通过专业性劳动实践形式加强大学生劳动教育，从而提升劳动教育实效。高校要培养的社会主义建设者和接班人，应当具备什么样的基本素质和精神状态？习近平总书记指出，社会主义建设者和接班人既要有高尚品德，又要有真才实学。新时代新形势对社会主义建设者和接班人提出了新的更高要求，既包括思想品德、知识学识、创新能力、动手能力，也包括身体素质、艺术修养、人文气质、劳动技能。我们培养的人，必须树立共产主义远大理想和中国特色社会主义共同理想；必须具有爱国情怀，时刻不忘自己是中国人；必须坚持立德为先、修身为本；必须具有丰富学识、真知灼见、世界眼光；必须树立高远志向，具有勇于奋斗精神；必须具备德智体美劳综合素质，全面发展。人才培养的重要内涵之一就是要加强大学生的劳动能力和劳动素质的培养。为此，对于大三、大四学生而言，可以基于专业实验为依托探索开展专业性的劳动实践教育，即通过开展专业实验课增强大学生的动手操作能力，培育大学生学习的主动意识，帮助大学生掌握学习主动权，鞭策大学生在劳动实践中熟知科学研究的基本过程，从而培育大学生的劳动素养和创新思维。同时，鼓励大学生在专业实验中勤动手、多动脑，增强大学生的实践能力和团队探究精神。

另外，在开展劳动教育的旅程中，要让学生们在亲自动手实践中，充分领略到学科的独特魅力和专业的独到之处。这样一来，他们就能更深入地感受到所学学科的发展脉络和前沿动向，从而激发他们对劳动的满腔热情和创新精神。就如何科学设置劳动教育内容的问题而言，要在实训实习中依托当地自然环境，发挥地方自然优势，结合当地社会条件，以及劳动新形态、产业新动能，积极探究行业、企业可以利用的资源，以新型服务性劳动内容为重点选择对象，多措并举开展劳动教育，并积极创新实训实习新模式，让大学生感受现代数字技术背景下劳动实践的新方式、新形态。

同时，在实训实习的舞台上，高校要让专业教育与劳动教育手牵手、肩并肩，共舞一曲和谐的旋律。高校要引导学生在专业实践和实习的舞台上，探寻理论与实践的交汇点，就像探险家在森林中找到那份珍贵的宝藏，这样的探索不仅能深化劳动教育的内涵，还能点亮学生们的创造力之光，培养他们的责任感。如此一来，学生们的专业认同感就会油然而生，劳动教育课程的实效性也将如同熊熊燃烧的火焰，更加旺盛有力。

劳动教育是高校落实立德树人根本任务的重要环节，也是培养时代新人的重要路径和必然选择。优化劳动课程内容的设置，创新劳动教育的方式，能够引导大学生深刻理解劳动的重要意义、劳动的育人价值、劳动的深刻内涵、劳动的时代模式，进而深刻认识劳动在社会发展中的重要作用、劳动与个人成长的内在关系，使大学生保持清醒理智的劳动态度，以便在劳动中成长成才。习近平总书记在纪念五四运动 100 周年大会上发表了重要讲话，他强调："面对复杂的世界大变局，要明辨是非、恪守正道，不人云亦云、盲目跟风。面对外部诱惑，要保持定力、严守规矩，用勤劳的双手和诚实的劳动创造美好生活，拒绝投机取巧、远离自作聪明。面对美好岁月，要有饮水思源、懂得回报的感恩之心，感恩党和国家，感恩社会和人民。要在奋斗中摸爬滚打，体察世间冷暖、民众忧乐、现实矛盾，从中找到人生真谛、生命价值、事业方向。"

综上所述，新时代高校在开展劳动教育的过程中，要积极探寻新的劳动教育模式，立足时代背景、顺应社会需求、趋于育人实际，加强育人模式的优化调整，增强全员、全过程、全方位育人能力，构建"三全育人"的劳动教育新格局，极大提升高校劳动教育的育人能力和水平，不断提升大学生综合素质。

第三节　劳动教育内容的组织形式

关于劳动教育内容设置的论述，不仅仅涉及劳动教育应该包含什么样的内容，还应该牵涉劳动教育的内容如何科学有效组织。前者主要是回答劳动教育内容的类型和范围，即什么样的内容能够构成劳动教育的内容；后者强调的是怎样将劳动教育内容转变为具体的育人实践，也就是什么样的劳动教育内容组织形式才能有效发挥育人价值。

在教育的广袤领域中，劳动教育始终占据着举足轻重的地位，它不仅是培养学生实践能力和生活技能的重要途径，更是塑造学生健全人格和价值观的关键环节。然而，长期以来，我们在探讨劳动教育内容时，往往过度聚焦于内容的本身，即什么样的活动、任务或技能可以纳入劳动教育的范畴，却相对忽视了内容形式对于实现教育目标的重要性。这一疏忽，不仅限制了劳动教育的深度和广度，也可能导致教育资源的浪费，使教育效果大打折扣。以日常生活劳动教育为例，这一领域的内容与学生的日常生活紧密相连，旨在通过实际操作和体验，让学生掌握基本的生活技能，培养自理能力和责任感。然而，面对不同学段的学生，如何采取恰当的内容组织形式，使之既符合学生的年龄特点和认知水平，又能有效达成教育目标，却是一个值得深思的问题。如果对这一问题思考不足，就会出现“小学（阶段）引导学生打扫卫生，大学（阶段）依然引导学生打扫卫生”的教育问题。通常情况下，劳动教育内容的构建方式主要受到两个核心因素的制约。第一是学生身心发展的特征，这一因素在深层次上决定了内容素材的具体选择和展现形式；第二是劳动本身的内在结构，这一因素将影响内容要素组织的完整性和全面性。此外，在劳动教育内容的具体选择和构建过程中，必须充分考量可能涉及的伦理问题，并根据具体情况进行相应调整。

一、劳动教育内容的生活化呈现

要提升教育实效性，使教育达到预期的目标，实现教育效益最大化，就必须遵循教育教学规律，遵循学生成长成才规律。劳动教育更是如此，不能违背教育规律，反其道而行之。对于学生而言，劳动教育不仅仅是一门学科，更是一次深刻的人生体验。在这一过程中，他们对劳动教育的认识和理解，犹如涓涓细流，通过我们所精心设计的劳动教育内容而逐渐汇聚成江海。劳动教育不应仅仅是书本上的知识传授，更需遵循学生的身心发展规律，与学生的生活实际紧密相连，形成一种互动与共鸣。在构建劳动教育内容时，我们要具备丰富的、科学的劳动观念、劳动精神、劳动知识和劳动能力，这些元素如同构建大厦的基石，不可或缺。但更为重要的是，我们需要拥有将这些抽象的概念和技能转化为具体、生动的学生生活情境的意识和能力，这就像是将枯燥的数学公式融入有趣的故事中，让学生在享受故事的同时，自然而然地掌握数学的奥秘。

（一）劳动教育内容生活化的必要性

当今，很多高校推进劳动教育，非常注重在劳动教育内容科学性上做文章，却很少考虑劳动教育内容的教育性转化。例如，某些高校出版的劳动教育教材，都不同程度存在着缺乏将各种劳动技能生活化的汇编问题，其内容展示方式与市面上的菜单或各类工具、家用电器的使用说明书雷同。如此“菜单式”“使用说明书式”的劳动教育内容，其核心问题在于缺乏教育化特点，未形成教育的特性，未能充分构建与学生生活世界的有机联系，从而形成了一种脱离实际、脱离学生实际需求的“空中楼阁”的内容展示方式。

劳动，这一自古以来便承载着人类文明进步与发展重任的基石，无疑是维系社会和谐运转与持续繁荣的不可或缺之力。它不仅关乎国家的繁荣富强，更与每一个个体的日常生活紧密相连，构成了我们赖以生存与发展的基石。在当今这个日新月异的时代，劳动教育的重要性愈发凸显，而要让劳动教育真正发挥其应有的作用，就必须将其深深根植于现实生活的土壤之中，让其充满时代的气息与蓬勃的生命力。首先，我们要明确的是，劳动教育绝非空洞的理论说教，而是需要与实践紧密结合的生动课程。因此，劳动教育内容的呈现方式至关重要。为了使其更加贴近生活，更加易于被学生所接受和理解，我们应当采取一系列创新的策略，让劳动教育真正地“活”起来。

首先，劳动教育内容需扎根于现实劳动实践，充分反映我国乃至全球产业发展的最新成就与未来发展趋势；其次，劳动教育内容应紧密联系学生实际劳动生活，真实展现学生在劳动过程中遇到的实际问题、困惑以及所具备的实际能力。同时，生活化的理念要求我们从生活的维度去理解和思考劳动，将劳动与生活视为一个完整的生命历程来把握，避免将二者人为地割裂对立。必须妥善处理劳动与生活的历史性、现实性和未来性之间的关系，使学生能够通过劳动深入认识生活与生命的价值，也要让学生在生活中体会、认识劳动的深度和广度。也就是说，有关劳动教育的观念、知识和能力，必须以现实生活为具体呈现的生动载体，这样的教育内容才能对学生有吸引力，也才能更好地发挥其育人作用。

（二）劳动教育内容生活化的必然性

在当今社会，随着科技的飞速发展和生活节奏的日益加快，学生们对于真实劳动场景的疏离与陌生感愈发显著，这一现象已成为导致学生劳动观念产生偏差的深刻根源。我们不难发现，许多学生在日常生活中，往往只是片面地享受着劳动所带来的丰硕成果，却鲜少有机会深入了解这些成果背后所承载的复杂劳动生产链，以及为维持这一链条稳定运作而精心构建的系统劳动分工。他们往往会将自己所享受的他人的劳动成果视为一种理所当然的行为，更多的时候是理直气壮地主张其种种所谓的权利，而将他人的劳动付出看作一种必须承担的义务。部分学生这种只讲索取不讲奉献的心态，对他们形成正确的劳动观念有百害而无一利。要想让他们树立起正确的劳动观念，有个特别关键的方法，就是让他们亲身体验真实的日常劳动。让他们看看，人们的生活是怎么靠劳动来维持的，这样他们才能真正理解劳动的重要性。

回顾过往，我们对劳动教育的重视往往集中在与学生日常生活联系不够紧密的工农业生产领域，而未能充分认识到那些与学生日常生活紧密相连的劳动场景所蕴含的教育价值。事实上，相较于那些与学生日常生活关系不甚密切的生产劳动，社会大众所构建的日常劳动世界，为学生提供了一个相融、相渗、相连、相透的教育环境。因此，劳动教育内容的呈现，必须重视日常劳动场景的教育意义。高校应有意识地引导学生深入他们习以为常的劳动现场，深入挖掘其中所蕴含的感人至深的劳动精神和积极向上的生活态度。例如，有些高校曾经组织学生通过“三下乡”、志愿帮扶、走进基层、专业见习等活动，让其感受什么是艰辛、理解劳动的不易，从而从内心深处形成对劳动的尊崇、对劳动者的敬仰，并且发自内心地生发出对劳动、劳动者价值和意义的情感认同。可以说，大家习以为常的劳动情景与学生真实生活体验具有很大的相似性，所以，这应当构成学校劳动教育内容的重要组成部分，促进劳动教育内容生活化也就成为一种客观必然。

（三）劳动教育内容生活化的必须性

劳动教育内容是实现劳动教育实效最有效的载体，教育内容本质上是施教者与受教者对话的文本，力图避免灌输式、填鸭式教育。特别是关于劳动教育深层次的价值观塑造、精神培育、习惯养成等目标的实现，必须充分尊重学生主体地位、激发学生学习能动性，使学生真心实意投入学习之中。就现实而言，学生实际上生活在一个真实的劳动世界之中，他们在正式接受学校的劳动教育之前，已经积累了丰富的劳动经验和深刻的劳动体会。面对学校开展的劳动教育形式、提供的劳动教育内容，学生必定带着业已形成的观念和劳动体会投入劳动教育之中。因此，有关劳动教育内容的呈现一定要考虑学生的成长经历、学习基础、专业特色以及职业规划，要为学生参与提供自我思考、主动实践的空间，这实际上对高校劳动教育内容的供给提出了明确要求，为劳动教育内容生活化提供了现实条件，也为学生的经验能够充分融入教育内容的建构提供了基础。审视当下，高校劳动教育内容通用“菜单式”“使用说明书式”的呈现方式，学生在接触这些内容时往往处于被动接受的状态。实际上，就算是处在同一劳动能力等级水平上，学生在现实生活中的具体实践方式亦存在较大差异。例如，同样是辣椒炒肉，不同地区、不同家庭的具体做法是不相同的。不可能说哪个地区、哪个家庭关于辣椒炒肉的做法是非常正确的，甚至是唯一标准。然而，现有某些高校的劳动教育在涉及辣椒炒肉这类具体问题的时候，只呈现了某种具体做法，并且强制要求所有学生都必须按照这种做法来学习辣椒炒肉，完全忽视了地区特色、生活习俗、饮食习惯等因素给学生带来的个体经验差异。

事实上，关于日常生活的劳动技术具有很大的个体差异和地区区别，劳动教育要想真正入脑入心入行，使劳动成为学生自觉的行为习惯，就必须使劳动教育生活化，并且要为学生在劳动教育中留有一定空间。强调劳动教育的内容要为学生留有必要的空间，不等于说我们的劳动教育内容只能受限于学生的经验。如果学校呈现的劳动世界是学生完全能够用经验理解和把握的，那么，这样的内容也不利于激发学生学习的内在动力。因此，劳动教育内容的呈现需要在“最近发展区”理念指导下进行，既让学生熟悉又为其留有探索空间，真正激发学生参与劳动教育的兴趣。

二、劳动教育内容的全方位展示

如果说劳动教育内容的生活化呈现，是为了让劳动教育更好地融入学生的日常体验的话，那么，劳动教育内容的全方位展示，就是在努力为学生搭建一个全方位的劳动认知框架，并且给学生提供一个完整的劳动世界。客观审视这个完整的劳动世界，从时间轴上看，它得包括生产、交换、分配和消费这四个环节，一个接一个，就像一场精彩的表演，每个环节都前后联系；而从空间角度看，这个完整的劳动世界不能孤立存在，它得和生活的其他方面紧密结合，就像一个完整的生态系统，各个部分互相依赖，共同构成一个和谐的整体。这个时间序列性就像一部电影，展现了劳动教育内容的丰富内涵。而空间整合性则像是劳动教育内容的舞台，让它能在更大的背景下展现出历史的厚重、文化的多彩、经济的繁荣和政治的稳健。所以，全方位展示劳动教育内容，就是要在时间上有所纵深，空间上有所拓展，让大家看到劳动世界的精彩纷呈，历史、文化、经济和政治的方方面面。

（一）劳动教育内容的时间序列

劳动，这一古老而又永恒的社会活动，宛如一条纽带，一端紧密地连接着生产的大本营，另一端则深情地牵系着消费的繁华景象。在这条纽带中，生产与消费并非孤立无援的孤岛，而是通过交换与分配的桥梁，紧密地交织在一起，共同构成了劳动世界的宏伟画卷。深入探索这一完整的劳动链条，不仅是理解社会经济运行的钥匙，更是学生全面把握劳动世界奥秘的关键所在。长期以来，在劳动教育的实施过程中，我们更多地侧重于从生产活动的角度选择教育内容，并以此为基础开展相应的教育活动。这种以生产环节为核心的劳动教育模式，虽然在一定程度上有助于学生理解物品的生产过程，但未能全面促进学生对劳动世界的整体认识和深刻把握。基于劳动教育的视角审视，学生需全面掌握物品的生产过程，同时深刻理解物品生产后的流通去向，以及在这一过程中所涉及的各个劳动环节、劳动事件和劳动创造等。这是因为，马克思主义劳动观的内涵不仅体现在对劳动生产环节的深刻理解上，更全面地贯穿于其对分配、交换、消费等经济活动的科学阐释之中。实际上，劳动教育的内容设计，既可涵盖生产领域，亦可拓展至交换、分配、消费等多个维度。当前，我们的劳动教育主要侧重于生产视角，然而，此视角的单一性显然不足以全面反映劳动教育的丰富内涵。此外，物品的生产过程并非仅凭直接参与生产加工的一线劳动者个人之力即可完成。特别是在当前社会劳动科技含量日益提升的背景下，物品的生产更是凝聚了多部门、多主体的协同努力与联合劳动的成果。在此过程中，生产线上的工人仅是特定物品生产链条中的一环，扮演着不可或缺但非唯一关键的角色。所以，即使是聚焦于生产环节的劳动教育，也应该给学生提供一个完整的劳动世界。高校既要注重培养学生在生产环节创造物品的能力，也要注重思考创造这一物品时获得了哪些直接的或间接的劳动资源的支持。例如，我们应当积极引导学生深入探究生产过程中所使用的工具、能源及材料的来源问题。此种劳动教育内容的展现方式，将有助于学生更为深刻地理解劳动世界的复杂性与广泛性。在不同劳动环节中，均蕴藏着极其丰富且意义重大的劳动教育素材。作为有效串联生产、交换、分配、消费等多个环节的重要纽带，劳动成果扮演着至关重要的角色。基于此，我们或许能够从劳动成果这一视角切入，探寻出全方位呈现劳动教育内容的核心着力点。

比如，若欲以中药标本这一辛勤耕耘之果为核心，策划一堂劳动教育课程，其设计路径应如何铺陈？或许有人会即刻联想到采摘草药、炮制中药等实践活动，此类构想诚然聚焦于生产之端，然而，当我们转换视角，从交换、分配等多维度深入考量，劳动教育的内涵将得以广泛拓展，使中药标本这一主题的教学内容更显丰盈、系统，并赋予其深厚的历史底蕴。通过探讨中药标本在流通、分配过程中的劳动价值，以及其在历史长河中的传承与发展，我们能够引导学生全面理解劳动的多重意义，从而培养其更为全面的劳动素养与历史责任感。这实际上也能在一定程度上将中药标本和中医药文化有机联系起来，这样一种连接，实际上是将马克思关于劳动创造历史这一相对抽象的唯物史观以学生喜闻乐见的方式呈现出来，能帮助大学生更好理解其内涵。

（二）劳动教育内容的空间整合

劳动教育的内容设置，需兼顾劳动实践的时序性安排与空间布局的整体性优化。此举之核心在于，个体在对象化实践活动中，依托其劳动力的有效发挥，方能促成自然人向社会人的深刻转变。而人的劳动力，本质上乃是诸多素质与能力的全面融合体。社会实践活动的日益复杂化与精细化，对劳动力所应具备的综合素质提出了更高要求，其范畴已远远超越传统体力与脑力的简单结合，转而迈向了德、智、体、美等诸方面素质的全面发展。这一趋势，深刻揭示了劳动教育在内容构建上，必须紧密围绕并高度重视与德育、智育、体育、美育的有机融合与相互促进，以培养出担当民族复兴大任的全面发展的高素质劳动者。

坚持劳动教育与德育的深度融合，旨在强化对学生劳动价值观、劳动精神及劳动态度的正面塑造，这属于意识形态领域的关键环节。当学生树立了科学的世界观、人生观和价值观时，他们将自然而然地将个人劳动实践与社会进步、国家发展紧密相连，从而深刻理解劳动的内在价值和社会意义，激发出热爱劳动、尊重劳动、崇尚劳动的高尚情操。这一目标的实现，本质上与德育工作的强化紧密相连，相互促进。因此，劳动教育在课程设置上，不仅应涵盖劳动技能的传授，更应将主动加强对学生劳动观念与劳动精神的培育置于突出位置，确保劳动教育在思想引领与行动指导上达到高度的统一。

坚持劳动教育内容与智育的深度融合，其核心在于系统性地解决劳动知识、技术与能力等方面的关键问题。仅凭劳动的热情，而缺乏必要的劳动知识、技术支撑及能力储备，是难以有效应对自然的人化这一根本性劳动挑战的。在当前科学技术已跃居为第一生产力的时代背景下，劳动教育若未能积极与现代科技实现全面对接，则其在提升学生劳动能力方面的成效将大打折扣。因此，相较于过往任何时期，当代劳动教育更加迫切地需要智育的赋能与支持，这明确指出了劳动教育在内容设计上，必须与智育实现紧密且富有成效的有机结合，以确保教育目标的全面达成。

坚持劳动教育内容与体育的深度融合，旨在全面提升学生从事劳动所需的各类身体素养，包括但不限于手脚的敏捷性与协调性，以及坚实的体力基础等。身体健康乃是一切事业发展的基石，缺乏强健体魄的支撑，劳动实践的顺利推进将面临严峻挑战。尽管当前劳动领域智能化水平日益提升，减少了对纯粹体力的直接依赖，但这绝不意味着身体能力在现代劳动中已变得无关紧要。相反，在科技创新、技术验证、机械操作等多个层面，依然离不开个体体力与耐力的坚实支撑。因此，劳动教育需积极融入体育教育元素，以培养学生适应劳动需求的身体条件，确保其在劳动实践中充分发挥潜力，贡献力量。

坚持劳动教育内容与美育的深度融合，就是得把劳动和审美结合起来。

劳动不只是为了创造出实用性物品，还需要使物品美观，符合人的审美。也就是说，做东西既要实用，又要有艺术感。这就要求我们在劳动的时候，具备一定的审美眼光和设计能力，应当知道怎么做出既实用又好看的东西。所以，劳动教育需要主动和美育结合，这样既能提高生产的艺术水平，又能让我们更有创造力，最后还能提高我们的创新性劳动能力。

三、劳动教育内容的伦理性调适

在深入探讨劳动教育的重要性时，我们不得不正视一个显著而复杂的现象：劳动教育在其内容与实施上，存在着显著的城乡、文化、学科差异。这一差异不仅体现在教育资源的配置上，更深层次地，它关乎不同地域文化、经济发展水平的多样性，以及这些多样性如何微妙地影响着劳动教育的内涵与外延。如果劳动教育的内容选择和呈现不能充分考虑这些差异背后所指向的文化生活、发展水平等因素，就会产生诸多伦理问题。

（一）劳动教育内容的城乡差异

首先，从城乡差异的角度来剖析这一问题。在城市，随着现代化进程的加速，劳动教育往往侧重于理论知识的传授与技能的培养，如机器人编程、3D 打印等高科技应用的学习，这些课程旨在培养学生的创新思维和实践能力。然而，这种教育模式在忽视了传统劳动价值的同时，也可能让孩子失去对真实社会劳动环境的理解和尊重。相比之下，农村地区的劳动教育则更多地融入了农耕文化，通过亲身参与农作物的种植、收割等实践活动，孩子们能够深刻体会到劳动的艰辛与价值，从而培养出更加朴素而坚韧的劳动精神。但这种差异并非完全对立，而是相辅相成的。如果劳动教育不能充分考虑这些差异背后的生活因素，就可能导致一系列伦理问题的产生。例如，在城市中过分强调高科技劳动技能的培养，可能会让孩子们忽视对基础劳动技能的掌握，甚至产生对体力劳动的轻视和排斥，这无疑是对劳动伦理的一种扭曲。而在农村地区，如果一味强调传统劳动方式的教育，忽视了现代科技对农业生产方式的变革，同样会限制孩子们视野的拓展和综合素质的提升。

（二）劳动教育内容的文化差异

劳动的具体形态，不仅显著地体现在城乡与地域之间的差异上，更蕴含着深刻的文化差异。特别是在涉及某些与特定风俗习惯紧密相连的劳动活动时，这种劳动的文化差异性将更为凸显，展现出丰富多彩的文化内涵。例如，南北地域间的民间习俗存在着显著的差异性。对于南方民众而言，包粽子不仅是日常生活中不可或缺且频繁出现的家庭劳作方式，更是承载着深厚文化意蕴的传统习俗。相对而言，对于北方民众，包粽子则并非其日常生活中常见的劳动形式。因此，若劳动教育仅局限于某一特定地域的生活习俗作为教学内容，则难以全面覆盖并满足不同地域人群的学习需求，此举既有失公正，亦不符合教育实际。

此外，鉴于中国地域辽阔且民族众多，基于传统习俗的劳动活动在地域与民族间展现出了显著的差异性，若处理不当，极有可能引发不必要的矛盾与冲突。譬如，部分地区的劳动教育教材中包含教授学生制作回锅肉的内容，教师在选用此类素材进行教学活动时，务必高度重视学生家庭所持有的宗教信仰，确保教学活动的包容性。因此，教师在规划劳动教育内容时，既要秉持科学严谨的态度，亦需具备高度的文化敏感性与差异意识，严格把关教育内容，坚决避免触及民族、宗教等敏感领域，以促进教育环境的和谐稳定。这就是说，劳动教育应照顾到各地区、各行业的不同劳动特点和文化。老师们需根据这些特点，在给出的内容里寻找合适的教育方法，好让学生能学到实实在在的劳动知识。

（三）劳动教育内容的学科差异

在当今社会，劳动教育已不仅仅是简单的体力劳动训练，它已逐步融入各个学科领域，成为培养学生全面发展的重要环节。然而，劳动教育的内容在不同学科间呈现出了显著的差异，这种差异不仅体现在教育内容的具体形式上，更深刻地影响着学生的知识结构、价值观念以及实践能力。

首先，从自然科学类学科来看，劳动教育往往与实验操作、科学探索紧密结合。在这些学科中，学生不仅要掌握理论知识，更要通过亲自动手实验来验证和深化理解。例如，在物理课堂上，学生需要通过组装电路、测量数据等实践活动来体验科学的魅力；在生物实验室里，他们则通过观察细胞结构、进行植物栽培等劳动，感受生命的奥秘。这些实践活动不仅锻炼了学生的动手能力，还培养了他们的科学思维和创新精神。同时，自然科学类学科的劳动教育还注重培养学生的环保意识和社会责任感，引导学生关注环境问题，积极参与生态保护活动。相比之下，社会科学类学科的劳动教育则更多地侧重于社会实践、调查研究和人文关怀。在历史课堂上，学生可以通过参观博物馆、访问历史遗迹等方式，亲身感受历史的厚重与文化的传承；在地理教学中，他们则可以通过野外考察、地图绘制等活动，了解地理环境的多样性和人类活动的复杂性。这些实践活动不仅让学生更深刻地理解了书本上的知识，还让他们学会了如何与他人合作、如何解决问题以及如何关注社会现实。此外，社会科学类学科的劳动教育还注重培养学生的历史意识、文化自觉和社会责任感，引导他们树立正确的世界观、人生观和价值观。

除了自然科学类和社会科学类学科外，艺术体育类学科的劳动教育也独具特色。在艺术课堂上，学生需要通过绘画、雕塑、音乐创作等劳动来表达自己的情感和思想；在体育活动中，他们则需要通过运动训练、比赛竞技等劳动来锻炼身体、磨炼意志。这些劳动不仅让学生感受到了艺术的魅力和运动的快乐，还培养了他们的审美情趣、创新思维和团队精神。同时，艺术体育类学科的劳动教育还注重培养学生的自我认知和自我管理能力，帮助他们发现自己的潜力和优势，为未来的职业发展打下坚实的基础。

综上所述，劳动教育内容的学科差异体现了不同学科领域对学生全面发展的不同要求。自然科学类学科注重培养学生的科学素养和实践能力；社会科学类学科则注重培养学生的社会责任感和人文关怀；艺术体育类学科则注重培养学生的审美情趣和身心素质。这种差异不仅丰富了劳动教育的内涵和外延，也为学生的全面发展提供了多元化的途径和选择。因此，在实施劳动教育的过程中，我们应该充分尊重不同学科的特点和要求，科学合理地设计劳动教育的内容和形式，以促进学生全面、健康、和谐发展，妥善处理好各种可能的伦理冲突。

第五章　新时代劳动教育的机制创新

2020年3月，中共中央、国务院发布了《意见》，其中明确指出劳动教育作为中国特色社会主义教育制度的核心组成部分，对于解决培养什么人、怎样培养人、为谁培养人等问题具有重要意义，对于帮助大学生树立正确的“三观”、塑造积极的劳动精神、树立马克思主义劳动理念等具有决定性作用。该《意见》强调，各级各类学校务必要落实全员、全过程、全方位开展劳动教育，实现大中小学各学段劳动教育的无缝对接，并贯通家庭、学校、社会等各方资源，积极探索富有中国特色的劳动教育模式。该《意见》已经向学界释放明确信号，新时代加强劳动教育需要激发全员活力、贯穿育人过程、融入各个维度，要在新时代构建“三全育人”的新机制，将“三全育人”教育理念融入高校劳动教育，为创新高校劳动教育提供了新思路、开创了新方向、形成了新格局，加速了时代新人的培育。因此，为了构建高校劳动教育的有效机制，必须厘清“三全育人”教育理念助推劳动教育的内在逻辑，探究新时代“三全育人”教育理念下劳动教育还存在哪些困境，全面阐述在“三全育人”教育理念下劳动教育的机制创新。

第一节　“三全育人”教育理念助推劳动教育的内在逻辑

习近平总书记在2016年全国高校思想政治工作会议上发表重要讲话指出，要构建“大思政”育人体系，并就如何构建“大思政”体系提出了明确要求，即在思想政治工作过程中构建“全员、全过程、全方位”的育人工作格局。2017 年 2 月，中共中央、国务院颁布《关于加强和改进新形势下高校思想政治工作的意见》，明确提出了“三全育人”概念，即全员育人、全过程育人、全方位育人，这是首次以文件形式对“三全育人”进行的阐述。2019 年 1 月，王沪宁同志在第二十六次全国高校党的建设工作会议上强调，要认真领会学习、积极践行习近平总书记重要讲话精神，要不断推动高校思政工作创新发展，夯实“三全育人”工作体系。2020 年 3 月，中共中央、国务院颁布实施《意见》，明确指出要充分认识新时代培养社会主义建设者和接班人对加强劳动教育的新要求。在“三全育人”教育理念的引领下，高校人才培养翻开新篇章，劳动教育成为实现这一理念的关键途径，既强身健体，又培育品德，还能增长智慧、塑造灵魂。构建“三全育人”工作格局和开展劳动教育都是高校教育发展的重要方面，两者联系紧密、互相推动，一起推动着高校劳动教育健康发展。

一、“三全育人”的科学内涵

在新时代教育体系中，“三全育人”作为一种先进的教育理念，正逐步成为推动高等教育质量提升、促进学生全面发展的核心动力，其科学内涵丰富而深远。“三全育人”即全员、全过程、全方位育人，这是向思政教育工作者就育人主体、育人过程、育人维度等方面提升思政教育实效提出的具体要求，是“大思政”格局的核心内容，也是同单纯依靠思政理论课开展思政教育的传统育人方式的最大区别。“三全育人”的科学内涵主要表现在以下几个方面：

（一）凝聚育人合力，坚持“全员”育人

“全员”育人对高校施教者们提出了明确的要求，也就是说高校参与思政教育工作的人员是包括思政课教师在内的所有教师或者教育工作者，即思政课教师、全体行政人员、学生处工作者、教辅人员等。所以，曾经人们将思政教育工作仅仅归结为思政课教师的工作的理念是片面的，高校所有人员都应该投入教书育人和思政教育工作中来，通过铸就良好师德师风不断提升学校教育教学质量、教书育人水平。当然，在“全员”育人的理念下，高校各个部门既有思政教育的共性任务，也同时承载各部门的个性任务。

高校党委是育人队伍中的“领头雁”，在“全员”育人这个大队伍中，

是绝对的关键少数，发挥重要作用。他们的一举一动、一言一行，都影响着全校育人的方向和成果。所以，作为关键少数的学校党委必须挑起“立德树人”这个根本任务的重担，不仅要站得高、看得远，还要悟得深、把得准，要牢牢把握全校的育人导向，努力打造“大思政”的育人体系，让学校的育人体制、机制越来越完善，为实现育人目标打下坚实基础！

思政课教师始终是“全员”育人队伍中的中坚力量，他们肩负全校思想政治课程教学的重任、承载铸魂育人工程的重大使命。习近平总书记强调：“办好中国的事情，关键在党。各级党委要把思想政治理论课建设摆上重要议程，抓住制约思政课建设的突出问题，在工作格局、队伍建设、支持保障等方面采取有效措施。”[①] 高校必须在思政课教师选拔、培养等环节上下足功夫，必须注重配齐这支队伍的数量、优化这支队伍的机构、提升这支队伍的素质，不仅要提升思政课教师队伍的教学水平，而且要提升思政课教师队伍的科研能力，将其打造成为有理想信念、有道德情操、有扎实学识、有仁爱之心的“四有”好教师队伍，能够让他们把“中国故事”讲得好、把“中国精神”传播好、把“中国力量”传导好，使思政课成为高校大学生最喜爱的课程。

学生管理工作人员和辅导员在“全员”育人工作体系中具有重要地位，他们是这个队伍中至关重要的角色。他们在高校和学生是最为亲密的群体，他们的一言一行对学生影响最大，直接影响学生的成长成才。高校要把学生队伍建设摆在重要位置，既要按照规定配备人员数量，又要按照标准提升队伍素质。同时，要对学生工作职称进行单列，为他们开辟绿色通道，保证学生工作者职称评聘路径畅通，为其职业生涯发展提供保障，使这支队伍能够沉下心执着于大学生思政教育工作，做好学生成长的指路人。

高校其他任课教师构成了“全员”育人体系的重要支柱。伴随“大思政”育人体系的深入推进，“课程思政”理念在高校也悄然兴起。在这一理念的引领下，学校所有课程都是育人重要“阵地”，都应该烙上思政的烙印。在传道授业解惑时，更要注重思政教育的渗透与融入。同样，对于由行业精英、知名学者等组成的兼职教师队伍而言，要利用其职场影响力和人格魅力为大学生树立光辉榜样，积极传承“大国工匠”精神，以自身的行动引领和激励大学生不断前行。

---

① 习近平谈治国理政（第三卷）[M]. 北京：外文出版社，2020：331.

（二）注重育人长效，坚持“全过程”育人

“全过程”育人是针对育人时间而言的，即学生在校和毕业的任何一个阶段，都要将教育贯穿其中，让教育在学习的过程中实现无缝衔接。通过实现连贯教育，高校能够为学生指引方向、规划未来，为大学生成长成才保驾护航。因此，高校在培养学生时，既要关注他们在校期间的学业规划，也要看重培养模式对学生未来职业生涯的影响。只有这样“全过程”才能落地落实落细。

第一，学生在校学习阶段，要将学生的思想道德素质、专业知识体系、技术操作能力以及职业精神等的培养摆在首位。为提升教育教学质量，需要完善人才培养方案，为促进学生全面发展提供保障。学校人才培养方案要基于促进学生全面发展为视角，科学系统规划培养目标、方向、内容以及形式，为大学生职业生涯发展提供前瞻性的设计。同时，教育教学过程中需联系学生实际情况，适时调整培养策略，以确保教育方案的精准性和实效性。

第二，为提升“全过程”育人实效，需要加强学校、社会与家庭之间的沟通交流，凝聚育人合力，共同致力于“全过程”育人。为提升“全过程”育人实效，高校需要科学系统地规划大学生职业生涯、人生发展道路，为学生成长成才设置清晰目标，擘画美好未来。这样的提前规划既能为学生指明方向，又能凸显教育目标的育人优势，教育效果更为显著。即使大学生毕业走入社会后，学校亦应持续为学生提供必要的指导和教育，协助学生顺利实现角色转变，确保育人工作的长效性和实效性。

（三）丰富育人载体，坚持“全方位”育人

“全方位”育人，对育人载体提出了新要求。即思政教育形式、载体、平台、维度都应该是多种多样、丰富多彩的。习近平总书记强调，要坚持显性教育和隐性教育相统一，挖掘其他课程和教学方式中蕴含的思想政治教育资源，实现全员全程全方位育人。高校要坚持校内校外、课内课外、线上线下、有形无形课堂相融合，打造形成教育共同体。特别是高校要通过评优评先、勤工助学、党团活动、校园文化、学风建设、诚信教育、社会实践等各种教育载体，将思政教育寓于其中，营造润物无声的效果，培养德智体美劳全面发展的社会主义建设者和接班人。比如，高校要健全相关体制和机制，完善

学生评优评先制度，详细登记学生的学业成绩、技能证书、竞赛和活动获奖等情况。从重成绩向重能力转变、从重专业向重综合转变、从重技能向重素质转变，在学校形成倡导学生德智体美劳全面发展的良好风气，因材施教，为每个学生提供人生出彩的机会。在助学贷款、勤工助学等工作中，要注重加强感恩教育，积极宣传国家对于贫困学生的资助政策，使学生了解到资助的真正意义，在受到资助后立志学有所成，回报社会。同时，高校要充分利用学生社团加强对学生的教育引导，把社团打造成大学生成长成才的重要载体。要加强校园文化建设，开展丰富多彩的校园文化活动，增强文化育人实效，用校园文化滋养学生、感化学生。

二、“三全育人”教育理念与劳动教育的高度契合

通过上述分析可知，除专业和课程外，高校的所有人、所有岗位、所有部门，都是育人主体，都有育人职责，都应该坚守立德树人根本任务，尽职尽责、高效出色完成育人工作。在新时代人才培养工作中，“三全育人”教育理念基于多元主体、多方协同、多维发力的方式，为培育德智体美劳全面发展的时代新人提供了原动力。在“三全育人”教育理念的引领下，高校人才培养翻开新篇章，劳动教育成为实现立德树人根本任务的关键途径，既强身健体，又培养品德，还能增长智慧，塑造灵魂。

（一）“三全育人”教育理念与劳动教育具有共同的价值诉求

“三全育人”教育理念与劳动教育两者具有相互联系、不可分割的严密逻辑关系，两者在价值追求上存在育人目标一致的共性。马克思认为，劳动过程是人满足自己生存和生活需求，使自己获得主体性的过程。这一观点非常重要，因为它解释了为什么劳动对人的生活和成长如此关键。同时，他认为，人类通过劳动创造物质财富，这种劳动过程是有目的、有意识的，物质需求得到满足的同时催生了人类的精神需求。马克思后面的这段论述，是在前述观点的基础上，对劳动作用论的升华，充分说明劳动有助于实现人的全面发展。

迈入现代化建设的新阶段，我国在人才培养的目标设置方面也因事而化、因势而新，将原先的“德智体美发展”扩展为“德智体美劳全面发展”。这一转变不仅体现了劳动教育在新时代的时代价值与现实需求，更深刻彰显了

我国高校教育顺应时代发展需求，为改革开放和现代化建设培养合格接班人的神圣使命。劳动教育旨在提升学生技能、磨砺学生意志、锤炼学生品质，促进大学生全面发展，培育建设中国特色社会主义的时代新人。“三全育人”教育理念作为高校贯彻落实立德树人根本任务的崭新举措，其涵盖了育人主体、育人时空、育人方位三个重要维度，旨在通过深入挖掘育人元素，构建育人新体系，发挥各类育人元素的作用，系统呈现教育内容，从而培养出德智体美劳全面发展的新时代优秀人才。高校在育人工作中执着坚持这一重要理念，体现了其对于培养时代新人的高度责任感和使命感。习近平总书记在党的二十大报告中指出，教育是国之大计、党之大计。培养什么人、怎样培养人、为谁培养人是教育的根本问题。育人的根本在于立德。要全面贯彻党的教育方针，落实立德树人根本任务，培养德智体美劳全面发展的社会主义建设者和接班人。因此，从根本上说培育“时代新人”就是践行“三全育人”教育理念的内在诉求和价值目标，“三全育人”教育理念与劳动教育在人才培养上具有共同价值诉求。

（二）“三全育人”教育理念与劳动教育同频共振

“三全育人”教育理念与高校劳动教育同频共振，互融共生，具有育人目标上的高度一致性。二者都是坚持以培育时代新人为目标，以落实立德树人为根本任务，共同构成中国特色社会主义现代化建设的育人体系。就培养社会主义建设者和接班人而言，它们是紧密结合、互相促进的关系。“三全育人”教育理念犹如总指挥，为高校劳动教育规划了前进的方向。而高校劳动教育就像是个默默耕耘的小助手，为“三全育人”教育理念的实现奠定基础和提供条件。

首先，高校人才培养以立德树人为根本，同向通融。习近平总书记在全国教育大会上发表重要论述，强调要把立德树人贯穿基础教育、职业教育、高等教育各领域，学科体系、教学体系、教材体系、管理体系要围绕这个目标来设计，教师要围绕这个目标来教，学生要围绕这个目标来学。综上可知，不管是“三全育人”教育理念的原始出发点，还是高校劳动教育的起步点，都必须聚焦立德树人这个最大目标。有了这个共同目标，“三全育人”教育理念和高校劳动教育就像两条并行的航线，共同肩负起培养适应时代发展和顺应社会潮流的社会主义建设者和接班人的重要使命任务。

其次，高校人才培养以育人形态为基础，同频共振。“三全育人”作为一种重要的教育理念和育人体系，是宏观育人形态的基本内核，它全面贯穿于高等教育的各个阶段、维度和层面。在高校教育教学和人才培养的整个过程中，劳动教育自觉贯彻落实“三全育人”教育理念是助推高校人才培养的题中之义。同时，劳动教育在高等教育体系中，作为一种微观的育人形态，通过其独特的育人方式，具体地体现了“三全育人”的理念要求。这种教育方式，既注重学生的知识传授，也注重学生实践能力的培养，更注重学生的人格塑造。因此，劳动教育在“三全育人”的体系建设中，起到了重要的支撑作用。它不仅丰富了“三全育人”的内涵，也提升了“三全育人”的效果，更促进了“三全育人”的实践探索。可以说，没有劳动教育的参与，就不可能有完整的“三全育人”体系。因此，劳动教育在高等教育中的地位和作用，是不可替代的。

因此，“三全育人”教育理念与高校劳动教育以育人形态为基础，通过宏微结合、相互融合、共同促进的方式，在同向通融中推进高等教育的整体发展。这种教育方式不仅重视学生的理论知识与实践技能，而且注重学生的思想道德和劳动行为习惯。在“三全育人”教育理念下，高校劳动教育被视为一种全面的教育形态，涵盖了学生的学习、生活和实践等方面。高校通过宏微结合的方式，在劳动教育中坚持劳动与专业学习相结合、坚持劳动与学生的日常生活相结合、坚持劳动和社会实践相结合，从而使学生在实践中学习和成长。相互融合的方式则是指将劳动教育与课程教学、实践教学、素质拓展等教育环节相互融合，形成一个完整的教育体系。共同促进的方式则是通过多元化的教育手段和方式，促进学生全面发展，包括知识、能力、素质和道德等方面。在同向通融过程中，高校劳动教育与“三全育人”教育理念相互促进、相互支持，形成了一种协同育人的效应。这种效应不仅有助于提高学生的综合素质和动手能力，也有助于培养学生的社会责任感和创新精神，为高等教育的发展注入了新的动力和活力。

（三）“三全育人”教育理念为劳动教育提供了契机

习近平总书记在全国教育大会和党的二十大报告中都强调，要落实立德树人根本任务和培养德智体美劳全面发展的社会主义建设者和接班人。在奋战全面建设社会主义现代化国家的新征程上，人才培养已经不再停留于“德智体美”四维目标，而是发展为“德智体美劳”五维目标，充分说明劳动教育是顺势而为、因时而兴，也足见我国人才培养始终秉承立德树人的初心。劳动教育是一个综合性概念，具有广泛的范畴，它具有多重功效、坚持多重目标、承载多重使命。劳动教育作为培育时代新人的重要路径，不仅帮助大学生掌握技能和增长见识，而且帮助大学生锤炼品质和塑造精神。进入新时代，虽然我国教育事业取得重大成绩，教育面貌发生重大变化，但是同时要看到，意识形态领域仍不平静，面对的形势依然错综复杂，面临的风险挑战依然严峻，意识形态斗争和较量有时十分尖锐。在高校的具体表现就是，受西方多种思潮的影响，部分大学生受崇拜金钱、追求享受、自私自利的错误价值观支配，离“劳动是财富的源泉，也是幸福的源泉”的价值理念越来越远，对“劳动创造更加美好的生活”的理念不认同、不接受、不理解。这不仅削弱了大学生群体的服务精神和创新能力，也给高校培养德智体美劳全面发展的时代新人带来了巨大挑战。劳动教育是培养新时代中国特色社会主义建设人才的关键方式，它能提升技能、塑造品德、增长智慧、强身健体和培养审美。高校要通过加强劳动教育，在学生中弘扬劳动精神，教育引导学生崇尚劳动、尊重劳动，懂得劳动最光荣、劳动最崇高、劳动最伟大、劳动最美丽的道理，长大后能够辛勤劳动、诚实劳动、创造性劳动。劳动教育是高校培养人才的基础，也能为高校落实立德树人根本任务提供条件。劳动教育作为高校践行立德树人根本任务的关键环节和深化“大思政”育人成效的“实践育人”平台，对于实现“传道”与“授业”的有机统一，以及“劳育”与“德育”的紧密结合，具有不可替代的重要作用。当然，劳动教育亟须社会、学校、家庭加强互动合作，形成育人共同体，构建“三全育人”有效机制，共同致力于培养德智体美劳全面发展的社会主义建设者和接班人。高校通过劳动教育引领学生加深对劳动实现梦想、劳动破解难题、劳动铸就辉煌的理解，使大学生深刻认识到，热爱劳动是立足社会的首要前提，崇尚劳动是构建幸福生活的基础，对劳动的尊重更是塑造健全人格的重要内核。大学生唯有秉持高尚的人生理念与追求，积极投身于服务人民、贡献社会的宏伟实践中，方能不断提升自我素养，并创造出出类拔萃的人生价值。因此，基于劳动教育对于培育新时代大学生的重要意义的视角，高校必须高度重视劳动教育，发挥其育人功效，全面落实“三全育人”教育理念。

（四）“三全育人”教育理念为劳动教育擘画了科学蓝图

高校坚持“三全育人”教育理念，不断开创劳动教育新模式、开启劳动教育新方向，擘画了新时代高校教育教学和人才培养的宏伟蓝图，提升了高校落实立德树人根本任务的实效。辛勤劳动作为大学生应当具备的核心素质，是确保其全面成长与成才的不可或缺的基本条件。正如习近平总书记所言，人世间的美好梦想，只有通过诚实劳动才能实现；发展中的各种难题，只有通过诚实劳动才能破解；生命里的一切辉煌，只有通过诚实劳动才能铸就。劳动教育作为高校铸魂育人的核心途径，承载着培育大学生正确的劳动观、锤炼卓越的劳动品质、塑造积极健康的劳动精神的重要使命。劳动教育课程通过理论与实践融合的教学方式，展现着其综合育人的独特价值，对于提升大学生的综合素质具有重要意义。虽然，现在党和国家确实高度重视学校劳动教育，但是由于受主客观因素的制约，各级学校在推进劳动教育的过程中确实还存在不少的障碍，导致劳动教育出现了不尽如人意的地方，最终影响了劳动教育成效的提升。

“三全育人”教育理念对于推动劳动教育的机制创新具有较大优势，它能让教育角色更多元、教育流程更系统、教育元素全方位协同，这样的话，就能激活教育的各个要素，构建起一套完整的育人体系，让大家一起努力，培养出新时代适应社会发展的优秀人才。因此，我们要坚定劳动教育的信念，并且要将劳动教育贯穿于大学生成长成才的全链条，社会、学校、家庭也要齐心协力挖掘劳动教育的资源，为劳动教育提供坚实平台，才能让它发挥最大的作用。唯有如此，劳动最光荣、最崇高、最伟大、最美丽的理念方能深入人心，大学生们的劳动热情和创造潜能才能被进一步激发。也就是说，坚持“三全育人”教育理念，为高校开展劳动教育指明了前进的方向。为此，必须全员树牢劳动教育理念，并且将劳动教育贯穿于大学生成长的全过程，聚焦全方位劳动教育资源，劳动教育才能顺利开展，劳动教育功效才能最大限度发挥。

第二节　“三全育人”教育理念下劳动教育的现实困境

尽管党和国家都非常重视劳动教育，各大高校也在积极贯彻落实“三全育人”教育理念，推进教育教学和人才培养改革，但是，由于受各种主客观因素的制约，部分高校的劳动教育仍面临诸多困境。如高校在推进劳动教育的实施过程中，面临着教育主体较为单一、教育活动零碎紊乱、教育环节连贯性不强，以及教育体系残缺不全等挑战。尤其是教育过程中缺乏科学指导、制度保障与监督，一定程度上削弱了多元主体参与的积极性，弱化了劳动教育的育人成效。在“三全育人”教育理念的引领下，探究高校劳动教育的现实困境是落实高校立德树人根本任务的迫切需要。针对上述教育主体不到位、教育过程有断层、教育的方向不明确等一系列问题，我们需要深入分析高校劳动教育的现状，找出有效的解决办法，而这就是全面实施“三全育人”教育理念的必经之路。

一、主体缺位：劳动教育多元主体参与性较弱

“三全育人”是一种旨在全面提升学生综合素质的教育模式，它涵盖了道德、智力、体育、美育和劳动教育等多个维度，需要构建形成一个系统化的育人体系。在这个体系中，社会、学校和家庭是三个不可或缺的主体，要提升劳动教育的实效性，亟须上述三者的共同参与，它们的共同参与是顺利推进劳动教育的关键。

（一）多元育人格局没有形成

1. 家庭劳动教育缺失

劳动教育虽是人才培养的重要路径，但始终未能引起家庭的足够重视。目前，家庭对大学生劳动教育重视度不够、参与度不高，其原因有很多方面，如重智育，劳动教育观念边缘化；教育目的较为功利，劳动内在价值弱化等，家长们对孩子们的考试成绩高度重视，对孩子们的知识学习非常注重，相对忽视了孩子们的劳动能力培养。因此，家庭重文化轻素质、重文凭轻能力的观念阻碍了高校劳动教育全员协同育人体系和格局的形成，这在很大程度上

弱化了劳动教育的实效。为改变这种状况，亟须发挥家庭育人的重要作用，创建全员育人的良好局面。

2. 社会劳动教育不足

劳动教育在人才培养过程中，占据着不可或缺的重要地位，它对于学生形成正确的价值观，增强实践能力，提升综合素质，具有深远的影响。然而，尽管如此，这项教育方式却始终未能得到社会充分的关注。社会对劳动教育的认识和理解还不够深入，对其价值的认识还有待提高。中共中央办公厅、国务院办公厅在《加快推进教育现代化实施方案（2018—2022 年）》中明确提出，要加快教育改革步伐，提升教育服务质量，构建政府、学校和社会之间的新型关系。也就是说，当前教育事业纵深发展的需求已超越单一政府主导结构的范畴，在高校劳动教育的实践中，也面临同样的挑战和需要，单纯依靠学校进行劳动教育的做法已经不能满足新时代培养人才的需求，亟须建立一个多元主体参与的劳动教育新模式。

3. 学校劳动教育削弱

近年来，我国不断加强高等教育改革，创新教育教学方式，构建人才培养新模式，到现在基本上形成了多元参与局面。但在传统教育模式的背景下，高校劳动教育活动的开展基本依赖于劳动教师、思政教师、学生辅导员，这必然使得学校成为开展劳动教育的关键少数和关键主体。但是，基于今天社会教育和家庭教育在整个育人体系中的削弱状态，高校在劳动教育领域也出现了疲软和乏力的症状，高校劳动教育面临严重挑战和威胁，此种现象被学界形象地称为“囚鸟”困境。

（二）协同育人机制暂未构建

1. 顶层设计不科学

在当前高校劳动教育的实施过程中，学校教育主管部门在顶层设计上尚未形成全面考量，未能对教育现状进行精准把握、未能对学生实际需求进行客观分析、未能对育人困境进行深入探究。特别是在制度体系的构建过程中，未能明确界定主体的权责范围，主体功能定位尚不够清晰，导致部分主体在体系中被边缘化。这种情况使得参与主体在认知上产生了偏差，一定程度上削弱了主体的主观能动性，难以有效激发多元主体参与的内生动力，从而给高校劳动教育的开展带来了诸多困难。在教育具体领域，随着教育与社会、家庭间交互关系的日益加深，家庭、学校以及社会中的其他个体和组织均逐步融入教育活动的多元化主体体系之中。这一转变体现在家庭积极参与教育阵地建设，学校统筹协调教育资源，以及社会为教育实践提供广泛平台之中，三方共同造就了教育领域的新发展态势。

2. 协调机制尚未形成

由于高校对上述变化并未高度重视，对新时代新背景下各方主体的参与诉求未形成正确认知，极大地增强了多元主体间的协同难度。比如，学校职能部门专注于自身职能，忽视育人责任；主管学生工作的相关部门开展劳动教育活动多以自上而下的行政命令为依据，重形式轻效果，忽视了育人目的；教师重科研与教学考评，忽视育人本职；学生重应试知识而轻视劳动素养提升，重个人利益而轻视集体协作，忽略朋辈引领作用；在家庭生活中，父母没能让孩子们通过日常劳动慢慢养成劳动观念，导致部分孩子过于看重享受生活，很难认同劳动的价值；而在社会支持方面，学校为了确保学生安全，往往把实践活动局限在简单的体力劳动上，可供学生实践的平台也比较少，使得学生们很难提高实际劳动技能，整体劳动素质也始终无法提升。

二、过程间断：高校全过程劳动教育连贯性不强

习近平总书记在党的二十大报告中指出："在全社会弘扬劳动精神、奋斗精神、奉献精神、创造精神、勤俭节约精神，培育时代新风新貌。"目前，高校亟须加强劳动教育，发扬劳动精神。每个人从小到大，无时无刻不在劳动教育的熏陶下成长，从牙牙学语到长大成人这个过程，劳动教育一直都没离开过个体。所以，劳动教育应该一直伴随着人们的成长。但是，现在大部分学生的劳动教育都存在一个问题，就是过程断断续续，连贯性不强。

（一）劳动教育各阶段目标不衔接

高校作为青年大学生成长成才的重要阵地，其教育教学对于塑造学生综合素质具有决定性作用。因此，高校应高度关注并重视青年大学生成长成才全过程，确保其在学术水平、道德品质、劳动能力等多方面得到全面而深入的培养。

1. 劳动教育个性化不强

当前，部分高校在学生个性发展与教育持续性方面存在忽视现象，未能

充分结合学生发展的阶段性特征和学生实际需求的差异性来科学制定劳动教育方案。在劳动教育的实施过程中，高校往往形成了思维定式，采用单调、固有、传统的方案或政策，缺乏因事而化、因时而进、因势而动的创新思维。特别是在学生入学、考核、毕业等关键节点，未能开展能够促进学生连贯系统发展的劳动教育，这在一定程度上制约了劳动教育的深入发展和有效实施。目前，关于大学生入学前的劳动状况尚未有详细记载，而入学后的劳动状况亦缺乏系统的统计数据，导致无法准确掌握大学生在各个阶段接受劳动教育的具体情况。鉴于此，高校在规划大学生的劳动教育时难以做到精准定位，无法为每个学生制定切实可行的阶段目标。进而，大学生的劳动价值观、劳动品质、劳动技能、劳动精神等目标培养难以形成有机衔接，这无疑是当前高校劳动教育连贯性不强的重要体现。

2. 劳动教育体系化不明

高校在对学生开展日常劳动教育的过程中，主要采用的劳动教育形式多为简单体力劳动或者校内活动实践体验。伴随社会的进步，高校劳动教育亟须深化改革，既要顺从时代发展，又要满足学生需求。而目前，高校在当前劳动教育实践中存在一些不足，未能有效满足大学生从基础劳动向高阶劳动、校内实践向社会实践过渡的全面发展需求，这在一定程度上影响了教育闭环的完整性以及学生融入社会的顺畅性，使得劳动教育内容呈现碎片化、形式出现机械化、环节出现断代化。与此同时，高校忽略了劳动教育与高校教育“要素与系统”的关系，出现了劳动教育与高校人才培养的分裂，在理论知识层面和实践体验层面的融合中并未构建起符合人才培养要求的教育体系框架，导致劳动教育无法与其他育人环节形成有机融合体系，最终导致人才培养质量不高。

（二）劳动教育全过程实施不流畅

1. 劳动教育课程不畅

劳动教育作为一种深刻体现高校立德树人根本任务的教育形式，是一项需要持续进行、不断深化的育人工程。然而，在实际执行过程中，部分高校却存在着误解劳动教育的现象，他们将劳动教育简单地等同于一门普通的课程，将其仅仅看作偶尔开展的一项活动，甚至将其压缩成一个短暂的阶段。这些高校认为，只要开设了劳动教育相关的课程，或者开展了几次实践活动，就能完成人才培养的使命。尽管这种阶段性的课程教学和实践活动在形式上似乎完成了人才培养方案中规定的教学任务，但却与劳动育人的持久、全程要求相差甚远，无法达到育人的预期目标。2018 年，习近平总书记在全国教育大会上重点强调劳动教育，将劳动教育作为育人工作重要方针进行了论述，使劳动教育又重新呈现在社会大众的视野中。劳动教育重新呈现于大众视野其实是顺应时代发展的必然要求，是基于社会现状的客观回应，这一现状也激起了教育界的千层浪，引发了教育工作者的高度关注。《意见》和《大中小学劳动教育指导纲要（试行）》等文件也对学生的劳动素养的培育作出了明确的规定，要把提升学生劳动素养纳入人才培养环节，使其成为新时代人才培养的重要目标。文件同时提出要整体优化学校课程设置，将劳动教育纳入专业人才培养方案，形成具有综合性、实践性、开放性、针对性的劳动教育课程体系。然而，在“学历”“分数”等的诱导下，学校、家庭、社会关注的多是学生考试的成绩，劳动教育课程的作用相对不明显，受到关注较多的为智育、体育、美育等系列课程。

事实上，劳动教育应该贯穿于大学生成长成才的全过程，融入高校人才培养的每一个环节，渗透到高校教育教学各个阶段。只有这样，才能使得大学生从入校到毕业的整个学习过程中，都能受到劳动教育的熏陶和影响，以此塑造他们积极的劳动精神。因此，高校应当重新审视并深化对劳动教育的理解，将其真正融入教育教学的各个环节中，以实现立德树人的根本任务，为社会培养出更多具有积极劳动精神的高素质人才。

2. 劳动教育融合不强

在高校劳动教育的制度设计方面，不难发现学校对于劳动教育的本质和目标认知存在一定的模糊性。高校没有对如何开展劳动教育，采用何种途径、方式以及具体要求进行详细阐述。由于缺乏明确指导，学校在实施劳动教育时，无法充分考虑到学生发展的不同阶段和他们的个性化需求，从而使得劳动教育在实际操作中显得力不从心。此外，高校在教学大纲的制定中，也未能看到对学生进行针对性引领、创新性指导和实效性培养的劳动教育内容。这使得劳动教育往往只是走过场、图形式，而无法真正在学生成长成才过程中起到“承上启下”的作用，无法贯穿到整个育人过程中。

现如今，在我国的高等教育实践中，劳动教育与思想政治教育、专业教育等其他教育形式的融合程度仍有待提高，这也在很大程度上制约了劳动教育的正常实施。劳动教育不仅是加强思想政治教育的有效手段，更是促进大学生全面发展的重要抓手，因此，它应当被充分融入“大思政”格局和“五育并举”的全面育人体系之中。但是，在现实情况中，我国高校在推进劳动教育的过程中，更多地将其看作一项日常性的工作任务，而未能充分认识到其在教育体系中的重要地位和作用。尽管在课程教学过程中，高校教师普遍重视对学生思想政治素质和道德品质的培养，但在思想政治教育和专业教育的实施过程中，却往往忽略了劳动教育内容的融入，导致劳动教育与思想政治教育、专业教育之间缺乏有效的联系和互动，未能形成有机融合的统一体。这种现象的出现，无疑制约了学生综合素质的提升。

在实施劳动教育的过程中，不难发现“劳力”与“劳心”两个方面的教育并没有得到充分的覆盖和体现。劳动精神和品质的培养，实际上是帮助学生实现“知行合一”的重要途径。因为劳动教育的最终目的，并不在于劳动本身，而在于通过劳动的方式，培养学生正确的劳动价值观，使他们形成良好的劳动品质和习惯。这一切，都需要学生在情感和认知层面上产生深刻的认同。然而，通过当前的劳动教育实践，可以发现一种普遍性倾向，即过于注重“劳力”的教育，也就是过于强调机械式的、单纯的体力劳动教育，而忽视了“劳心”的教育，即对大学生心智的历练和锻造。这种偏向的存在，并不利于提升育人效果。因为，劳动教育并不仅仅是让学生进行体力劳动，更重要的是，通过劳动让学生在精神上得到锻炼，在心智上得到提升。因此，高校在劳动教育中，既要注重“劳力”的教育，也要注重“劳心”的教育，从而实现对学生全面而深入的培养。只有这样，劳动教育才能达到预期的效果，真正帮助学生形成正确的劳动观念，培养出良好的劳动习惯和品质。

三、集约薄弱：高校全方位劳动教育全域性不佳

“全方位”作为“三全育人”教育理念中蕴含的重要育人要素，涉及理论与实践等多维的不同资源组合的实施路径和方法。[①] 当前，我国高校各职能部门之间的协同联动作用体现不明朗，导致劳动教育的实施力度和效果大打折扣。此外，劳动教育的实施载体不够丰富，手段和方式较单一，使得劳动

① 宋岭，张华. 时代挑战与未来路向：劳动教育的当代诠释与实践［J］. 中国教育科学（中英文），2020，3（02）：41-49.

教育的全面推进面临一定的困难。同时，劳动教育的评价方式也存在一定的问题，过于注重教育结果而忽视育人过程，这样就不能全面、客观地评价学生在劳动教育中的表现和收获。上述问题的存在，导致劳动教育在全方位育人体系中的作用没有得到充分发挥。

（一）育人主体联动不强

基于“全方位”育人的视角审视各劳动教育实施主体，可以发现在开展劳动教育的过程中，人们容易走偏。比如说，家长们往往更看重学校给孩子的劳动作业，却忽视了家里的日常家务，其实这些东西才是培养孩子劳动观念、提升劳动技能、塑造劳动精神的良好途径。劳动教育涵盖对劳动知识、劳动技能、劳动情感、劳动态度、劳动观念的全面教育，是在理论知识与实践技能的相互照应中推进的。① 高校要通过理论教学和实践体验从而实现育人目标。虽然高校现在重视对劳动教育短板的加工，但是忽视了劳动教育与其他四育的相互融合、同频共振，导致出现了劳动教育孤掌难鸣的现象，难以实现五育协同。部分高校制定的劳动教育实施方案，没有制度保障、缺乏科学论证、缺少实践基础；开设的劳动教育课程没有结合学校实际情况，开展的劳动教育宣讲活动形式缺乏创新，推进的社会实践活动脱离学生生活实际，并且缺乏对劳动教育知识和相关学科知识的系统化阐述和学理化解读，造成教育中各环节联动性薄弱，难以达到劳动教育的预期效果。

（二）劳动教育载体不全

“劳动可以树德、可以增智、可以强体、可以育美。”② 劳动教育的功能具有多元性的特点，这要求我们在开展劳动教育时，所采用的载体亦须实现多维度的拓展与深化。高校应综合运用课程教学、社会实践、网络传播、管理服务及实验实训等多种教育载体，以全面、系统的方式开展劳动教育，确保教育的全面性和深入性。

---

① 王晓阳，刘皓．新时代高校劳动教育的现实遮蔽及理性反思［J］．当代教育论坛，2021（06）：115-121.

② 习近平著作选读（第二卷）［M］．北京：人民出版社，2023：202.

然而，目前我国高等教育体系中的劳动教育主要依赖于课程教学这一单一途径，而且在开设劳动教育课程的过程中，面临着众多挑战和问题。例如，劳动教育的课时安排不够充足，课程在整个教育体系中的地位并不突出，课程内容较为单一，缺乏丰富性和多样性；同时，对学生的评价方式也过于片面，往往只注重学生的学习成绩，而忽视了学生在劳动过程中的实际表现和收获等。因此，我国高校的劳动教育，除了依靠课程教学这一主要载体进行支撑之外，缺乏对其他教育载体的有效探索和利用，这在一定程度上限制了劳动教育的全面发展和提升，与全面、全方位地开展劳动教育的要求相比，还存在较大的差距和不足。

（三）劳动教育评价不当

《深化新时代教育评价改革总体方案》指出，高校劳动教育评价要依托大数据、云平台、物联网等信息技术，加强对劳动教育过程的监控和评价。要实现劳动教育的预期目标，不仅需要周密的施教过程，而且需要完善的评价体系，通俗地说就是需要一套完整的规章制度来衡量，所有的高校都要按照规章制度来进行。反观现状，在评价高校劳动教育的时候，大部分精力都花在统计开展了多少次劳动教育活动上，而对教育过程中的人事结构、活动质量、行为规范以及最终的育人效果这些关键环节，却缺乏实际的评价标准。这样一来，就容易导致教育方向跑偏，没能达到高校人才培养的初衷。由于社会和家庭在教育主体中缺位，对劳动教育的评价也缺少社会和家庭的参与。

首先，社会和家庭在劳动教育中的缺席，必然导致劳动教育评价主体的缺席。高校教师成为劳动教育唯一的评价人，长期如此，劳动教育评价极易带主观性，导致结果有失公平。其次，评价标准过于单一。由于学校没有制定和出台一套科学全面的考核标准，只能以学生参加劳动教育的时间为标准，难以客观准确地反映学生劳动教育的成果。最后，评价方式过于片面。学校单纯依靠教师赋分的方式，无法量化大学生的劳动价值观、劳动技能、劳动精神等等，更难以激发大学生的劳动热情。

（四）劳动教育模式单一

在高校劳动教育的推进过程中，我们发现当前教育模式尚显单一，且教育内容与理念的更新步伐相对滞后。

首先，部分高校的劳动教育和思政教育没有分家，思政教师就是劳动教育教师，导致专业教师负担过重；部分高校没有和外界就劳动教育开展过多联系，没有拓展新的平台，外围资源挖掘不多；还有部分高校把劳动教育跟“勤工俭学”等资助政策绑定，仅限于给学生一点物质帮助，无法让他们真正提高劳动技能，也无法让他们把学到的东西用到实践中，导致学生的社会实践能力和社会责任感弱化，难以适应社会的需求。其次，由于家校分离的传统习惯，导致家长的影响力弱化。部分家长在育人过程中的缺位，使得家庭无法对孩子的劳动教育产生潜移默化的影响，更无法让孩子们通过家庭感受劳动的乐趣和理解劳动的意义。长期如此，很难培养出学生积极的劳动意识和劳动热情。同时，学校在整合社会资源方面存在不足，与各方组织的沟通协调亦不够流畅，导致难以及时捕捉社会的最新需求，从而无法适时有效地对学生进行有针对性的培养。此外，部分高校在信息技术应用的推进上是一个“短板”。在劳动教育的实施过程中，对于数据的收集、分析和共享工作尚存在不足，未能及时有效地发现和解决教育过程中的相关问题，这必然导致大学生劳动技能和社会实际需求出现“脱钩”现象，无法充分激发大学生参与劳动教育的热情，消解了他们对劳动教育的认同，致使劳动教育的综合育人效果受到了一定程度的影响。

第三节　“三全育人”教育理念下劳动教育的机制创新

浇花浇根，育人育心。要健全全员育人、全过程育人、全方位育人的体制机制，不断培养一代又一代社会主义建设者和接班人。① 党和国家已经确定了前进的方向，并且有了明确的目标。各大高校必须严格遵照中央的指导要求，不断加深对劳动教育重要性的认识，强化加强劳动教育的意识，在劳动教育机制上务求创新，以确保立德树人的根本任务得到有效的实施和推进。伴随我国经济社会的发展，经济社会对高质量人才的需求显得尤为迫切，在人才培养的环节中，劳动教育的综合作用显得格外重要，并且日益受到社会关注。必须培养新时代大学生的正确劳动价值观、锤炼大学生的劳动品质、

① 习近平著作选读（第二卷）［M］. 北京：人民出版社，2023：195.

塑造大学生的劳动精神、激活大学生的劳动潜能、提升大学生的综合素质，在校园里营造尊重劳动、热爱劳动的氛围，在深化劳动教育过程中，着重引导大学生深入关注民生领域的关键议题，聚焦社会热点话题，以培养他们对劳动的深厚情感，激发他们的创新潜能和勇气，进而促使他们怀揣热情投身于现代化建设的伟大实践中。此举旨在增强大学生的劳动荣誉感，并深化他们对时代使命的认同感。①

高校需要以“三全育人”教育理念作为核心指导，积极地进行劳动教育的创新探索，寻找符合时代要求的新路径。要充分激发和调动多元主体参与劳动教育的内在积极性和主动性，使得劳动教育能够渗透到学生成长的每一个阶段和每一个环节。通过这种方式，将劳动教育与学生的全面发展紧密结合，全方位地培养和塑造学生的人格与能力。这样的实践不仅有效地推动了德智体美劳五育并举的全面发展，也为构建符合新时代要求的高校劳动教育新体系、新格局提供了有力的支撑和坚实的基础。

一、激励主体参与：构建劳动教育全员协同机制

劳动教育是一种全面而深入的教育方式，它涉及培养学生正确的劳动观念、态度和技能，使其能够在未来的生活和工作中发挥积极作用。在“三全育人”教育理念的指导下，全员积极参与成为高校劳动教育成功的关键因素。为了实现这一目标，高校需要采取一系列措施，强化宣传教育是其中的重要一环。通过广泛的宣传活动，可以让学生、教师、管理人员等所有参与者都充分认识到劳动教育的重要性，从而提高他们对劳动教育的关注度和参与度。

（一）强化宣传教育，营造浓厚氛围

1. 创新宣传教育的内容和形式

第一，夯实宣传教育内容。内容是最好的载体，高校劳动教育的宣传内容应该贴近青年大学生的生活实际和兴趣爱好，注重培养他们的劳动兴趣和热情；应该注重传授基本的劳动知识和技能，帮助青年大学生掌握基本的劳动技能和方法；还应该注重向大学生传输有关劳动教育的最新政策和法规。

---

① 刘建成，周志宏．新时代大学生劳动精神的生成机理、价值意蕴及培育路径［J］．教育与装备研究，2023，39（03）：80-85.

第二，丰富宣传教育形式。高校加强劳动教育宣传教育工作，不仅要夯实宣传教育的内容，还要丰富宣传教育的形式，尽力促进宣传教育的形式多样化、生动化、互动化。比如，高校可以利用广播、电视、报纸、网络等媒体进行广泛宣传；可以组织开展劳动主题班会、劳动技能大赛、劳动成果展示等活动；还可以邀请劳动模范、企业家等走进校园，与大学生面对面交流，分享劳动经验和故事。通过这些形式多样的宣传教育活动，激发大学生对劳动教育的热情，从而吸引更多大学生对劳动教育的关注和参与。

2. 构建宣传教育的长效机制

首先，要加强组织领导。高校要加强对劳动教育宣传工作的组织领导，各级政府和高校应该加强顶层设计，明确部门分工和落实任务要求。高校要成立专门的宣传教育领导小组或工作小组，负责统筹协调和组织实施宣传教育工作。

其次，要完善制度保障。高校要建立完善的制度保障机制，确保宣传教育工作能够得到有效实施。通过制定相关的政策和制度，明确宣传教育的目标、内容、形式和要求；通过完善考核评价机制，对宣传教育工作进行定期评估和总结；同时还可以建立激励机制，对在宣传教育工作中表现突出的单位和个人进行表彰和奖励，提升宣传教育的实效。

最后，要加大投入力度。高校应该加大对劳动教育宣传教育的投入力度，建立劳动教育宣传工作的专项经费政策，为劳动教育的宣传教育提供必要的经费和资源保障。通过设立专项经费用于支持宣传教育工作的开展，保障宣传教育工作落地落实。同时，可以建设专门的宣传教育场所和设施，推动社会资源和社会力量共同参与宣传教育工作。

3. 营造劳动教育的浓厚氛围

高校要提升劳动教育的实效，不仅仅需要创新宣传教育的内容形式、构建宣传教育的长效机制，还要营造浓厚的劳动教育氛围。

首先，加强校园文化建设。校园文化本就是高校劳动教育的重要载体，高校应该注重校园文化建设，将劳动教育融入校园文化之中。高校可以依托传统手段，在校园内设置劳动教育宣传栏和展板，展示劳动教育的成果和亮点；也可以充分利用新媒体优势，有效利用微信、QQ 等媒介，加强对劳动教育的宣传教育；还可以组织开展劳动主题的文化活动和比赛，将劳动教育作为校园文化建设的重要内容之一进行宣传和推广。

其次，提升家庭引导效力。家庭是青年大学生成长成才的重要场所之一，家庭教育对大学生的劳动意识和劳动技能的培养具有重要影响。因此，高校应该加强对家庭教育的引导和支持，鼓励家长在家庭教育中培养大学生的劳动意识，提升其劳动技能；同时，要通过家长会、家访等形式向家长宣传劳动教育的重要性和价值；向家庭提供相关的家庭教育指导和支持服务，提升家庭劳动教育意识，指导家庭开展劳动教育实践活动。

最后，营造浓厚的氛围。要加强教育氛围的营造，吸引社会大众参加劳动教育，让更多的人了解和支持劳动教育。比如，通过媒体宣传、社会公益活动等形式向社会公众释放劳动教育信息，传递劳动教育正能量；定期邀请劳动模范、企业家等走进社区和校园进行宣讲和交流；搭建劳动教育志愿者队伍和社区劳动教育实践基地等服务平台，为大学生提供更多的劳动教育机会和资源。

（二）强化主体意识，增强育人效力

劳动教育作为全民教育的重要组成部分，对于培养学生的劳动技能、劳动精神以及社会责任感具有不可替代的作用。随着时代的发展，如何在新时代背景下强化主体意识，增强育人效力，构建全员参与的劳动教育机制，成为新时代加强劳动教育急需解决的重要问题。高校要优化劳动教育人力资源，激活学校、家庭、社会等育人主体的能动性，构建科学高效的全员协同育人格局。

1. 尊重学生主体地位

首先，强化学生意识，培养劳动兴趣。大学生作为劳动教育的主体，是劳动教育的直接参与者和受益者，其劳动意识的强弱和劳动兴趣的高低直接影响到劳动教育的效果。因此，要构建全员参与的劳动教育机制，关键就是要把握学生主体地位，强化学生的劳动意识，培养学生的劳动兴趣。高校要通过开展多种形式的劳动教育活动，增强学生对劳动教育的兴趣。如校园植树、公益劳动、志愿服务等，让学生在亲身参与中感受到劳动的乐趣和价值，从而激发他们对劳动的热爱和兴趣。

其次，提升学生技能，增强劳动能力。提升劳动技能是加强大学生劳动教育的核心内容之一，要构建全员参与的劳动教育机制，高度重视学生劳动技能的提升和培养，不断增强大学生的劳动实践能力。比如，通过开设劳动

技能课程、举办劳动技能竞赛等方式来实现。同时，学校还可以与企业、社区等合作，为学生提供更多的实践机会，让学生在实践中不断提升自己的劳动技能和实践能力。

最后，树立正确价值观，提升社会责任感。劳动教育不仅是技能教育，更是价值观教育。要构建全员参与的劳动教育机制，必须引导大学生树立正确的劳动价值观，培养学生的高度社会责任感。比如，通过开展主题班会、讲座、社会实践等方式来实现。通过这些活动，让学生认识到劳动的重要性，理解劳动与创造、劳动与幸福的关系，从而树立起尊重劳动、热爱劳动、珍惜劳动成果的价值观。同时，还要引导学生关注社会问题，积极参与社会公益活动，培养他们的社会责任感和奉献精神。

2. 激发教师主导作用

首先，办好思想政治理论课关键在教师。高校要加强劳动教育，提升劳动教育的实效关键也在教师。高校要充分激发教师主导的教育地位，为构建全员参与的劳动教育机制奠定基础。高校要建好两支队伍并且激发其参与劳动教育的积极性。一要打造一支由思政课教师、学生辅导员等人员组成的专职劳动教师队伍；二要打造一支由企业精英、劳动模范、高级技工等组成的兼职劳动教师队伍，构建校内外协同育人共同体。要明确各育人主体的职责和任务，形成合力。学校作为劳动教育的主要实施者，要制定详细的劳动教育计划和方案，确保劳动教育的系统性和连贯性。

其次，育人主体在构建劳动教育机制时，要完善劳动教育课程体系，丰富教育内容。学校可以开设劳动教育必修课和选修课，将劳动教育融入学科教学中；家庭可以引导孩子参与家务劳动和社区劳动，培养孩子的自理能力和社会责任感；社会可以组织各种形式的劳动教育活动，如志愿服务、社会实践等，让学生亲身体验劳动的乐趣和价值。

最后，构建多元师资主体。师资队伍是劳动教育的重要支撑。要构建全员参与的劳动教育机制，必须加强师资队伍建设，提升教育水平。学校方面，可以加强劳动教育师资培训，增强教师的劳动教育意识和能力；家庭方面，可以鼓励家长参与劳动教育培训，提升家长的劳动教育素养；社会方面，可以邀请劳动教育专家、劳动模范等为学生开展讲座和培训，拓宽学生的视野和知识面。

构建全员参与的劳动教育机制是一项系统工程，需要从学生主体和育人主体两个角度出发进行深入探讨和实践。通过强化学生的劳动意识、提升劳动技能、培养社会责任感以及明确育人主体职责、完善课程体系、加强师资队伍建设等措施的实施，可以形成全员参与、协同育人的良好局面，推动劳动教育的深入发展和全面普及。

二、促进阶段衔接：打造劳动教育全过程联动机制

劳动教育是一个逐步深入、持续发展的过程，高校应当遵循学生们的成长轨迹和心理发展规律，将劳动教育这一重要理念如同春风吹拂、细雨滋润般，自然而然地融入大学生的学习、成长和日常生活各个方面。教育部门和高校需要共同构建一个全方位、全过程的劳动教育联动机制，使得劳动教育能够渗透到学生们在校的每一个阶段，每一个角落，从而真正实现从入学到毕业的全过程劳动教育的目标。

（一）教育内容呈现系统性

高校劳动教育的连贯性和长期性首先表现在教学内容的持续性和教学理论的系统性上。高校在开展劳动教育的过程中，需要精心规划并且周密安排教学内容，确保学生各阶段的劳动教育环节能够流畅过渡并且紧密相连，最终使得劳动教育能够渗透并贯穿于学生成长成才的过程中。这意味着，从学生的入学之初到他们最终的毕业离校，劳动教育应该成为一个不间断的过程，保证学生能够在不同学习阶段接收到系统连贯的劳动教育理念和教学实践。为了实现这一目标，高校需要打造劳动教育全过程联动机制，致力于在大学生群体中弘扬“劳动育人”的核心理念，这个理念的弘扬是在“以劳育人、以劳促学、以劳创新”基础上展开的。也就是说要通过劳动教育，引导学生树立正确的劳动观念，培养他们的劳动习惯和劳动精神，同时，也要让他们通过劳动来深化对知识的理解，提高学习效率。更重要的是，劳动教育要激发学生的创新精神和实践能力，让他们在劳动中发现问题、解决问题，实现自我价值。为此，高校需要科学安排教育内容，力促教育内容呈现层次性和连贯性。

1. 劳动教育内容体现层次性

习近平总书记指出，一个民族要走在时代前列，就一刻不能没有理论思维，一刻不能没有正确思想指引。高校劳动教育也要注重对大学生开展

理论教学，培育学生理论思维，在此之前，一个重要任务就是确定教育教学的内容。高校劳动教育内容要结合学生培养的实际来制定，内容设置要有区分度，要有层次性，并且劳动教育内容的层次性要体现在教育目标上。劳动教育的目标如果就层级而言，可以分为：基础目标、发展目标和创新目标三个层次。基础目标主要关注学生基本劳动技能的培养和劳动习惯的养成；发展目标则进一步要求学生通过劳动来深化对知识的理解，提高综合素质；创新目标则鼓励学生在劳动中发现问题、解决问题，培养创新精神和实践能力。在教学内容的选择上，应该体现层次性，针对不同年龄段的学生，选择不同难度和复杂度的劳动项目，让他们在实践中逐步提高劳动技能和综合素质。

2. 劳动教育内容富有连贯性

高校劳动教育内容不仅要能体现层次性，而且要富有连贯性，这主要体现在教育过程的衔接上。确保学生在不同学段都能接受到连贯、有序的劳动教育，要求高校在规划劳动教育顶层设计、具体设计劳动教育课程教学模式时，要结合学生身心发展规律、认知规律，确保劳动教育课程前后衔接和层层递进。同时，高校还要加强劳动教育与其他学科的融合。通过跨学科整合，我们可以将劳动教育渗透到各个学科中，让学生在学习知识的同时，也能接受到劳动教育。这样既能丰富劳动教育的内容形式，又能提高学生的学习效果。此外，高校还要注重劳动教育与社会实践的结合。通过组织学生参与社会实践活动，可以让学生亲身体验到劳动的价值和意义，从而更加珍惜劳动成果，形成对劳动的尊重和热爱。加强劳动教育理论阐述与劳动教育内容的系统性构建是推进劳动教育的重要举措。要从多个维度深化对劳动教育的认识和理解，同时注重教育内容的层次性和连贯性构建，以促进大学生全面发展为目标，推动劳动教育不断向前发展。

（二）教育目标呈现连贯性

在社会快速发展的今天，劳动教育的重要性愈发凸显。作为培养德智体美劳全面发展的时代新人基石的劳动教育，不仅关乎个体的生存技能，更关乎国家的发展大局。因此，加强劳动教育目标的连贯性，是确保教育质量和效果的关键所在。连贯的劳动教育目标，如同一条清晰的导航线，引领大学生从基础技能的学习，逐步迈向复杂技能的掌握，再到创新能力的培养。它要求我们在教育过程中，既要注重知识的传递，更要关注实践能力的培养，确保学生能够将所学知识内化于心、外化于行。此外，连贯的劳动教育目标还需与社会的实际需求紧密相连。高校要时刻关注社会变化，及时调整教育方向，确保学生能够适应社会的发展需要。只有这样，我们才能真正培养出既有理论知识，又有实践能力，还具备创新精神的新时代人才。

1. 劳动教育使命彰显延续性

塑造大学生的劳动精神，不仅仅是劳动教育的基本任务，更是其核心内涵的深刻揭示。为了达成这一目标，高校需要进行周密科学的教育规划和精确的策略部署。

在人才培养方案中应当明确设定培育具有劳动精神的人才的具体目标，这些目标应当是具体而可操作的。然后，高校需要制定出一套既有条理又有序列的劳动教育实施计划，确保劳动教育使命能够持续地得到传承和延续。此外，高校还应当注重不同阶段劳动教育的有机衔接，以确保教育效果的连贯性和有效性。高校可以有计划地推动劳动教育与其他学科领域的深度整合：要坚持将劳动教育与思想政治教育相结合，在培养学生的劳动技能的同时，也加强其社会主义核心价值观的培育；要坚持将劳动教育与专业教育相融合，让学生能够在专业学习的过程中，通过实际劳动提升专业技能，增强实践能力；要坚持将劳动教育与文化教育相融合，培养学生对劳动文化的理解和尊重；要坚持劳动教育与实习实训的结合，让学生在真实的工作环境中学习和体验劳动的真谛。

通过与其他学科的有机结合，劳动教育能够不断培育和强化大学生的各种优秀品质，如爱岗敬业、追求卓越、勇于面对困难、敢于创新、不追求虚名、愿意无私奉献等。这样的劳动精神不仅是大学生成长为对社会有用人才的重要基石，也是他们在未来职业生涯中取得成功的关键因素。因此，高校应当高度重视劳动教育的实施，不断探索和创新劳动教育的方法和途径，以期培养出更多具有强烈劳动精神和高贵品质的社会主义建设者和接班人。

2. 劳动教育目标呈现连贯性

劳动教育是一个持续发展的过程，它在不同的教育阶段都扮演着重要的角色。在高校制定劳动教育目标时，需要注意与前期教育的一体化推进，以确保劳动教育在各个阶段能够实现无缝对接，从而保证劳动教育目标的连贯性。这就要求高校在制定劳动教育目标时，要充分考虑到与前期教育的衔接，确保劳动教育在各个阶段都能够顺利进行。同时，高校还需要对劳动教育进行全面的规划和设计，以确保劳动教育目标的一致性和连贯性。只有这样，劳动教育才能够真正发挥出其应有的作用，为学生德智体美劳全面发展提供有力的支持。

第一，务必引导学生深入认识劳动教育的重要性。当新生进入大学阶段后，其所处的学习与生活环境均会迎来显著变化。高校应切实做好与中学阶段劳动教育的有效衔接，引导学生明确理解劳动教育在大学阶段与中学阶段在培养目标、课程性质、课时学分等方面的差异，从而深化其对劳动教育在人才培养中重要意义的认知，确保在思想上对劳动教育给予高度重视。

第二，高校需采取一系列严谨、系统的措施，激励学生积极参与劳动。高校应积极探索并创新课堂教学形式，构建包括劳动教育一课堂、实践体验二课堂、能力拓展三课堂在内的多层次教育体系，通过多样化的教学方式，增强劳动教育的吸引力和凝聚力。高校应进一步丰富劳动教育活动的内容与形式，以激发大学生参与劳动教育的兴趣和热情。同时，为确保劳动教育的有效实施，高校应对大学生参与劳动教育活动的情况进行公正、客观的考评，并将考评结果纳入大学生的学分体系，以此从根本上激励大学生认识到劳动的重要性，积极投入劳动实践，实现由理论到实践的飞跃。

三、加强模式创新：形成劳动教育全方位融合机制

高校劳动教育是一项全面深入、多层次、立体化的教育活动，高校旨在通过多元化的劳动教育方式，引领大学生在劳动实践中提升自身素质，培养正确的劳动观念和养成良好的劳动习惯。为了更好地实现劳动教育的目标，我们需要构建一个多维度、多层面、全方位的劳动教育体系，这个体系应当具备多维引领、多联互动、全域协同的特点，从而使得劳动教育能够渗透到学生学习生活的各个方面，从而实现全方位的劳动教育，真正提升劳动教育实效。

（一）丰富劳动教育载体

在高校落实立德树人根本任务的过程中，劳动教育具有广阔的天地，劳动教育载体在其中具有极其重要的作用，占据着举足轻重的地位，发挥着不可或缺的作用。这些载体不仅是劳动教育的具体实施平台，更是连接理论与

实践、知识与技能的桥梁。

首先，劳动教育载体是育人的基础和核心。它们为学生提供了直接接触和体验劳动的机会，让学生在实践中学习、在劳动中成长。无论是农田的耕耘、工厂的实习，还是社区的志愿服务，都为学生提供了一个真实、生动的学习环境，使大学生能够在亲身劳动体验中感受到劳动的艰辛与乐趣，从而加深对劳动的理解和尊重。其次，劳动教育载体是提升学生综合素质的关键。通过组织大学生参与劳动，学生不仅能够锻炼身体素质，提高动手能力，还能够培养责任感、团队协作能力和创新精神。这些素质的培养对于学生的全面发展至关重要，也是现代社会对人才的需求。最后，劳动教育载体还具有传承和弘扬劳动精神的重要使命。劳动是人类社会进步的源泉，也是人类文明发展的重要基石。随着时代的发展和教育理念的更新，传统的教育模式已经无法满足现代社会的需求，而劳动教育载体的多样性和灵活性使得它们能够根据不同的教育需求进行调整和创新，为教育改革提供新的思路和方法。

综上，劳动教育载体在教育领域中具有举足轻重的地位和作用。我们应该充分发挥劳动教育载体的优势，推动劳动教育的深入开展，为培养具有创新精神和实践能力的高素质人才作出更大的贡献。

1. 筑牢课程载体

课程教学是人才培养的核心途径，高校应深化劳动教育教学改革，以稳固课程育人之基石。确保教学课时的充足性是首要前提，不仅需开设劳动教育理论课，还应同步开设实践课程，通过多种方式齐头并进，实现理论与实践的有机结合，努力打造优质的劳动金课，共同构建高质量的劳动教育课程体系。在教学内容上，要全面且系统地涵盖马克思主义劳动观、习近平新时代中国特色社会主义思想中关于劳动的新要求，以及劳动法规、劳动安全、劳动制度等方面的知识，确保教学内容的丰富性和系统性。同时，教学方法的创新是提升教学质量的关键，应综合采用启发式、体验式、讨论式等多种教学方法，以教学方法的多样性促进学生学习效果的优化，从而更好地实现教学目标。

2. 扎稳实践载体

劳动与实践在本质上具有一致性，是大学生成长成才的根本动力。高校要持续开展专业实践、科研实践、社会实践，深入挖掘劳育元素，创新劳动教育形式，打造实践育人响亮品牌，增强学生崇尚劳动的情怀。要扎稳劳动教育实践载体的根基，我们需要从多个方面着手，确保劳动教育的深入实施和持久发展。

首先，构建完善的实践课程体系是关键。劳动教育应纳入学校教育的整体规划，成为学生的必修课程。通过劳动实践课程设置，引导学生了解劳动的意义和价值，培养他们的劳动技能和劳动习惯。其次，强化师资力量是重要保障。劳动实践课教师应具备专业的劳动教育知识和技能，能够为学生在专业能力培养、劳动技能提升、职业素养加强等方面提供有效的指导和帮助。同时，学校应定期组织教师培训，提升教师的专业素养和教育教学能力。再次，搭建丰富的实践平台是必要手段。高校要加强与企业、社区等单位合作，共同建设劳动教育实践基地，为大学生提供真实的劳动环境和锻炼机会。通过建设实践平台，大学生可以亲身体验劳动的过程，感受劳动的艰辛和快乐，从而更加深入地理解劳动的意义和价值。最后，加强家校合作也是不可忽视的一环。家长是孩子的第一任老师，他们的言传身教和一言一行对孩子的成长具有重要影响。学校应加强与家长的沟通和合作，共同推进劳动教育的实施。

因此，扎稳劳动教育实践载体的根基需要我们从多个方面着手，构建完善的课程体系、强化师资力量、建设丰富的实践平台、注重家校合作等。只有这样，我们才能确保劳动教育的深入实施和持久发展。

（二）拓展劳动教育平台

当前，社会上思想活跃、观念碰撞，互联网等新技术新媒介日新月异，我们要审时度势、因势利导，创新内容和载体，改进方式和方法，使精神文明建设始终充满生机活力。① 伴随科技的日新月异和网络技术的迅猛发展，教育手段创新也成了时代发展的必然，高校劳动教育需要借此东风搭建新平台。因此，高校广泛开展劳动教育需要搭建劳动实践平台，拓展劳动教育空间。②

① 中共中央文献研究室. 习近平关于社会主义文化建设论述摘编［M］. 北京：人民出版社，2017：11.

② 姜雨彤，刘泽. “三全育人”视域下高校劳动教育的现实困境与路径选择［J］. 教育评论，2022（06）：30-36.

1. 充分利用新媒体平台

在信息化时代，新媒体发展为高校劳动教育的开展提供了新思维和新机遇。高校要充分利用新媒体搭建劳动教育平台，明确劳动教育的独特优势，如传播速度快、交互性强、信息量大等。搭建劳动教育平台时，应充分整合新媒体资源，如社交媒体、在线教育平台、短视频平台等，通过发布劳动教育相关的内容，吸引学生和家长关注。同时，利用新媒体的互动性，鼓励学生分享自己的劳动成果和心得，增强他们的参与感和成就感。在教学平台管理上，要建立专业的教师团队，定期发布高质量的劳动教育内容，确保信息的准确性和权威性，使教学平台成为劳动教育的资源库。同时，高校应加强与学生、家长的沟通互动，及时了解他们的需求和反馈，不断完善平台功能和服务。此外，还要坚持新媒体教育平台与线下教育活动融合，如组织劳动技能竞赛、开展劳动实践体验等，让学生在实践中学习、成长，提升劳动教育的效果和影响力。

2. 积极发挥通识课作用

利用网络平台打造教学课堂，开设劳动教育通识课，给大学生重点讲解劳动教育的各种知识，让他们的视野更加开阔，对劳动有更深入的理解。这样一来，大学生们的劳动意识可以得到提升，对劳动的热情也能空前高涨。通识课在加强大学生劳动教育中发挥着举足轻重的作用，为了积极发挥其作用，高校需从以下几个方面着手。首先，完善通识课中劳动教育的内容，通过理论授课让学生了解劳动的价值和意义，树立尊重劳动、热爱劳动的观念。其次，坚持通识课与实践相融合，组织学生参与劳动实践活动，如志愿服务、社区服务、校园清洁等，让学生在实践中体验劳动的艰辛与快乐，培养吃苦耐劳的精神。最后，通识课还要注重培养学生的创新精神和团队协作能力，通过团队项目、创新实验等活动，让学生学会在劳动中协作、创新，提高综合素质。

（三）创新劳动教育评价

“学生培养得怎么样，要看拿什么样的尺子去衡量，以什么样的眼光去发现。”①劳动教育如何评价也是高校开展劳动教育的一个非常关键的问题。教育

---

① 习近平著作选读（第二卷）[M]. 北京：人民出版社，2023：202.

评价就像一个“指挥棒”，它对教育有很明显的指引、反馈和调整作用，能够清楚地说出学生劳动技能和劳动素养的提升情况。实施创新性的劳动教育评价方式，对于推动劳动教育全方位融合机制的构建具有积极作用。

1. 推进评价主体的多维化转变

在劳动教育评价中，应摒弃仅依赖教师打分的传统模式，转而构建一种以劳动课教师评价为主导，辅以社会评价（包括实践基地、社区、企事业单位等）和家庭评价为补充的多维联动评价机制。此举旨在实现评价主体由单一性向多维性、孤立性向联动性的转变，从而有效提升劳动教育的社会认可度。

2. 促进评价标准实现多元化发展

在开展劳动教育的评价过程中，教师必须严格遵循教育教学的基本规律，既要关注教育成果，也要重视教育过程；既要全面审视整体表现，也要细致关注各个环节。要把劳动态度、劳动技能以及劳动精神等全部纳入劳动教育的考核体系之中，促使劳动教育评价标准多元化和均衡化。同时，我们的教育评价标准还要聚焦于大学生劳动技能的提升、劳动价值观的树立以及劳动精神的塑造等方面，确保评价工作的全面性和准确性。

3. 评价方式动态化

“每个学生都是独一无二的个体，禀赋、才能、爱好和特长不尽相同，不能只关注学习好的学生，使很多学生被忽视、被遗忘，体会不到学习的成就和成长的快乐，越来越没有信心。”① 因此，劳动教育方式不能千篇一律，必须根据每个学生的特点和需求进行个性化调整，这就决定了劳动教育的教育方法要因人而异，劳动教育的评价方式也同样需要满足差异化需求。高校在评价学生的过程中，既要关注到学生的共性需求，也要充分考虑他们的个性差异，从而实现评价的动态化，更好地促进学生的全面发展。

此外，劳动教育作为培养学生实践能力和责任感的重要途径，其本身就是一个循序渐进、不断深化的过程。因此，对劳动教育的评价也应该是动态化的，要随着学生学习成长周期的变化而不断调整和更新。高校要对大学生的劳动教育进行持续的、动态的评估，力求从多个维度、多个层面对学生进行全面的反馈和评价，以帮助他们更好地成长。

---

① 习近平著作选读（第二卷）[M]. 北京：人民出版社，2023：202.

高校人才培养的目标就是将大学生培养成为德智体美劳全面发展的时代新人，不仅要具有扎实的专业知识和技能，更要具有强烈的社会责任感、良好的道德品质和健康的身心素质。为此，高校在劳动教育中，既要注重过程，也要关注结果，通过动态化的评价方式，真正实现学生全面、和谐、可持续的发展。

第六章　新时代劳动教育的路径融合

马克思在《关于费尔巴哈的提纲》中说："全部社会生活在本质上是实践的。"同时，又指出："环境的改变和人的活动或自我改变的一致，只能被看作是并合理地理解为革命的实践。"① 人类社会的巨大进步和人类社会生产力水平的大幅度提升都是在社会实践中完成的，没有社会实践和人类劳动就不可能推动社会的进步。教师在开展劳动教育的过程中要与时俱进、创新教育理念，结合技术系统开展劳动教育，才能真正实现劳动教育与其他教育的路径融合。

第一节　坚持劳动教育与创业教育融合

我国已经进入新时代，教育活动也应随时代发展不断进步。多维度、多体系、多方位融合教育已经成为新时代教育发展的必然，构建基于文化教育、德育教育、体育教育、美育教育等多元一体的教育体系，才能使学生受益匪浅，成为合格的社会主义建设者和接班人。坚持劳动教育与创业教育的融合发展，在劳动教育中融入创业教育元素，不仅能提升学生劳动技能，而且能提高学生综合素质，从而促进学生全面发展。

劳动教育与创业教育就概念而言在本质上存在一定的差别。劳动教育是通过教育活动提升学生的劳动技能、端正学生劳动态度、培育学生劳动习惯、

① 中共中央马克思恩格斯列宁斯大林著作编译局．马克思恩格斯选集（第一卷）［M］．北京：外文出版社，1995：55.

塑造学生劳动精神的教育管理活动，其本身具有基础性特点。创业教育是通过鼓励学生参与社会实践活动，在实践活动中培育学生的创新意识和动手能力，重在培育学生正确的价值观和人生观。但是对于大学生成长成才而言，必须通过促进劳动教育与创业教育的融合，在劳动教育的过程中培育大学生创新创业的意识；在鼓励大学生参与社会实践的过程中提升学生的劳动技能、端正学生的劳动态度、培养学生的劳动习惯、塑造学生的劳动精神。坚持劳动教育和创业教育的融合可以带动大学生的全面发展，提升大学生综合素质，培养德智体美劳全面发展的社会主义建设者和接班人。

现在，我国已经进入新时代，党和政府高度关注个体成长，特别就大学生劳动教育和创业教育融合出台了系列政策和相关文件，为劳动教育和创业教育提供了保障。大学生在劳动教育中形成了强烈的劳动意识和正确的劳动价值观之后，期盼依据劳动活动努力提升个体社会价值，而这种强烈需求将逐渐转变为大学生自身创业的激情，激励大学生积极开展创新创业，促使其以社会为对象、以创业为手段进行劳动服务。因此，坚持劳动教育与创业教育的融合发展是促进大学生个体发展的必然要求。

习近平总书记强调：“劳动可以树德、可以增智、可以强体、可以育美。这次，党中央经过慎重研究，决定把劳动教育纳入社会主义建设者和接班人的要求之中，提出‘德智体美劳’的总体要求。”① 教育部于2020年7月印发的《大中小学劳动教育指导纲要（试行）》对学校劳动教育提出了明确的要求，并且要求学校要将劳动教育和学生的学科专业、实验实训、社会实践结合起来，加快劳动教育和创业教育的融合度。新时代高校要努力构建德智体美劳全面培养的教育体系，形成更高水平的人才培养体系。要把立德树人融入思想道德教育、文化知识教育、社会实践教育各环节，贯穿基础教育、职业教育、高等教育各领域，学科体系、教学体系、教材体系、管理体系要围绕这个目标来设计，教师要围绕这个目标来教，学生要围绕这个目标来学，坚持与时俱进，创新人才培养方式。坚持劳动教育与创业教育融合是时代所需，也是解决实际问题的必然选择，更是创新现代教育活动的有效手段。

① 习近平著作选读（第二卷）［M］. 北京：人民出版社，2023：202.

一、正确把握劳动教育与创业教育的关系

“人世间的美好梦想，只有通过诚实劳动才能实现；发展中的各种难题，只有通过诚实劳动才能破解；生命里的一切辉煌，只有通过诚实劳动才能铸就。”① 作为落实立德树人根本任务的重要育人维度，劳动教育与创业教育承载着共同的育人使命。促进劳动教育与创业教育的深度融合，对于提升学生劳动技能、端正学生劳动态度、塑造学生劳动精神、培育学生劳动观念具有重要意义。综上，劳动教育和创业教育都是高校人才培养的重要组成部分，坚持两者融合有利于解决人才培养和社会需求脱节的系列问题，是解决人才培养不能满足社会需求问题的关键手段。劳动教育和创业教育都特别注重培育大学生的社会责任感、创新精神和实践能力，旨在培养适应新时代劳动发展趋势，面向未来的综合性人才。从人才培养目标上来说，高校的创业教育就是一种劳动教育，是一种创新的劳动教育，是时代化的劳动教育，是劳动教育在新时代的新形式。每个学生都是不同的个体，在思想意识、专业知识、学习能力、兴趣爱好、心理品质等方面都存在差异。② 高校教育是大学生走向工作岗位的最后教育阶段，是培育大学生各方面素养的重要阶段。高校教育的核心目标就是要培养德智体美劳全面发展的社会主义建设者和接班人。

因此，就教育的价值取向来看，高校劳动教育的价值体现在两个方面：提高大学生就业素养和提高大学生创业素养，提高大学生创业素养无疑是高校创新创业教育的核心目标。创业教育和劳动教育在育人目标上的一致性充分说明，它们是同一事物的不同表现方面，因为核心目标与侧重点的不同而表现出不同的形态，但是劳动教育与创业教育的内在联系使二者在客观上具有千丝万缕的关系，两者相互联系、相互促进，相互融合。

（一）劳动教育与创业教育具有同频共振的内在关联

所谓同频共振，多用于思想、意识、行为等方面的协同统一，是指两个系统之间在某些结构上具有相对的一致性或可相互借用的共同要素，且两者

① 习近平谈治国理政（第一卷）［M］. 北京：外文出版社，2018：46.

② 刘丽红，曲霞. 论高校创新创业教育与劳动教育的同构共生［J］. 中国青年社会科学，2020，39（01）：103-109.

之间存在积极的相互依存关系，并通过相互影响形成新的结构，达到互利共生、共同发展的效果。也就是说，劳动教育与创业教育要产生同频共振关系，要有一个重要前提，那就是劳动教育和创业教育在本质上具有相对一致性或可相互促进的共同因素。劳动教育与创业教育在本质上的一致性说明，它们本身就是一个事物的不同表现方面，因为核心目标与侧重点的区别而呈现出不同的表现形式，但在目标上的高度相似性使二者在客观上具备了相互融合、同频共振的可能。

1. 教育目标的互融性

高校开展创业教育的核心目标就是要塑造大学生的企业家精神。著名经济学家汪丁丁提出，优秀企业家不仅仅需要具备熊彼特所说的“创新精神”，还需要塑造另外两种精神：一是韦伯所提的“敬业精神”，将爱岗敬业、勤奋刻苦、诚实守法、尽职尽责地“赚钱”视为自己的天职；二是诺斯基于新制度主义经济学而提出的“合作精神”，善于从事人类合作的制度创新或者是合作秩序的拓展。因为，企业家和商人有着根本区别，他们既要善于发现商机，更要培育正确的人生价值观和高度的社会责任感。真正的企业家要培育发现和开拓市场的能力，不断地通过“创造性破坏”获得收益，同时要承载社会使命，妥善处理个体和集体的关系，积极树立奉献社会的价值观，积极培育诚实、守信、勤劳、敬业的职业态度。根据社会调查显示，我国高校在举办创新创业大赛时，非常注重对大学生创新意识、创业能力、创业精神、挑战能力等的培养，但是对于社会使命感和敬业精神的重视度还有待提升。麦可思与中国人事科学研究院联合开展的“大学毕业生创业跟踪研究”调查数据表明，大学生从事创业工作需要具备多种素养，其中最重要的是创新意识（51.1%）、吃苦耐劳（46.8%）和挑战精神（33.3%），敬业精神和社会道德排在最末两位。[①] 还有一项对吉林省25所高校的调查研究显示，有45.5%的大学生认为创新创业就是开发一项创新项目，20.3%的学生认为是开公司或企业，25%的学生认为是开创一份事业，9%的学生认为创业就是赚钱。由此可见，绝大多数学生仅仅把创业过程理解为发挥创新精神创造财富和实现个人价值的过程，忽略企业家应该具有的社会使命感和社会责任感。这样的创

① 刘丽红，曲霞．论高校创新创业教育与劳动教育的同构共生［J］．中国青年社会科学，2020，39（01）：103-109.

业教育脱离了教育的真谛，很难培养出大师和大企业家。

习近平总书记指出："要把创新教育贯穿教育活动全过程，倡导'处处是创造之地，天天是创造之时，人人是创造之人'的教育氛围，鼓励学生善于奇思妙想并努力实践，以创造之教育培养创造之人才，以创造之人才造就创新之国家。"① 习近平总书记这一重要论述既对新时代高校劳动教育提出了明确目标，也为高校通过创新创业教育培育大企业家指明了方向，更为高校推进劳动教育和创业教育的深度融合提供了科学指南。高校大力推进劳动教育与创业教育的深度融合，有助于改变大学生将劳动等同于普通体力劳动的误解，有助于大学生立足劳动发展新业态视角深刻审视新时代劳动的脑力化与创造性本质。由此可见，劳动教育与创业教育在育人本质上具有高度一致性，育人目标相融性很强。坚持劳动教育与创业教育的融合，既为劳动教育提供了新引擎，又为创业教育开辟了新视角。

2. 教育内容的互联性

四川大学的创新创业教育是非常成功的典范，他们最成功的经验之一就是牢牢把握知识、能力、品质、本领四个维度，构建"四维一体"的内容体系。《四川大学创新创业教育改革行动计划》指出，创新创业的知识教育，应立足课程和教师，面向学生全面开放创新创业课程及教材，打造高水平创新创业教育的教师队伍，为培养学生具备创新创业的知识奠定基础；创新创业的能力教育，以课堂教学改革为切入点，通过"启发式讲授、探究式讨论"的小班化、互动式课堂教学、非标准答案考试、学生学业考核评价体系改革来引导鼓励学生独立思考、自主学习，培养学生的独立思考能力、创新创业能力、协作精神和社会担当能力；创新创业的品质教育，要全面深入推进人文教育、学术诚信教育、担当教育，加强对学生创新创业品质的培养，真正使每一位川大创新创业人才有胸怀、有境界，能明理守信，更懂责任担当；创新创业的实践方面，要推进"三进、三结合"改革，促进学生更多参与科研过程，培养学生的创新创业实践和动手能力，把学校的科研强势转化为创新创业育人优势。中国劳动关系学院也对此作出了科学规划和具体部署，在人才培养方案中就对创新创业教育作出了明确规定。要求专业教师负责创业课程管理，聘请业界精英担任校外导师，校企合作开拓实践基地，创业就业

① 习近平著作选读（第二卷）［M］. 北京：人民出版社，2023：200.

指导中心承担大学生各类创业竞赛活动，逐步建立体系化、多维度、多层次创新创业教育模式。[①] 高校劳动教育内涵非常广泛，概括起来主要包括如下三个方面：劳动价值观、劳动知识、专业技能。就劳动价值观而言，要通过阐述马克思主义劳动观、习近平新时代中国特色社会主义思想对劳动的新要求等理论知识，引导学生深刻理解劳动的本质、劳动的意义、劳动的宗旨，并且形成“劳动最光荣、劳动最崇高、劳动最伟大、劳动最美丽”的劳动价值观，增强劳动自信。就劳动知识和专业技能而言，要通过理论和实践教学向大学生普及与自身专业相关的劳动科学知识，如劳动卫生、劳动安全、劳动法律、劳动心理健康等，使其掌握专业理论知识和实践技能。[②] 高校劳动教育的内涵与高校创业教育存在密切的关联，具有内容的高度关联性。劳动价值观、劳动知识、专业技能等方面与培养大学生创业品质、创业精神、创业技能息息相关。

（二）劳动教育与创业教育协同育人的内在逻辑

1. 教育功能的互补性

从教学功能来看，劳动教育与创业教育之间存在着极为密切的关系，两者在育人本质上具有一致性。劳动教育以培养学生的劳动技能和劳动素养为契机，鼓励大学生积极投身劳动，并且享受在劳动过程中的使命感和幸福感，不断提升大学生的劳动意愿和培育大学生的劳动习惯，从而提升大学生创造力。创业教育堪称大学生劳动教育的拓展和延伸，高校可通过鼓励学生投身创业教育，完成相关劳动教育任务，以劳动育人、劳动教育为契机，科学设置劳动技能提升等专项训练活动；通过对大学生开展创业教育，保留原有的劳动技能和劳动素养教育，从而培养大学生辛勤劳动、勇于创新、讲究诚信等美好品质，实现劳动教育目标，在劳动教育中开展创业教育，在创业教育中落实劳动教育。创业教育以劳动教育为基石，劳动教育则将创业教育视为延伸，两者相互联系、互为补充，进一步优化了新时代劳动教育。

---

① 刘向兵. 新时代高校劳动教育的新内涵与新要求——基于习近平关于劳动的重要论述的探析［J］.中国高教研究，2018（11）：17-21.

② 王美霞. 大学生创新创业教育现状调查及对策研究［J］. 中国大学生就业，2018（03）：34-38.

2. 教育本质的共通性

高校劳动教育与创业教育之间的内在逻辑十分严密。创业教育本质上是为了培育既有创业能力又有创新精神的复合型人才，绝不是基于单一视角对大学生进行创业或就业教育，而是在意识上引导学生提升能以创新性思维理性剖析个体在不同条件下可把握的机会、创业新理念的可行性以及对创业结果的评价能力，切实提升学生的创业能力，这本质上是一种实用主义的教育方式。新时代高校劳动教育的本质是通过劳动教育和素质教育的融合，防止学生身心发展失衡，使其做到理实结合、知行合一，综合素质得以全面培养的教育方式。要在高校人才培养中逐渐探寻劳动教育与创业教育的协同育人路径，在劳动教育中培养大学生创业必备的职业素养，培育学生的勤奋品质，激发学生的励志精神。

因为劳动教育与创业教育在教育内容上具备互联性特点，两者在教育过程中可互为前提，相互促进，为高校人才培养提供基础保障，确保大学生创新创业能力在劳动实践中不断优化。通过两者的融合实施，能更深入地分析创业实践过程中可能面对的现实困境，在创业中助力劳动教育、实践育人的目标，防止出现学生被“象牙塔”禁锢思想、制约创新的问题，从而避免学生形成“闭门造车”“纸上谈兵”的空谈习惯。创业教育是劳动教育的重要载体，劳动教育是有别于传统理论教育的实践教育，既培育学生技能，又是对学生的道德教育、素质教育，还能加强大学生对职业特点、专业发展、职业道德、行业规范的认识了解。坚持劳动教育和创业教育融合是高校协同育人的有效路径，既能让高校师生从劳动实践过程中深刻认识新时代职业劳动的变化，也能重新解读新时代行业发展对劳动者综合素质提出的新要求。高校应基于劳动教育和创业教育本质上的共同性，紧扣人才培养方案，作出具体部署和科学规划，应用创业意识推动劳动创新，在创业教育中创新劳动教育，逐渐改变基层劳动单一性、重复性的弊病，使新时代高校人才培养更好地顺应我国经济社会发展的需求。

二、劳动教育与创业教育融合的现实进路

（一）在创新育人思想中推进融合教育

习近平总书记指出：“要采取适应当前环境和条件的有效措施，加强劳动

教育，组织好形式多样的劳动实践，让学生在实践中养成劳动习惯，学会劳动、学会勤俭。”① 劳动教育与创业教育之间的融合性关系、联系性趋势被再次突出后，借由劳动教育推动学生投身创业活动的全方位教育机制正在悄然形成。现在，基于信息技术成长的个体彰显了更为特殊的独立性特点，其对于劳动教育与创业教育的融合发展有着一定的见解。加强思想引导是促进劳动教育与创业教育融合发展的前提。高校要坚持以马克思主义劳动价值观为理论指引，以激发大学生的劳动热情为契机，绽放劳动教育的热情和魅力，为劳动教育与创业教育的创新发展奠定基础。高校要以思想教育为重要载体，探究劳动教育与创业教育的融合发展，把握劳动教育与创业教育的内在联系，促进实现劳动教育与创业教育的有机融合，增强大学生的劳动教育认同和投身社会实践的欲望，鞭策其主动融入全新的劳动环境，在这个过程中端正大学生劳动态度、培育大学生的劳动热情，实现对大学生劳动和创业的教导。

高校要以劳动教育、创业教育为契机，逐渐提高劳动教育和创业教育等关键词的呈现频率，加强劳动教育与创业教育之间的互动。其一，要围绕劳动教育与创业教育的基本定义、重要概念、核心理念等编写校本教材，开设专门课程；按照学校人才培养方案，遵循新时代劳动教育和创业教育要求，组织开展教育教学活动，在这个过程中提升大学生对劳动教育的认识，激发学生参与劳动教育的兴趣，为提升综合素质打好基础，增强参与劳动、自由创业的学习激情。② 其二，要创新教育宣传方式。高校要多措并举、多管齐下，坚持传统媒体与新兴媒体的融合应用，筑牢宣传平台，丰富宣传形式，大力提升广大师生对高校劳动教育和创业教育的认识。高校要充分发挥宣传栏等传统媒介的功效，传播正能量、树立新风尚，激发大学生的劳动热情与创业兴趣，努力弘扬劳动磨砺人才、劳动光荣伟大的思想，凸显劳动教育和创业教育的重要意义。加强思想引导是促进劳动教育与创业教育融合发展的重要前提，高校通过深入分析劳动教育与创业教育之间的深入关系，创新构建大学生劳动教育与创业教育机制，从而促进大学生全面发展。

---

① 习近平著作选读（第二卷）[M]. 北京：人民出版社，2023：202.

② 刘建成，周奎. 新时代大学生劳动教育的逻辑起因、现实困境及路径指向 [J]. 工业技术与职业教育，2023，21（04）：66-71.

（二）在丰富实践活动中开展融合教育

实践活动是实现劳动教育与创业教育的有效载体。高校必须开展丰富的实践活动，为大学生提供劳动技能教育、劳动精神塑造、劳动价值观树立、创业精神培育的机会，借由丰富的实践活动为大学生劳动教育和创业教育打开教育出路，架起劳动教育通往创业教育的坚实桥梁。习近平总书记指出，要鼓励学生善于奇思妙想并努力实践，以创造之教育培养创造之人才，以创造之人才造就创新之国家。虽然部分高校师生已经围绕劳动教育和创业教育的融合发展进行了系列探究，但是在实践过程中，往往学校教师主导劳动教育与创业教育的发展方向，学生在这个教育过程中处于被动地位，缺乏参与机会。特别是高校很少对影响力小的劳动教育和创业教育活动进行有力宣传，使得劳动教育与创业教育之间出现新的隔阂和冲突。因此，高校要创新教育方式，开拓教育路径，大力加强劳动教育与创业教育的融合发展。

高校要围绕学生学科专业和职业发展需求创新劳动教育与创业教育融合路径，积极开展劳动教育实践活动；要鼓励学生在自由学习、探索的同时积极投身劳动教育和创业教育活动之中，不断激发大学生的探究热情。如规范校园“跳蚤市场”，这是高校学生在校内进行交易的重要平台，也是大学生参与社会实践的重要平台。大学生通过该平台将日常用品与闲置用品进行交易，可以充分调动大学生投身劳动的激情、参与创业的热情。高校要以此为契机，充分挖掘“跳蚤市场”的育人价值。其一，构建以“跳蚤市场”为标志的实践育人机制，既降低高校大学生创业成本、又降低高校大学生创业难度，增强大学生对创业的信心、对劳动的热情，可以鼓励更多大学生投入劳动实践活动。其二，创新高校大学生创业模式，高校要基于“跳蚤市场”实践育人基本手段，将其服务模式做优做强，构建以文化、学习、实践、娱乐、体育等为主体的现代化创业教育模式，鼓励学生在这种销售、以物置物的过程中培养创新精神、培养团队协作能力，从而激发学生的创业热情与实践兴趣，鼓励学生通过执着探索和自由发挥，开创实践育人的新路子，促进劳动教育与创业教育的深度融合。

（三）在完善教学体系中创新融合教育

教育教学体系是高校发展劳动教育和创业教育的基本保证，完善的教育教学体系能促进劳动教育和创业教育的融合发展，是学生全面健康发展的重要条件。要促进劳动教育与创业教育的有机融合，必须为学习者开辟全新的劳动教育与学习空间，在落实教学的同时创新教育教学指导体系。① 高校要注重教学体系的创新，构建涵盖劳动教育和创业教育的双重育人机制，在确保教学质量的前提下，彰显教学的差异性、层次性特点，确保教育的“全方位”格局，促进劳动教育与创业教育的有效对接。伴随经济社会的飞速发展，人民对教育期盼度发生了很大变化，对劳动教育和创业教育的融合发展产生了重大影响，要求高校必须创新教育教学体系。这有助于大学生提前掌握新时代教育的新要求，适应新时代育人工作的新趋势，积极参与教育教学管理工作。高校要紧扣课程开发、教育实践等教学维度，通过制定人才政策、创新实践活动等教育方式，激发大学生的创造力。劳动教育是高校教育中一种特殊的教育形式，部分高校师生对劳动教育持不同意见，一部分认为劳动教育必须融于创业课程之中，才能够实现职业教育的核心目标；另一部分认为要将劳动教育和理论课程、专业课程、实训课程、创业实践结合起来，才能更进一步促进劳动教育和就业教育的融合发展。

第一，课程是实现教学目标的重要载体，完善教学体系的前提是制定科学合理的课程体系。高校要坚持把劳动教育与创业教育纳入教学考核过程，以劳动教育、创业教育为实践契机，结合人才培养方案设计课程标准和学科任务。或者结合选修模块、综合实践教育模块同步开展授课，提升大学生参与劳动学习的热情。高校要构建多维联动的课程体系，以利于更好地实现协同育人目标。构建多维联动、协同育人机制可以从如下方向努力：其一，在创业教育课程体系中融入劳动教育元素，利用劳动教育中蕴含的育人元素强化大学生劳动教育，尤其是深化对新时代劳动理论知识和劳动内涵的教育，引导大学生深刻认识劳动对社会主义现代化建设的重要意义，加强大学生对劳动教育的认同，塑造大学生坚定的劳动信心，培育大学生劳动精神。其二，高校要依托学生的专业，及时掌握行业发展以及学生专业发展的要求，组织大学生创新创业大赛、创新创业宣讲会等，向大学生阐述劳动育人的精神和创业教育精神，促进二者的协同发展，使二者融合发展的意识入耳入脑入心。

---

① 陆周浩. 新时代高职院校劳动教育课程体系建设研究［J］. 南通航运职业技术学院学报，2021，20（01）：66-69.

其三，高校要开设劳动教育实践课程，融合创新创业实践、劳动教育实践和文化传承主题，从技能、专业和生活三个角度对大学生展开协同训练，让大学生在生活情境中体会职业技能和专业知识的应用价值，再从实训过程中不断提升专业技能、职业素养、实践经验等，激励大学生勇敢面对创业就业中的一切挑战。

第二，高校要打造趣味化劳动教育、创业教育体系，创新劳动教育和创业教育方式。高校要开辟劳动教育新场域，使其成为劳动教育新基地，为大学生提供宝贵的创业平台。鼓励有意向的大学生积极参与到校园创业小组，并且定期组织创业大赛，开展成功经验分享会，通过校园展示形成榜样示范，营造创新创业的良好风气，吸引更多大学生参与劳动和创业教育，调动更多学生的劳动与创业热情。习近平总书记指出："要完善创新人才培养模式，强化科学精神和创造性思维培养，加强科教融合、校企联合等模式，培养造就一大批熟悉市场运作、具备科技背景的创新创业人才，培养造就一大批青年科技人才。"① 促进劳动教育与创业教育的深度融合需要积极调动大学生的学习热情和创造激情，不能单纯以学校的课程目标或以教师的意见为标准，必须结合学校实际情况不断创新教学方法。习近平总书记强调："我国要建设世界科技强国，关键是要建设一支规模宏大、结构合理、素质优良的创新人才队伍，激发各类人才创新活力和潜力。要极大调动和充分尊重广大科技人员的创造精神，激励他们争当创新的推动者和实践者，使谋划创新、推动创新、落实创新成为自觉行动。"② 高校也要保持创新意识，推动劳动教育与创业教育的融合发展，要以全新的课程体系调动学生的内在情感，实现劳动教育与现代化教育之间的完美融合，这样才有助于启发学生的劳动热情。

第二节　坚持劳动教育与思政教育融合

劳动教育与思政教育是高校人才培养的重要环节，两者相互联系、相互促进。劳动教育是高校思政教育的重要组成部分，思政教育是高校劳动教育

---

① 习近平著作选读（第一卷）［M］. 北京：人民出版社，2023：499.

② 习近平著作选读（第一卷）［M］. 北京：人民出版社，2023：498.

的基础保障，对于提升劳动教育实效具有重要意义。伴随市场经济的迅猛发展，加强大学生劳动教育有助于大学生树立正确的世界观、人生观、价值观，是培养德智体美劳全面发展的高素质人才的重要途径。伴随社会生产力水平的不断提升，社会分工日益细化，大学专业也越来越多，社会各行业用人标准也不断提高，高校必须高度重视大学生劳动教育，进而培养出大批的优秀人才。多年来，坚持思政教育与劳动教育的融合发展，已经成为高校落实立德树人根本任务的重要趋势，这样既可以走出高校思政教育倾向理论教育的困境，又可以创新高校思政教育和劳动教育的方式，提升育人实效性。在目前党和国家推行“大思政”格局的视域下，坚持劳动教育与思政教育融合发展，更有利于阐释马克思主义理论，更有利于加强大学生实践能力的培养，更有利于端正大学生劳动态度，更有利于坚定大学生的理想信念，更有利于培养德智体美劳全面发展的综合素质高的时代新人。因此，高校应在遵循“三因”理论的基础上，全面推进大学生劳动教育和思政教育的融合发展，不断创新人才培养模式，从而更好落实立德树人根本任务。

一、劳动教育与思政教育融合的必然性

现代高校的人才培养注重理论和实践结合，加强科学文化素养和实践能力的融合教育。高校是大学生走向社会的最后一个学习阶段，需要对其进行综合培养，使其成为既有理论水平又有专业技能、既有文化素养又有综合素养的复合型人才。劳动教育是高校育人的重要环节，也是一个重要载体，不仅能够提升大学生的劳动专业知识，而且能够在实践中加强大学生的自我认知。坚持劳动教育和思政教育的融合发展是现实之所需，也是时代之所要。

（一）劳动教育与思政教育日益受到重视

1. 教育部门高度重视两者的融合

党的十八大以来，以习近平同志为核心的党中央高度重视劳动教育对人才培养的重要意义。习近平总书记就新时代为何、如何加强劳动教育等发表了系列重要论述，作出了明确指示。同时，中共中央、国务院颁布了系列关于劳动教育文件，对新时代高校劳动教育作出了科学规划。劳动教育是高校培养时代新人和落实立德树人根本任务的必然选择。《意见》等文件非常详细地阐述了劳动教育对于高校人才培养的重要作用，为大中小各级学校劳动教

育的开展提出了具体的指导意见。上述文件特别强调，劳动教育应该贯穿于大学教育教学全过程，劳动教育的开展一定要以系统化的形式存在，既为确保大学生身心健康提供重要条件，又为大学生能够更好适应现代经济社会的发展，成为专业技能过硬、理论水平高超、理想信念坚定、爱国情怀浓厚、德智体美劳全面发展的社会主义建设者和接班人奠定了基础。习近平总书记指出："培养社会主义建设者和接班人，不可能一帆风顺，而是需要付出艰苦努力才能完成的任务。"① 高校人才培养是一个艰辛复杂的过程，既要对大学生开展科学文化知识教育，又要对大学生开展劳动实践教育。因此，高校要充分应用劳动课程这个重要的育人载体，加强大学生理论和实践的双重能力培养，使大学生在掌握最基本的专业理论知识的基础上，再通过自行加工升华之后形成深刻的劳动认知，增强劳动教育的认同，并且自发参加各种劳动，为未来更好适应社会和职业发展奠定坚实基础。虽然高校曾经也围绕劳动教育展开了教育教学改革，但是劳动教育在我国高校人才培养方面暂未形成体系，没有达到一定规模。尤其是受"劳心者治人、劳力者治于人""万般皆下品，唯有读书高"等思想影响，使社会大众对劳动教育不太重视，导致劳动意识在大学生中比较淡薄。因此，高校开展劳动教育既可以提升大学生专业技能，又可以塑造大学生劳动精神，帮助大学生形成正确的世界观、人生观、价值观，无形中就能实现思政教育的目标，落实高校立德树人根本任务。

2. 高校高度重视劳动教育和思政教育

习近平总书记指出："思想政治工作从根本上说是做人的工作，必须围绕学生、关照学生、服务学生，不断提高学生思想水平、政治觉悟、道德品质、文化素养，让学生成为德才兼备、全面发展的人才。"② 近年来，高校高度重视大学生思想政治工作，并且不断创新，多渠道、多途径、多维度开展高校思政教育。劳动教育就是高校创新思政教育的重要载体，高校通过开设劳动实践等系列课程，提升大学生专业技能、培养大学生敬业精神，通过劳动教育与创业教育的双科学习，实现劳动教育和思政教育"双科融合"的双重学习效果。高校通过促进劳动教育与思政教育的融合发展，加大两者的联通互动，推进了劳动教育课程化的实践理论、实践课程的完整性，同时进一步完

① 习近平著作选读（第二卷）[M]. 北京：人民出版社，2023：196

② 习近平谈治国理政（第二卷）[M]. 北京：外文出版社，2017：377.

善劳动教育和思政理论课的课程体系。

习近平总书记强调："要教育引导学生正确认识世界和中国发展大势……正确认识中国特色和国际比较，全面客观认识当代中国、看待外部世界；正确认识时代责任和历史使命，用中国梦激扬青春梦，为学生点亮理想的灯、照亮前行的路，激励学生自觉把个人的理想追求融入国家和民族的事业中，勇做走在时代前列的奋进者、开拓者；正确认识远大抱负和脚踏实地，珍惜韶华、脚踏实地，把远大抱负落实到实际行动中，让勤奋学习成为青春飞扬的动力，让增长本领成为青春搏击的能量。"① 高校在修改和制定人才培养方案时，坚持劳动教育与思政教育的融合，凸显了劳动教育与思政教育融合的导向意识，营造了高校重视劳动教育的强烈氛围，引导高校教师重视劳动教育，积极开展与劳动教育相关的科学研究项目，制定劳动教育课程标准、完善劳动教育课程教学大纲，形成极具本校特色的劳动教育方案，使劳动教育内容更加贴近学生的学习需求、更加贴近学生的成长需求、更加贴合学校的专业特色，从而激励大学生关注劳动教育、积极参加劳动教育。与此同时，高校要因专业而异，以专业为标准，分门别类推进劳动教育，把各种实验实训、劳动心得、"三下乡"等作为劳动技能训练的必备内容，使学生在学习期间完成一定的劳动任务，获取劳动教育的相关学分，鼓励大学生热衷劳动教育课程的学习，形成劳动教育与思政教育的融合体系，帮助大学生形成正确的劳动价值观，坚定大学生的劳动信念、培育大学生的劳动习惯、塑造大学生的劳动精神、提高大学生的思想道德素质。

（二）劳动教育与思政教育高度契合

近年来，我国高等教育事业不断发展，党和国家对教育事业发展提出了新的要求。建设教育强国是全面建成社会主义现代化强国的战略先导，是实现高水平科技自立自强的重要支撑，是促进全体人民共同富裕的有效途径，是以中国式现代化全面推进中华民族伟大复兴的基础工程，必须把教育事业放在优先发展的战略位置，把立德树人作为教育的根本任务，全面深化教育改革创新，加快推进教育现代化，以教育之力厚植人民幸福之本，以教育之强夯实国家富强之基。随着教育强国战略的不断推进，高校传统思政教育手

① 习近平谈治国理政（第二卷）[M]. 北京：外文出版社，2017：377-378.

段不能完全满足新时代教育发展的需求。为此，高校要加强思政教育教学的改革创新，不断丰富思政教育新元素、创新思政教育新手段、拓展思政教育新路径，不断增强大学生思政教育的获得感和满足感，增强思政教育和劳动教育的魅力。劳动教育和思政教育都是育人的重要环节，坚持两者的融合发展有助于建设教育强国。

1. 理论基础的高度吻合

基于我国高等教育事业不断发展历程的视角分析，高校劳动教育和思政教育在本质上相互联系、有机融合，两者在理论基础上具有高度契合性。劳动教育与思政教育都是基于马克思主义这一核心原理，并在实际的育人过程中传承和创新马克思主义理论，这就意味着劳动教育和思政教育有着共同的教育理论基础，两者具有共同的理论源泉。其一，在高校的人才培养过程中，思政教育的相关理念可以和劳动教育相融合，同时劳动教育中的相关教育理念对于创新高校思政教育的内容和方式也具有重要意义。其二，劳动教育和思政教育都将马克思主义理论作为教育教学的根本指导思想。高校在开展劳动教育的过程中，既要阐述马克思主义劳动观和习近平新时代中国特色社会主义思想中的劳动理论，又要传授劳动技能，也就是一个传道、授业和解惑的过程。这样在一定程度上提升了高校大学生的综合素养，这个过程就是一个将劳动元素和思政教育元素有机融合的过程。

2. 育人目标的高度契合

我们要培养的社会主义建设者和接班人应当具备什么样的基本素质和精神状态呢？习近平总书记指出，社会主义建设者和接班人既要有高尚品德，又要有真才实学。新时代新形势对社会主义建设者和接班人提出了新的更高要求，既包括思想品德、知识学识、创新能力、动手能力，也包括身体素质、艺术修养、人文气质、劳动技能。我们培养的人，必须树立共产主义远大理想和中国特色社会主义共同理想；必须具有爱国情怀，时刻不忘自己是中国人；必须坚持立德为先、修身为本；必须具有丰富学识、真知灼见、世界眼光；必须树立高远志向，具有勇于奋斗精神；必须具备德智体美劳综合素质，全面发展。高校劳动教育与思政教育具有同样的本质，在一定程度上代表人类劳动文明的延续。它是我国人类社会发展的重要引擎，是促进时代进步的主要推力。高校以马克思主义劳动观作为劳动教育的基础加强大学生劳动教育，能够加速培养大学生劳动技能和塑造大学生劳动精神。通过加速推进劳动教育与思政教育的融合，可以不断提升大学生的综合素质，从而培养顺应新时代发展和社会进步要求的高素质人才。

3. 育人内容的高度贴合

高校劳动教育与思政教育都是我国人才培养的重要环节，两者不仅具有共同的目标，并且在育人内容上高度贴合。高校在对大学生开展思政教育的过程中，应充分挖掘理论课程和实践课程中的劳动元素，促进劳动元素和思政元素的有机结合，积极有效发挥马克思主义劳动观在新时代人才培养中的重要作用，从而使马克思主义劳动深入人心，真正实现劳动教育的目标。高校要严格遵循教育部印发的《高等学校课程思政建设指导纲要》，促进思政教育与劳动教育的有效融合。将中华民族传统优良的劳动文化与中国特色社会主义文化有机融合，进而构建全方位劳动教育模式，形成全方位劳动精神培养机制，精准有效地对大学生开展劳动教育。综上，高校劳动教育与思政教育在内容上的相互联系和高度贴合，有助于高校培养大学生爱岗敬业、诚实守信、敬业奉献的职业精神。

二、劳动教育与思政教育融合的可行性

素质是立身之基，技能是立业之本。习近平总书记强调："劳动者素质对一个国家、一个民族发展至关重要。劳动者的知识和才能积累越多，创造能力就越大。"面对日趋激烈的国际竞争，一个国家发展能否抢占先机、赢得主动，越来越取决于国民素质特别是广大劳动者素质。提高包括广大劳动者在内的全民族的综合素质，是民族发展的长远大计。坚持劳动教育与思政教育的有机融合是提高劳动者素质的必然途径。习近平总书记在全国教育大会上提出，要在学校中开展劳动教育，在学生中弘扬劳动精神，引导学生崇尚劳动、尊重劳动，懂得劳动最光荣、劳动最崇高、劳动最伟大、劳动最美丽的道理，努力做到辛勤劳动、诚实劳动、创造性劳动。高校承载落实立德树人的根本任务，要积极贯彻习近平总书记关于教育的重要论述，必须坚持劳动教育与思政教育融合，在思政教育中融入劳动教育，实现思政教育与劳动教育协同育人，端正大学生的劳动态度，增强大学生的劳动自信，培育大学生正确的劳动价值观，使大学生践行社会主义核心价值观，全面落实立德树人根本任务。劳动教育包括劳动理论阐述、劳动技能传授、劳动习惯培养等，就如何与思政教育融合问题，可以从如下方面着手努力。

（一）构建协同体系，制定实施方案

高校为贯彻落实立德树人根本任务，深化劳动教育与思政教育的融合发展，首先需要做好科学规划，优化设计劳动教育与思政教育协同育人的工作路径。科学设计协同育人总体规划，要从目标设计、部门分工、建立组织、安排内容、教育评价等方面出发，制定切实可行的实施方案。

1. 在协同育人的实施过程中，高校职能部门要处理好思政教育和劳动教育的关系；要处理好学校与家庭、学校与企业、学校与社区之间的关系，力争实现全员、全过程、全方位育人，同时要优化教育评价，实现过程性评价与结果性评价相融合，使教育评价更加科学有效。高校党委要统筹协调各部门之间的关系，调动各部门的积极性，组建形成协同育人共同体。制定实现总目标的路线图和时间表，科学分配各部门任务，以便能够层层落实和有效推进。

2. 为构建协同育人共同体，更好地促进劳动教育与思政教育协同育人，还需要学校党委统筹安排专项资金、配齐师资力量、加强技术保障、强化信息技术，打造名师工作室、建立业界导师库，构建思政教育与劳动教育融合发展的育人资源库，为教师利用劳动育人元素和思政教育元素提供便利。

3. 高校要搭建协同育人平台，可以充分利用 QQ、微信群等为学校、家庭、社区构建交流互动渠道，为高校教师商讨协同育人的对策提供便利，解决协同育人中面临的时空受阻的问题。同时，高校要协调各职能部门之间的关系，促使育人内容和育人方向保持一致。致力于实现劳动教育和思政教育融合、劳动教育与专业教育融合、劳动教育与志愿者服务的融合、劳动教育和社会实践活动的融合、劳动教育和创新创业实践的融合。通过这些方面的相互融合，更好地培育德智体美劳全方位发展的人才。

（二）建设师资队伍，强化教育主体

教育大计，教师为本。教师是立教之本、兴教之源。在劳动教育与思政教育协同育人共同体中，教师是第一负责人和执行主体。

1. 建设育人主体

习近平总书记多次强调，办好思想政治理论课关键在教师，关键在发挥教师的积极性、主动性、创造性。做好劳动教育关键也在教师，协同育人共

同体功效的发挥取决于学校教师育人水平的高低，学校教师育人能力对于劳动教育与思政教育协同育人功效具有重要影响，所以高校要把师资队伍建设摆在立德树人工作的首位，建设一支水平高、业务精、视野广、情怀深的教师队伍显得尤为重要。高校要建好两支队伍并且激发其参与劳动教育的积极性。一要打造一支由思政课教师、学生辅导员、专业教师等人员组成的专职劳动教师队伍；二要打造一支由企业精英、劳动模范、高级技工等组成的兼职劳动教师队伍，构建校内外协同育人共同体。

2. 加强教师培训

高校要加大教师培训力度，针对不同教师实施不同培训方案。如，对于思政课教师而言，主要是引导他们熟悉所教学生的主要专业、专业课程，把握思政教育与劳动教育之间的内在联系。对于学生辅导员而言，主要是引导他们深挖日常管理中的劳动育人资源，科学有效运用劳动育人资源，灵活高效组织劳动教育实践活动等。对于专业课教师而言，首先要让他们清楚认识到课程思政视域下专业课程具有重要的劳育功效，引导其与思政教师和辅导员联手合作，强化对学生的劳动教育。同时，高校也不能忽视对兼职教师的培训。兼职教师主要是由企业精英、劳动模范、高级技工等组成，可定期邀请兼职教师进校园开展专题讲座、分享职场经历、畅谈成功心得等，增强大学生的见识，提升他们的阅历。在上述师资配备下，协同育人共同体可以双管齐下，既有理论阐述，又有实践教学，通过多维主体联合，多方位资源协同育人，加强对大学生的劳动教育，强化大学生的劳动意识。

（三）优化课程设置，构建课程体系

课程是高校培养人才的主渠道，历来备受党和国家重视。“课程是育人主阵地，是培育大学生劳动精神的关键，高校要构建‘理论教学+技能培训+实践体验’的‘三位一体’劳动教育课程体系。”① 促进劳动教育与思政教育的融合不是一蹴而就的，而是一个漫长的过程，需要高校周密部署、科学设计、精心把控。因此，高校要提升劳动教育与思政教育融合育人的实效，必须优化课程设置，构建课程体系。

---

① 刘建成，周奎，詹域威. 新时代加强大学生劳动教育的缘起、意义及路径［J］. 陕西青年职业学院学报，2023（04）：53-57.

1. 优化课程设置

高校要优化现有的课程设置，科学合理安排劳动教育课程和思政教育课程，优化劳动教育和思政教育融合的课程结构，使课程体系更富科学性和系统性，进一步促进劳动教育和思政教育的融合发展。与此同时，高校职能部门要做好顶层设计，课程设置一定要遵循大学生成长规律、遵循教育教学规律，使大学生深刻认识到劳动教育和思政教育对于大学生成长成才的重要意义。

2. 丰富课程内容

高校要将劳动教育的内容有机融入思政教育课程体系之中，并且结合学生专业特点开展具体教学活动，从而为复合型人才培养提供重要的导向作用，为提升大学生综合素质提供重要条件。同时，高校要以思政课教学大纲为基础，组织教师团队编写符合学校特色的劳动教育教材，充实劳动教育课程内容。劳动教育课程中要包含理论知识、劳动技能、劳动安全、劳动法律等内容，要通过公益劳动、劳动讲座和专业劳动等形式表现，从而提升大学生对劳动教育的兴趣，增强大学生参与劳动教育的热情。另外，高校可以优化对学生的考核方式，如鼓励大学生积极参与劳动实践活动，将大学生积累的劳动学分，作为大学生思政课成绩的重要参量，从而发挥两者相互促进的效能。

3. 协调课程目标

高校劳动教育和思政教育具有共同育人目标，要坚持劳动教育与思政教育目标的融合，不仅要培育大学生正确的世界观、人生观和价值观，而且要增强大学生的劳动意识，让他们掌握更多的劳动技能，为以后在人生舞台中更好实现人生价值奠定基础。因此，高校的课程设置一定要结合学生特点、遵循学生需求。高校除了按照落实立德树人根本任务要求开展课程教学外，还要对标社会用人标准，有效衔接时代对人才培养的要求，不断创新构建劳动教育与思政教育融合的课程体系，并且对思政教育和劳动教育结合的课程体系架构进行动态调整，确保高校人才培养符合社会主义现代化建设需求，满足时代发展对劳动者提出的新要求。

（四）变革教学手段，提升教育实效

教育教学手段在一定程度上决定劳动教育与思政教育融合育人的效果。因此，高校要创新教学手段，提升教育实效。

1. 推进信息化教学

高校要大力创新教学手段，不断推进思政教育与劳动教育的融合，大力提高大学生参与劳动教育的热情。同时，消解大学生对传统教育模式的消极心理和逆反情绪，从而为高校落实立德树人根本任务和培育综合型人才创造条件。伴随信息化技术的迅猛发展，高校要基于信息化技术的视角，使其赋能劳动教育和思政教育的融合发展，促进教育资源的优化配置，从而使信息化教育模式更加顺应时代特点，更加符合新时代大学生成长规律。比如，高校要建好网络平台、用好网络平台，发挥网络平台对于育人的重要作用。高校要灵活运用微信公众号、QQ、雨课堂、抖音等新媒体平台，打通传统课堂教学之外的新出口和新通道，利用大学生喜闻乐见的形式阐述和宣传劳动教育与思政教育融合的教学内容与社会实践活动，将形式单调的劳动教育和思政教育变得活泼有趣，将内容枯燥的劳动教育和思政教育变得丰富多彩，从而增强劳动教育和思政教育的趣味性，更好地让大学生接受劳动教育和思政教育。与此同时，高校也要通过微信、QQ 等平台加强与大学生的沟通和交流，吸纳大学生对于教育的反馈意见，掌握大学生对劳动教育和思政教育的思想动态，从而及时调整教育的精度和方式，增强劳动教育与思政教育结合育人的效果。

2. 丰富实践教学活动

课程思政引导劳动实践，劳动实践反哺思政课程，二者相辅相成，缺一不可。① 实践教学是高校培育综合性人才的重要载体，高校要充分发挥实践育人的重要功效，要充分利用劳动课的有效载体提升大学生劳动教育的实效，实现劳动教育与思政教育融合性目标，从而促进劳动精神与传统革命精神的有机融合。高校应以新的劳动教育形式，加强大学生劳动教育，不断增强大学生的学习兴趣。具体来说，高校可以通过鼓励学生深入企业、深入社区、参加公益劳动、参加“三下乡”活动、聆听劳模的体验和诉说、开展主题辩论赛、参加学生技能竞赛等，拓宽学生视野，增强学生热情。我国已经进入新时代，社会发展对劳动者提出了全新要求。劳动者既要有扎实的理论根底，又要有娴熟的专业技能，还要有丰厚的知识储备，提升人际交往能力，善于

---

① 沈艳. 高校劳动教育与思政教育相结合的育人路径［J］. 哈尔滨职业技术学院学报，2022（01）：67-69.

通过劳动实践积累经验、把握技巧，力争在实践中实现“知行合一”。高校要创新劳动教育形式，增添劳动教育趣味，增强大学生投入劳动教育的热情。与此同时，教师在开展劳动教育的过程中要注重对大学生进行思政教育，要注重在劳动教育过程中融入思政元素。通过开展劳动体验交流座谈、劳动经验分享会、劳动知识竞赛等活动，及时有效地渗透思政教育内容，让学生在劳动教育中接受道德教育，在职业教育中提升德行素养，使大学生深刻感受劳动的艰辛和不易，倍加珍惜群众的劳动成果，努力锤炼优秀的劳动品质，成为新时代品格一流的劳动者。当大学生已经掌握一定的劳动技能时，要定期对其开展专业化的劳动实践教育，激励大学生勇于参与实践活动，珍惜与同学共同劳动的机会，深化对大学生辛勤劳动、艰苦奋斗、诚实守信的教育。因此，劳动教师肩负着传道、授业、解惑的神圣职责，也肩负着传承中华民族优秀文化基因的责任。

（五）建设校园文化，营造劳育氛围

优良的校园环境是开展劳动教育的重要依托，对于增强大学生的劳动热情和培育良好习惯发挥着潜移默化的作用。[①] 为增强高校思政教育与劳动教育融合育人的实效，高校要加强校园环境建设，增强文化育人氛围，增强大学生对劳动教育的情感认同。校园环境对大学生的成长成才具有重要影响，不同环境中成长的大学生，将形成不同的性格和态度。在高校劳动教育与思政教育的协同育人体系中，校园文化建设是一个重要环节。高校要坚持三者融合，在文化建设中开展思政教育、在文化建设中开展劳动教育，真正实现以文化人，发挥文化的育人力量。

1. 树立典型示范

营造优良劳动育人文化氛围的重要手段就是树立典型示范、加强榜样宣传。榜样的力量是无穷的，也是非常重要的。协同育人教育中还要定期邀请劳模进校园，开展劳模专题讲座，宣传劳模优秀事迹。通过劳模介绍成功经验，和大学生一起分享成功喜悦，让大学生对劳模的职业成功产生浓厚兴趣，并形成强大动力。通过现场宣讲、适时分享等方式，从而增强大学生的劳动

① 刘建成，周志宏．新时代大学生劳动精神的生成机理、价值意蕴及培育路径［J］．教育与装备研究，2023，39（03）：80-85.

兴趣，培养大学生对劳动的高度自信，帮助大学生形成正确的劳动价值观。

2. 加大宣传力度

伴随科技的迅猛发展，教育信息化趋势愈演愈烈，为劳动教育宣传提供了新平台。因此，高校广泛开展劳动教育需要搭建劳动实践平台，拓展劳动教育空间。① 高校校园文化建设可以坚持双管齐下的原则，推进线上和线下结合。第一，充分利用新媒体平台。通过微信公众号、抖音等新媒介，向大学生推送劳动模范、优秀学子、企业精英等的优秀事迹，在校园加强对优秀榜样人物的宣传，营造见贤思齐的良好劳动育人氛围。第二，积极发挥通识课作用。利用网络平台开设劳动通识课程，向学生重点普及劳动相关知识，拓宽学生的劳动知识面，提升大学生的劳动意识，形成强烈的劳动意愿。

3. 建立劳育基地

高校要加强与企业、社区等合作；聘请企业精英、业界名人、行业领军人物担任大学生的职业导师和成长良师；建立具有特色的劳动育人示范基地，定期组织大学生前往教育基地学习本职业领域涌现出的业界精英、劳动模范、大国工匠等，让大学生深受熏陶，在耳濡目染中端正劳动态度，形成正确的劳动观念，培育积极的劳动精神。

综上所述，高校坚持劳动教育与思政教育的融合，不仅是高校劳动教育的创新路径，也是高校思政教育的重要选择，有助于更好地解决新时代高校思政教育领域和劳动教育领域存在的相关问题，构建形成新时代高校思政教育工作与劳动教育工作融合的新格局，促使高校人才培养达到更高水平。这对于高校落实立德树人根本任务，培育德智体美劳全面发展的时代新人具有重要意义。

第三节　坚持劳动教育与职业生涯规划教育融合

当前，我国正处于迈上全面建设社会主义现代化国家新征程、向第二个百年奋斗目标进军的关键时刻，高校作为培养时代新人的主阵地，肩负着为

---

① 姜雨彤，刘泽．“三全育人”视域下高校劳动教育的现实困境与路径选择［J］．教育评论，2022（06）：30-36.

党育人、为国育才的职责使命。劳动教育作为落实立德树人根本任务的重要手段，直接影响着社会主义建设者和接班人的劳动精神风貌、劳动价值取向和劳动技能水平，必须把劳动教育纳入人才培养全过程。职业生涯规划教育，作为高等教育体系中不可或缺的关键环节，在人才培养的征途上扮演着举足轻重的角色。鉴于当前就业形势的严峻性与复杂性，高校亟须深化劳动教育与职业生涯规划教育的有机融合，引导学生树立崇高而坚定的劳动观念，塑造昂扬向上的劳动精神风貌，锤炼坚韧不拔的劳动品质，以及培育精湛扎实的劳动技能。此举不仅是应对挑战的必要之举，更是促进学生全面发展、实现个人价值与社会贡献和谐统一的迫切要求。

一、劳动教育与职业生涯规划教育融合的现实必要

习近平总书记在党的二十大报告中强调："教育、科技、人才是全面建设社会主义现代化国家的基础性、战略性支撑。必须坚持科技是第一生产力、人才是第一资源、创新是第一动力，深入实施科教兴国战略、人才强国战略、创新驱动发展战略，开辟发展新领域新赛道，不断塑造发展新动能新优势。"可见，党的二十大报告高度重视教育、科技和人才对现代化建设的重要作用，培养德智体美劳全面发展的社会主义建设者和接班人，必须加快建设高质量教育体系，发展素质教育。因此，新时代高校加强劳动教育与职业生涯规划教育显得尤为关键，坚持两者的融合教育势在必行。

（一）适应时代发展和社会现实的客观需要

2020年，中共中央、国务院发布的《意见》指出，劳动教育是中国特色社会主义教育制度的重要内容，直接决定社会主义建设者和接班人的劳动精神面貌、劳动价值取向和劳动技能水平，要求把劳动教育纳入人才培养全过程，培养能够担当民族复兴大任的新时代青年。劳动是人类的本质特征和存在方式，是实现人的全面发展的重要途径。"劳动和自然界在一起才是一切财富的源泉，自然界为劳动提供材料，劳动把材料转变为财富。"[①]由此可见，人类文明的进步离不开劳动，社会的存在与发展更是离不开劳动。《意见》指

① 中共中央马克思恩格斯列宁斯大林著作编译局．马克思恩格斯文集（第九卷）［M］．北京：人民出版社，2009：550.

出，近年来一些青少年中出现了不珍惜劳动成果、不想劳动、不会劳动的现象，劳动的独特育人价值在一定程度上被忽视，劳动教育正被淡化、弱化。对此，全党全社会必须高度重视，采取有效措施切实加强劳动教育。

随着社会经济的高速增长，社会各界对专业技术人才的需求愈发迫切，亟须高校毕业生掌握扎实的职业技能，以便迅速融入并适应工作环境，为行业的蓬勃发展提供坚实的人才保障。因此，高校应当在职业生涯规划教育体系中深度融入劳动教育理念，明确厘清职业生涯规划教育与劳动教育之间的内在联系，促进两者相辅相成、融合发展。将劳动教育有机融入高校职业生涯规划教育体系之中，此乃顺应时代潮流与社会发展之迫切需求，亦是对立德树人根本任务之坚定践行，更是促进大学生实现自由而全面发展的重要实践体现。

（二）提升人才培养质量的必然要求

大学生劳动精神培育是一个系统工程，劳动教育不能只停滞于劳育课程，否则孤掌难鸣、效果不佳。因此，高校不仅要开展劳育课程的专题教育，而且要发挥思政课程、专业课程协同育人功效。[①] 学生劳动价值观的培育、劳动精神的塑造是立德树人的基本要求，是高校教书育人的重要内容，学生必须通过劳动实践才能深刻体会到劳动精神、劳模精神及工匠精神，才能形成正确的劳动价值观，最终塑造积极的劳动精神。职业生涯规划教育，作为与大学生成长发展紧密相连、与劳动教育深度融合的关键环节，应当发挥更加显著的育人效能。通过与劳动教育的深度融合，使学生更全面地认识劳动的新形态，对新兴技术的发展趋势、社会服务的新需求与新变革保持敏锐的洞察力与深刻的理解。在当今这个快速发展的时代，劳动教育作为培养学生综合素质的重要途径，其重要性愈发凸显。而要使劳动教育真正接地气，我们不仅要引导学生动手实践，更要在这一过程中润物无声地引导他们树立马克思主义劳动观，从而科学设立个人职业生涯发展目标，做到在劳力中劳心、在劳心中成才，最终成长为能够肩负国家重任的“强国一代”。

实践出真知，这一古老而深刻的道理，穿越历史的长河，依旧闪耀着智

---

① 刘建成，周奎，詹域威. 新时代加强大学生劳动教育的缘起、意义及路径［J］. 陕西青年职业学院学报，2023，(04)：53-57.

慧的光芒。在快节奏的现代生活中，我们往往被各种理论、概念和知识所包围，但真正能够深入骨髓、转化为行动力的，往往是那些通过实践得来的真知灼见。同时，劳动实践对于增强学生体质、提升肢体运动能力、增强身体感知能力以及增强个体劳动能力具有重要意义。虽然劳动过程非常艰辛，但是在这个艰辛的劳动过程中必能促进学生身心健康、提升学生的劳动技能、锤炼学生的劳动品质、增强学生心理素质。“实现我们的奋斗目标，开创我们的美好未来，必须紧紧依靠人民、始终为了人民，必须依靠辛勤劳动、诚实劳动、创造性劳动。”① 因此，生活中的美好，需要我们身体力行去发掘。当我们以辛勤的汗水投入劳动之中，实则是在锤炼自身，培养出一双敏锐洞察美的慧眼，使我们的心灵愈发细腻，更加深刻地领悟世界的斑斓多姿。此外，劳动犹如一块砥砺石，不断磨砺学生创造美的能力，使之日益精进。因此，劳动教育实为瑰宝，作为“五育并举”战略的重要一环，它对于促进大学生全面发展、提升综合素质具有不可估量的价值。

（三）帮助学生明确职业方向的内在要求

伴随生产力水平的快速发展，社会分工日益细化，各行业的深度融合和经济发展不断加剧，社会对人才素质的要求不断提高，对职业技能的需求多元化趋势逐渐增强，这强烈要求大学生积极关注社会发展变化的趋势，把握社会热点问题，了解社会各行业和职业发展的最新动态，了解专业发展广阔前景，提升大学生对所学专业的自信心和自豪感。同时，大学生应充分利用专业知识，积极参与各类劳动实践与文化活动，不断充实职业知识储备，提升职业能力水平，以强化个人职业竞争力。然而，反观现状，大学生还存在职业规划不清晰、创业能力有待提高、择业观有待改善等一系列问题，这都需要高校坚持将劳动教育与职业生涯规划教育相融合。

学生职业规划意识不强。部分学生对将来干什么工作呈现迷茫状态，他们做职业规划的时候缺乏实际经验，不知道怎么入手；部分学生对职业规划重视程度不够，抱着“得过且过”的心态，这样一来，就容易觉得学习没方向，生活没奔头，人生缺乏目标。劳动教育，作为一项根植于理论假设的“实践性课题”，其合理性与必要性已在长期的发展实践中得到了充分验证。

① 习近平谈治国理政（第一卷）［M］. 北京：外文出版社，2018：44.

当前，社会各界尤为关注劳动教育的具体内涵、实施策略及教育流程的深度探索。将劳动教育有机融入高校学生的职业生涯规划教育体系之中，旨在进一步拓宽劳动教育的实施渠道，夯实职业生涯规划教育的实践根基，从而有效提升大学生的职业规划意识与能力。

学生创新创业能力不强。2018 年 9 月，国务院正式发布了《关于推动创新创业高质量发展打造“双创”升级版的意见》。该意见对高校在培养大学生创新创业精神与能力方面提出了更为严格和具体的要求，强调了以创业带动就业的重要性，指出高校需以促进高校毕业生实现充分就业为目标。这些要求体现了国家对创新创业的高度重视，以及对高校在培养创新型人才方面所寄予的厚望。但是，长期的应试教育思想和传统就业观念对学生创新创业意识影响很大，部分高校学生缺乏对创新创业知识的了解，对创新创业的态度淡漠。这些学生普遍倾向于追求安逸稳定的生活状态，对自我人生规划设定的目标相对较低，具体表现为学业上满足于及格而非追求卓越，参与活动缺乏积极性，以及在就业选择上倾向于接受工作而非追求最适合自己的岗位。当探讨创新创业的议题时，往往形成一种普遍现象，即很多大学生对此持回避态度，显现出主动创新精神的匮乏与创业能力的不足。在这种形势下，劳动教育作为一种有效手段，对于提升个体的创新创业能力具有重要意义。尤为值得注意的是，劳动教育在强化劳动者创新创业意识及精神方面的作用显著，这一点与创新创业教育的核心理念及主要追求高度吻合。所以，劳动教育与“双创”教育应当深度融合，以全面彰显两者在协同培养人才方面的互补优势。通过加强对创新创业教育的重视与推动，我们能够进一步丰富劳动教育的内涵与外延，创新其表现形式；而深化劳动教育的内容与实践，既顺应了“双创”时代背景下的发展需求，又有助于引导大学生树立正确的创新创业观念，激发其创新思维与创造力，进而更加精准地明确个人职业定位，制定出更为科学合理的职业发展蓝图。

学生就业观和择业观不新。大学是一个人成长成才的关键时期，此时加强劳动教育，使其多体验一点摔打、经受一些磨砺，能锤炼良好的心理素质，锻造顽强的意志，永葆积极进取的精神状态，帮助大学生提升创新创业能力。① 由于国际国内形势急剧变化，社会生产环境对劳动者素质的要求逐渐提高，导致高校大学生就业压力明显增大，社会对大学生就业能力的要求更高。高校坚持劳动教育与职业生涯规划教育融合发展，可以帮助大学生在严峻的就业形势中把握焦点、找准重点、突破难点，能真正廓清迷雾看世界，客观理智地分析当前面临的就业环境，清晰规划职业发展，加强职业能力提升，亦有助于应对大学生在就业过程中遭遇的人岗不匹配等挑战，从而在一定程度上减轻就业领域的结构性矛盾。与此同时，择业观念深刻影响着大学生的职业选择路径。面对以往普遍存在的过度追求高薪职位与表面光鲜工作等传统观念，当前亟须引导大学生进行适时调整，以理性的态度设定合理的择业期望，并紧密结合个人实际情况，积极适应并投身于社会发展的实际需求之中，力求在各自的特定职业岗位上发挥出应有的贡献与力量。此外，值得注意的是，从事职业活动本质上即为一个劳动过程，而树立正确的劳动价值观对于促进大学生择业观念的积极转变同样具有不可忽视的作用。因此，我们应鼓励大学生自觉主动地接受劳动教育，深入理解和内化马克思主义劳动观，坚定树立起“劳动最光荣、劳动最崇高、劳动最伟大、劳动最美丽”的崇高信念，从而为未来的职业生涯奠定坚实的思想基础。

二、劳动教育与职业生涯规划教育融合的内在契合

劳动教育与职业生涯规划教育，均系高校全面落实立德树人根本任务的重要一环。针对大学生而言，职业生涯规划教育不仅是他们深刻认识自我兴趣、性格特质、能力水平及价值观念的关键渠道，更是他们深入剖析外界职业环境、精准锤炼职业素养、逐步确立个人未来职业发展方向的稳固基石。所以从教学的角度，深入探究劳动教育与职业生涯规划教育融合的可行性是一件非常重要的事情。

（一）两者具有教育目标的高度一致性

劳动教育与职业生涯规划教育在目标上呈现出高度的一致性。它们都致力于培养学生的实践能力、创新精神和社会责任感，为他们的未来职业生涯

---

① 刘建成，周奎，詹域威. 新时代加强大学生劳动教育的缘起、意义及路径［J］. 陕西青年职业学院学报，2023（04）：53-57.

奠定坚实的基础。具体来说，劳动教育通过让学生亲身体验劳动的艰辛与乐趣，激发他们的职业兴趣，培养他们的职业精神；而职业生涯规划教育则在此基础上，进一步引导学生明确自己的职业目标，制定切实可行的职业规划，以确保他们能够在未来的职业生涯中保持持续的发展动力。

首先，劳动教育与职业生涯规划教育具有一个共同的目标，都是为了帮助学生实现全面和可持续发展。高校劳动教育的最核心目标在于通过提升大学生劳动技能，培养其形成必要的劳动能力，锤炼坚强的劳动品质，全面增强学生的劳动素养，并促使其养成劳动自觉的良好习惯。[①] 而职业生涯规划教育，则是通过引导大学生客观审视自我，厘清“我是谁、我从哪里来、要到哪里去”等问题，科学认知自我发展与职业世界的关系，明确职业目标，并据此制定科学合理的职业生涯规划，以期更好地适应社会发展，从而从容不迫应对职场挑战，真正主导自我职业生涯规划发展。

其次，坚持劳动教育与职业生涯规划教育融合发展，都是为了全面提升大学生的职业素养。劳动教育可以帮助学生深刻了解职业的真正意义、职业规则、职业道德、职业分工，以及自我在社会职业中应该承载的使命和职责，从而形成对自我所选择的职业的深厚情怀。职业生涯规划教育不仅能够帮助大学生明确职业方向、提升职业素养、增强社会适应能力和竞争力，还能够推动教育与产业的深度融合、培育大学生终身学习的理念，提高他们的职业选择和职业发展能力。

最后，两者皆致力于激发学生的开拓创新精神。我们从事的是前无古人的伟大事业，守正才能不迷失方向、不犯颠覆性错误，创新才能把握时代、引领时代。我们要以科学的态度对待科学、以真理的精神追求真理，坚持马克思主义基本原理不动摇，坚持党的全面领导不动摇，坚持中国特色社会主义不动摇，紧跟时代步伐，顺应实践发展，以满腔热忱对待一切新生事物，不断拓展认识的广度和深度，敢于说前人没有说过的新话，敢于干前人没有干过的事情，以新的理论指导新的实践。创新精神是我们党引领时代潮流、把握时代方向的关键。新时代加强大学生劳动教育也要注重培育其创新精神，劳动教育旨在让学生亲身体验创新与实践的过程，从而培养其创新能力和创

① 佘洋燕，张玺．高职院校劳动教育与职业生涯规划教育融合发展路径研究［J］．大学，2024（05）：149-152.

造力，学会如何创造价值。同时，职业生涯规划教育作为一个持续进化的过程，能够引导学生在职业生涯的各个阶段中，不断积累知识、开拓视野、勇于进取，以应对未来职业发展的挑战。

（二）两者具有教育内容的协同融通性

在当今这个信息如潮水般涌来、技术日新月异的时代，教育已不仅仅是传授知识那么简单，它更多地承载着引导学生树立正确价值观、培养综合能力与规划未来的重任。其中，劳动教育与职业生涯规划教育作为教育体系中的重要组成部分，其内容与任务虽各有侧重，但相辅相成，两者具有教育内容的协同融通性。

首先，劳动教育中的劳动观念和劳动精神教育与职业生涯规划中的职业价值观教育相互融通。劳动教育在培养学生方面发挥着重要作用，它旨在引导学生理解和形成马克思主义劳动观，牢固树立劳动最光荣、劳动最崇高、劳动最伟大、劳动最美丽的观念；树立劳动创造价值及不劳则无获的核心理念，进而帮助他们树立正确的职业价值观。这一价值观的形成，将促使学生能够依据个人成长规律及社会发展趋势，做出科学合理的职业选择。职业生涯规划教育对于培养社会主义现代化建设的优秀人才来说是不可或缺的一环。它致力于重新塑造学生对内在价值与外在价值的认知，强调在劳动过程及其成果中彰显个人价值的重要性。通过这一教育过程，将培育大学生积极乐观的劳动态度、塑造大学生健康向上的劳动精神、造就大学生辛勤付出的价值取向、形成精益求精的工作习惯。所以，两者在教育内容上具有协同融通性。

其次，劳动教育的实践内容与职业生涯规划中的职业兴趣及性格探索应当实现深度融合与相互促进。两者的教育教学内容均植根于学生的职业兴趣与性格特质。一方面，劳动教育致力于促使学生亲身融入真实的劳动实践环境。比如，在农田里挥汗如雨，学生们能深刻体会到农民对土地的深情与依赖；在工厂的车间里，在机器的轰鸣声中，他们能感受到工人师傅们精湛技艺背后的辛勤付出；在服务业的前线，与顾客的每一次交流，都让他们学会了耐心与细致。这些真实的劳动体验，如同一面面镜子，让学生们在实践中照见自己的兴趣所在、性格特点和技能特长，从而更加清晰地认识自我。这一过程不仅丰富了学生的实践经验，更为他们制定科学合理的职业生涯规划奠定了坚实的基础。另一方面，劳动教育能否得以顺利实施、有效开展，其核心在于是否富有大学生所学专业特色、是否聚焦大学生关注问题、是否紧密联系大学生日常生活和工作实情。职业生涯规划教育在其中发挥重要功能，具有不可替代的作用，它能帮助大学生挖掘自身潜力、深刻剖析自身职业特性、客观审视自我职业优势、形成正确的价值追求等，从而在内心深处点燃学生劳动的火种，培育学生投身劳动教育的热情，激发学生的主观能动性，鞭策他们更加积极地投身于劳动教育之中，从而实现劳动教育与职业生涯规划教育在育人方面的最佳融合。

最后，劳动教育中的劳动技能培养与职业生涯规划教育中的职业能力培养应相互融通。劳动教育与职业生涯规划教育的首要目标就是培养大学生的职业技能。在职业生涯规划的蓝图中，深入探索职业技能是大学生精准对接岗位需求的关键步骤。我们倡导学生以目标岗位为导向，系统性、规划性地投身劳动教育实践，旨在有的放矢地磨砺大学生自我劳动实践能力，确保劳动教育在促进学生个性化成长道路上充分发挥育人效能。在劳动教育的广阔舞台上，学生不仅锤炼了专业技能，深化了专业素养，还锻造了严明的劳动纪律，这一系列成就为他们未来的职业抉择、蓝图规划、发展轨迹及职业进阶铺设了坚实的基石。同时，这一过程也显著增强了大学生对劳动教育的情感共鸣，以及对职业生涯规划教育重要性的行动认知，推动他们更加自觉、主动地投身于个人成长与职业发展的实践中。

（三）两者具有教育环节的紧密联系

劳动教育与职业生涯规划教育都是高校人才培养的重要手段，也是人才培养的重要环节，两者具有教育环节的紧密联系，这一理念在现代教育体系中占据着举足轻重的地位。随着社会的不断发展和竞争的日益激烈，培养学生的劳动意识和职业规划能力成为高校教育工作中不可或缺的一环。深入探讨劳动教育与职业生涯规划教育之间的紧密联系，对于促进劳动教育与职业生涯规划教育的深度融合具有重要意义。

首先，两者在育人理念上高度契合。劳动作为人类的本质属性和存在形态，具有深远的意义。劳动教育则构成了国民教育体系中的关键一环，是学生走向成才之路的重要阶梯。这一过程，不仅丰富了思想教育的深刻内涵，更在实践活动中得以生动展现，实现了知与行的有机融合。通过劳动教育，我们旨在全面培养学生的品德修养，启迪其智慧，强健其体魄，并以美育之心，塑造其美好灵魂，最终达到全面发展、德才兼备的目标。高校职业生涯规划教育致力于促使青年学子树立正确的职业观念、择业观念及劳动观念，激励其自主参与职业生涯规划活动，从而将其培育成为具备卓越就业竞争力与高尚职业道德的社会主义建设者和接班人。鉴于此，将两者有机融合、并行驱动，可显著增强协同教育的成效，稳固并深化大学生的理想信念基石。

其次，两者在培养环节上紧密联系。我国现已迈入新时代，社会分工日益精细化，对劳动者的专业素养、创新能力及政治觉悟均提出了更高要求。这一趋势在高校劳动教育中得到显著体现，即学生不仅需掌握坚实的专业知识基础，还需对国家发展宏观趋势、专业领域的未来前景以及社会的实际状况有全面深入的了解，方能紧跟时代步伐，有效适应社会发展需求。高校职业生涯规划教育体系着重强调学生需首先深入进行自我挖掘，随后将这一过程与实际操作相结合，积极投身于外部工作世界的实践探索之中。这一举措旨在使学生全面理解国家、社会、行业、职业及企业的发展动态与趋势，从而明确个人发展方向，并据此做出科学合理的职业决策。通过将自我挖掘与外部实践探索有机融合，该教育体系能够有效地帮助学生深化对社会的认识，顺应时代发展，不断提升自我价值。

最后，两者在培养路径上高度一致。职业生涯规划理论将技能细分为知识、自我管理以及可迁移技能三大维度。[①] 其中，知识技能致力于专业领域的深入理解与掌握；自我管理技能致力于个体意志品质的培养与提升；而可迁移技能则注重学生综合素养的全面发展。这三方面的技能均需要通过实践活动的不断参与和经验的积累，得以完善和提高，它们与劳动实践紧密相连，相互促进，共同构成了一个完整的职业生涯发展体系。劳动教育所倡导的"学中做、做中学"的理念，旨在通过丰富的实践活动，使学生得以在实践中锤炼能力，深刻领悟劳动精神，并实现自我完善。因此，将劳动教育与职业生涯规划教育有机融合，能够进一步强化实践育人的效果，真正实现知行合一的教育目标。

（四）两者具有教育方法的互联共通性

首先，两者都强调理论教育与实践教育相结合。劳动教育与职业生涯规

① 何明洁. 劳动教育融入高校职业生涯教育的路径研究［N］. 山西科技报，2022-12-19.

划教育都强调理论与实践的紧密结合，劳动教育通过让学生亲身体验劳动的过程，培养他们的动手能力、团队协作精神和责任意识。正如古人所云："纸上得来终觉浅，绝知此事要躬行。"只有通过实践，学生才能深刻理解劳动的价值和意义。而职业生涯规划教育同样注重实践环节，通过模拟面试、职业体验、实习实训等方式，让学生提前了解职场环境，明确自己的职业兴趣和方向。这种理论与实践相结合的教育方法，使得两种教育形式在培养学生的综合能力方面殊途同归。

其次，两者都强调个性化指导与全面发展的并重。在个性化教育日益受到重视的今天，劳动教育与职业生涯规划教育都致力于为学生提供个性化的指导。劳动教育根据学生的年龄、兴趣和能力特点，设计多样化的劳动实践活动，让学生在参与中发现自我、提升自我。而职业生涯规划教育则通过专业的测评工具和方法，帮助学生了解自己的性格、兴趣、能力和价值观，从而制定出符合个人特点的职业发展规划。这种个性化指导与全面发展的并重，使得两种教育形式在促进学生的个性化成长和全面发展方面相得益彰。

再次，两者都注重目标导向与过程管理的统一。劳动教育与职业生涯规划教育都遵循着目标导向与过程管理相统一的原则。劳动教育通过设定明确的任务和目标，引导学生积极参与劳动实践，同时注重过程管理，确保学生在实践过程中能够学到真本领、掌握真技能。而职业生涯规划教育则以学生的职业目标为导向，通过制定详细的实施计划和时间表，帮助学生逐步实现自己的职业梦想。这种目标导向与过程管理的统一，使得两种教育形式在培养学生的目标意识和执行力方面具有高度的一致性。

最后，两者都讲究实例与数据支撑。为了进一步证明劳动教育与职业生涯规划教育在教育方法上的共通性，我们可以借助一些实例和数据来加以说明。例如，某高校在实施劳动教育时，结合当地产业特色，开设了"农耕文化体验周"活动，让学生在田间地头亲身体验农耕的艰辛与乐趣。同时，学校还邀请了当地企业家和成功人士来校分享他们的职业经历和成功经验，为学生提供了宝贵的职业规划指导。这种将劳动实践与职业规划相结合的教育模式，受到了学生和家长的一致好评。此外，一项针对大学生职业规划能力的调查报告显示，那些在高中阶段接受过劳动教育和职业规划指导的学生，在进入大学后表现出更强的职业意识和自我管理能力。他们不仅能够更快地适应大学生活和职场环境，还能在职业发展中保持较高的竞争力和发展潜力。

这一数据充分说明了劳动教育与职业生涯规划教育在培养学生综合素质和职业竞争力方面的重要作用及其在教育方法上的共通性，它们都强调理论与实践相结合、个性化指导与全面发展的并重以及目标导向与过程管理的统一。未来，随着教育改革的不断深入和社会对人才需求的不断变化，我们有理由相信这两种教育形式将会更加紧密地结合在一起，为培养更多具有创新精神和实践能力的高素质人才贡献力量。

三、劳动教育与职业生涯教育融合的路径指向

劳动教育和职业生涯规划教育作为高校人才培养的重要手段，对于提升大学生综合素质具有非常重要的作用，都是培养时代新人的重要方式。坚持劳动教育与职业生涯规划教育的融合发展，加速培养德智体美劳全面发展的时代新人，需要多管齐下、多措并举，可从如下方面开展教育实践。

（一）构建多元主体育人机制

1. 加强校内统筹协调

高校应当强化顶层设计，充分认识劳动教育与职业生涯教育在人才培养中的核心地位，积极引导学生深入理解马克思主义劳动观及社会主义劳动关系的内涵，树立科学合理的择业、就业及创业观念。高校应致力于构建并优化校内融合育人机制，以充分发挥劳动教育和职业生涯规划教育在人才培养中的核心作用。学校党委要提出指导意见，强化劳动教育与职业生涯规划教育深度融合的整体规划与协调，确立明确的责任领导和主导部门。各相关职能部门需要厘清自身职责，并加强协作，将这两类教育精准有效融入日常教学工作的实施过程，同时提供具有针对性、可行性、建设性的意见与建议。二级学院要根据顶层设计以及职能部门反馈的意见和建议，结合学院专业设置、遵循人才培养目标、顺从教育教学实际，对人才培养方案进行细致调整与优化，确保劳动教育与职业生涯教育能够深入并有机地融入人才培养的各个环节、各个阶段之中。在全校范围内，构建起一个分工明确、职责清晰、高效协调、无缝对接的育人体系，以达成育人资源的全面共享与高效互补，进而增强整体的育人能力与育人效果。

2. 搭建多元实践平台

在当今社会快速发展的背景下，高等教育已不仅仅局限于校园之内，而

是日益与社会各界紧密相连。高校作为知识传承与创新的重要阵地，必须深刻认识到充分挖掘与整合社会育人资源的重要性，并积极搭建实践育人平台，以培养出更多具有社会责任感、创新精神和实践能力的高素质人才。高校应当深化与地方社区、企业、公益性组织等社会性主体的合作与交流，致力于构建长效协同育人机制，以确保教育实效的稳步提升及人才培养的全面发展。一方面，高校致力于为学生构建一个使其能充分参与实习、实践的平台，通过让他们亲身体验真实的就业场景、劳动条件、职业环境，从而对当下的职业性质、专业特点、行业发展有更深刻的理解。此平台不仅有助于学生强化劳动意识、端正劳动态度、提升职业技能，还能有效培养他们的劳动精神，并引导学生科学做好自我职业生涯规划。另一方面，高校致力于为企业和社会在选拔与任用人才方面提供坚实支持。为此，需要积极倡导并鼓励校外教育力量走进校园，开展丰富多样的劳动教育实践活动，并促进职业生涯规划与就业指导的深度融合教育。这一举措旨在全面发挥多元主体协同育人的强大力量，共同为培养具备综合素质的人才作出贡献。

3. 构建家校协同机制

家庭是对学生开展劳动教育和职业生涯规划教育的重要场所，高校要高度重视家庭育人在个人成长中的重要作用，要构建能促进两者深度融合的家校协同机制。高校要优化劳动教育人力资源，激活学校、家庭、社会等育人主体的能动性，构建科学高效全员协同育人格局。一方面，学校应通过家校联系会、线上会议以及家校交流日等多种渠道，向家长普及劳动教育与职业生涯规划教育的重要性，旨在深化家长对两者融合教育理念的认知与重视。同时，鼓励家长在家庭教育中积极践行这一教育理念，确保学生能够获得全面而深入的教育体验。另一方面，要深入挖掘学生家庭中的优质教育资源，作为校外育人力量的有效补充。① 特别针对家长群体中的业界精英、行业翘楚、杰出校友、成功企业家、工匠劳模等人士，组织家长座谈交流会、校园宣讲会等活动，充分利用他们在劳动教育和职业生涯规划教育方面的宝贵经验和独特优势，发挥其在育人过程中的示范引领作用。

---

① 刘丽红，曲霞. 论高校创新创业教育与劳动教育的同构共生［J］. 中国青年社会科学，2020，39（01）：103-109.

（二）打造多维协同课程体系

课程体系建设及评价反馈在教育教学中占据举足轻重的地位，其重要性不容忽视。这一体系的建设不仅对于提升教育质量具有显著效果，更能够促进学生实现全面发展，成为具备多方面素质的人才。因此，我们必须高度重视课程体系建设工作，不断完善和优化相关机制，以确保教育教学的质量和效果。

1. 优化融合教学

为了提升教学质量，高校需要精心设计并实施一个有利于劳动教育与职业生涯规划教育深度融合的课程体系，并配套制定一套全面且系统的教学规划。此规划旨在将劳动教育的核心内容无缝嵌入到各个专业教学课程之中，确保学生在掌握专业知识技能的同时，也能通过亲身参与的劳动实践活动，全方位提升其综合素养。同时，高校还应进一步挖掘并丰富劳动周等实践活动的内在价值，通过积极引导，使学生深刻认识到劳动教育的深远意义，从而增强他们对此类教育活动的重视程度与参与热情。高校应构建并强化校企合作机制，开设校企合作课程。通过与企业建立紧密的合作关系，采用如订单班等创新模式，为学生提供实习实训、就业推荐及职业成长的广阔平台，使学生更深入地把握行业动态与自身职业规划的契合点。同时，高校需全面整合各类实践教育资源，加大项目管理力度，不断丰富实践教育内涵，创新实践教学方式，积极拓宽实践教育平台，并完善相关支持体系，以引导并激励师生在实践活动中深度融合劳动教育与职业生涯规划教育，实现综合素质的全面提升。

2. 融合课程体系

高校要加强课程顶层设计，打造有利于两者深度融合的模块化课程体系，促进劳动教育与职业生涯规划教育元素的有效整合。高校要挖掘整理劳动教育、职业生涯规划教育的共同元素；梳理和分析劳动教育内容、职业生涯规划教育内容的契合点，重构课程内容、优化课程结构。

为确保劳动教育与职业生涯规划教育课程的系统性与规范性，需明确界定其归属部门，并将之确立为小学生的必修公共课程。具体而言，职业生涯规划课程应独立设置，涵盖理论与实践两大模块，其中实践课程部分需与劳动教育及专业实习教育紧密融合，以促进学生综合素养的全面发展。而劳动教育则侧重于实践课程的开展，其理论部分则有机融入职业生涯规划教育与思想政治教育之中，以实现教育资源的优化配置与协同效应。在此基础上，进一步优化课程设置，并配套编制符合该系统课程要求的教材与实践指导手册。教材编写应确保内容的科学性、系统性和前瞻性，紧密贴合学生实际需求与未来发展趋势；实践指导手册则应注重实用性与可操作性，为师生提供详尽、具体的实践指导与参考。通过这一系列举措，旨在全面提升学生的职业规划意识、劳动技能及综合素质，为其未来的成长与发展奠定坚实基础。

3. 强化实践教育

高校应当加强对大学生的实践教育，确保在实践教育过程中融入差异化、个性化的教学内容，按类别、按层次开展融合教育。在优化劳动教育和职业生涯规划教育课程体系时，高校应重视对学生实践教育的培养，积极整合两者的实践课程资源，将实践教育资源有机融入教育课程，使学生在理论学习中不断提升技能水平，同时在技能提升过程中进一步强化理论基础。此外，高校应紧密结合学生的实际情况，严格遵循学生成长规律，有计划、有目标地推进劳动教育。针对不同学习阶段的学生，高校需依据从易到难、从简至繁，以及从理论到实践的内在逻辑，逐步完善课程体系，确保教育内容的依次递进和科学系统性，以实现教育效果的最大化。

具体而言，大一期间，为学生开设职业生涯规划教育的理论课程是至关重要的，并应将劳动教育的理论知识有效地融入其中，以确保学生具备扎实的理论基础。进入大二，为促进学生的全面发展，还应开展形式多样的实践教育课程。此外，还需进一步引入就业指导的理论课程，旨在实现学生实践技能与理论素养的双重提升。进入大三，教学活动应紧密围绕学生的专业方向展开，通过举办具有专业特色的实践教学活动，适时将劳动道德、劳动伦理、劳动纪律、劳动法律等核心要素融入其中，全面提升学生的综合素养与就业竞争力。

与此同时，各高校应全面尊重学生的专业独特性、个性特质、兴趣所在、个人能力发展及价值追求，并鉴于不同专业领域及学生群体间的差异性，积极引导学生掌握职业生涯规划的科学、系统方法。具体而言，需量身定制个性化的目标提升清单及综合能力培养计划，并合理配置与学生实际情况相吻合的实践教育资源，以确保教育过程始终以学生为中心，深入践行因材施教的教育理念，促进学生的全面发展。

（三）强化融合教育理念意识

1. 加强融合价值导向

职业教育不仅要培养学生的劳动技能，还具有价值导向功能，即在提升学生劳动技能的同时，协助学生确立正确的就业观念。鉴于此，高校劳动教育与职业生涯规划教育的深度融合，对于促进大学生劳动观念、劳动精神及劳动习惯的积极转变，具有极为关键的现实意义。鉴于当前形势，大学生作为社会主义现代化建设的中坚力量及未来劳动队伍的核心组成部分，其职业生涯规划教育过程与劳动教育之间展现出显著的关联性。[①] 这一现状为高校将劳动教育与职业生涯规划教育有机融合并深入实施奠定了坚实的基础条件。

坚持劳动教育与职业生涯规划教育的融合，旨在深化大学生对劳动的理解，明确劳动对于推动社会进步、助力国家建设及塑造个人职业道路的关键意义。此举旨在激励大学生在毕业后积极投身就业市场，追求职业生涯的自主与自由发展，同时，将社会进步与国家建设视为高等教育及劳动就业的根本追求。此过程不仅有助于大学生树立正确的就业观念，摒弃消极的择业心态，更为其未来职业生涯的稳健发展奠定了坚实基础，从而全方位提升大学生的就业竞争力，实现出彩人生。

2. 强化融合意识引导

大学生在学习成长过程中不仅要掌握科学理论知识，还要注重养成自觉劳动习惯，利用课余时间积极积累劳动生产经验、提升劳动技能、锤炼劳动品质、养成良好劳动习惯，始终以积极乐观向上的心态对待劳动中出现的所有问题。在就业实践中，大学生应充分展现其创新意识，结合个人能力与专长，积极探索并创新劳动内容，坚持自主创新原则，为个人的长远发展奠定坚实基础。同时，高校需积极发挥其价值观导向作用，通过加强劳动教育来纠正学生对劳动的错误观念，并纠正与就业、劳动相关的消极价值观。在职业生涯规划教育方面，除了要确保学生能找到与个人能力、兴趣相匹配的就业途径外，还需引导学生理性看待岗位薪酬，树立正确的职业观。为此，高校在深化劳动教育和职业教育的过程中，要注重邀请来自行业领域的社会精

---

① 彭泳．对抗异化，完善职业生涯——论审美教育在职业教育中的作用［J］．现代职业教育，2018（29）：132-133.

英、业界名师、劳动模范、时代楷模及具备高等技术技能的专业人才。通过邀请他们分享个人的职业生涯经历，为学生提供一个深入了解各行各业先进事迹与劳动精神的窗口。这样的举措有助于学生更加直观、明确地理解劳动精神的内涵与价值，进而在内心深处树立起对劳动的尊重与崇尚。

（四）打造融合育人师资队伍

习近平总书记指出，办好思想政治理论课关键在教师，关键在发挥教师的积极性、主动性、创造性。坚持劳动教育与职业生涯规划教育深度融合，关键也在教师，高校要调动劳动教育教师和职业生涯规划教育教师的积极性，为实现两者的深度融合提供条件。

1. 打造融合教育专职教师队伍

高校应当致力于构建一支专业化的劳动教育与职业生涯规划教育师资队伍。该师资队伍的构成应广泛涵盖思政课教师、学生辅导员、学院分管学生工作的书记及后勤管理部门人员等，以形成多元化的教学与管理团队。当专职教师队伍组建完成后，学校应制定定期的培训计划，旨在夯实教师理论根基、提升教师专业素养。同时，要鼓励这支队伍积极参与相关专业资格证书的考试，以此深化他们在劳动教育与职业生涯规划教育领域的理论知识，并精进其实践技能。通过这一系列举措，确保课堂作为育人的主要渠道，能够发挥最大的育人实效，从而为学生提供更加高效、精准的指导服务。

2. 打造融合教育兼职教师队伍

在构建融合教育专职教师团队的基础上，高校亦需统筹组建一支兼职的劳动教育与职业生涯规划教育师资团队。通过拓宽教育主体范畴，建立健全学校、企业、社会三者间的协同机制，构建“三位一体”的育人共同体，深度挖掘并利用校内外丰富的教育资源。具体而言，应充分调动技能大师、企业导师、校外职业咨询师及杰出校友等多元教育力量的积极性，通过分类分层的方式，开展职业指导、劳动教育讲座、生涯团体辅导、个体咨询等多样化的教育活动，以确保协同育人的有效实施。这些兼职教师，凭借其实践经验和专业技能，能够为学生提供丰富的教学指导与案例剖析，从而推进劳动教育与职业生涯规划教育的深度融合。

3. 提升专业课教师融合教育意识

高校不仅要注重打造专职、兼职融合教育教师队伍，还要注重提升专业课教师的劳动教育、职业生涯规划教育意识。应当加大对专业课教师的培养力度，通过一系列规范化、系统化的教育举措，如师资继续教育、学术沙龙、名师课堂及学科交流等活动，着力提升教师的实践教学能力和职业素养，从而促使教师紧跟行业发展的步伐，掌握最新的行业动态和技术更新，在指导学生职业规划与劳动教育时更具针对性和实效性。同时，高校还应有针对性地强化教师在劳动教育和职业生涯规划教育方面的专业知识与技能，确保他们能够适时、适度地将相关内容融入专业课程教学中。通过强化课堂主阵地教学实效以及加强实习实训环节的衔接①，促进专业教育与职业生涯规划教育、劳动教育的深度融合，从而培养德智体美劳全面发展的时代新人。

综上所述，劳动教育是一项社会系统工程，这一承载着培养学生劳动精神、提升劳动技能的重要使命的教育环节，其内涵与外延在当今社会愈发显得丰富而深远。高校推进劳动教育，既要与创业教育深度融合，也要与思政教育深度融合，还要与职业生涯规划教育深度融合，共同构筑起一个全方位、多层次的教育体系，这样才能最终将劳动教育的精神内化为大学生的自觉行动，激发各级各类劳动主体的活力。

① 余洋燕，张玺. 高职院校劳动教育与职业生涯规划教育融合发展路径研究［J］. 大学，2024（05）：149-152.

附录1　中共中央 国务院关于全面加强新时代大中小学劳动教育的意见

（2020年3月20日）

为构建德智体美劳全面培养的教育体系，现就加强新时代大中小学劳动教育提出如下意见。

一、充分认识新时代培养社会主义建设者和接班人对加强劳动教育的新要求

（一）重大意义

劳动教育是中国特色社会主义教育制度的重要内容，直接决定社会主义建设者和接班人的劳动精神面貌、劳动价值取向和劳动技能水平。长期以来，各地区和学校坚持教育与生产劳动相结合，在实践育人方面取得了一定成效。同时也要看到，近年来一些青少年中出现了不珍惜劳动成果、不想劳动、不会劳动的现象，劳动的独特育人价值在一定程度上被忽视，劳动教育正被淡化、弱化。对此，全党全社会必须高度重视，采取有效措施切实加强劳动教育。

（二）指导思想

以习近平新时代中国特色社会主义思想为指导，全面贯彻党的教育方针，落实全国教育大会精神，坚持立德树人，坚持培育和践行社会主义核心价值观，把劳动教育纳入人才培养全过程，贯通大中小学各学段，贯穿家庭、学校、社会各方面，与德育、智育、体育、美育相融合，紧密结合经济社会发展变化和学生生活实际，积极探索具有中国特色的劳动教育模式，创新体制

机制，注重教育实效，实现知行合一，促进学生形成正确的世界观、人生观、价值观。

（三）基本原则

——把握育人导向。坚持党的领导，围绕培养担当民族复兴大任的时代新人，着力提升学生综合素质，促进学生全面发展、健康成长。把准劳动教育价值取向，引导学生树立正确的劳动观，崇尚劳动、尊重劳动，增强对劳动人民的感情，报效国家，奉献社会。

——遵循教育规律。符合学生年龄特点，以体力劳动为主，注意手脑并用、安全适度，强化实践体验，让学生亲历劳动过程，提升育人实效性。

——体现时代特征。适应科技发展和产业变革，针对劳动新形态，注重新兴技术支撑和社会服务新变化。深化产教融合，改进劳动教育方式。强化诚实合法劳动意识，培养科学精神，提高创造性劳动能力。

——强化综合实施。加强政府统筹，拓宽劳动教育途径，整合家庭、学校、社会各方面力量。家庭劳动教育要日常化，学校劳动教育要规范化，社会劳动教育要多样化，形成协同育人格局。

——坚持因地制宜。根据各地区和学校实际，结合当地在自然、经济、文化等方面条件，充分挖掘行业企业、职业院校等可利用资源，宜工则工、宜农则农，采取多种方式开展劳动教育，避免“一刀切”。

二、全面构建体现时代特征的劳动教育体系

（四）把握劳动教育基本内涵

劳动教育是国民教育体系的重要内容，是学生成长的必要途径，具有树德、增智、强体、育美的综合育人价值。实施劳动教育重点是在系统的文化知识学习之外，有目的、有计划地组织学生参加日常生活劳动、生产劳动和服务性劳动，让学生动手实践、出力流汗，接受锻炼、磨炼意志，培养学生正确劳动价值观和良好劳动品质。

（五）明确劳动教育总体目标

通过劳动教育，使学生能够理解和形成马克思主义劳动观，牢固树立劳

动最光荣、劳动最崇高、劳动最伟大、劳动最美丽的观念；体会劳动创造美好生活，体认劳动不分贵贱，热爱劳动，尊重普通劳动者，培养勤俭、奋斗、创新、奉献的劳动精神；具备满足生存发展需要的基本劳动能力，形成良好劳动习惯。

（六）设置劳动教育课程

整体优化学校课程设置，将劳动教育纳入中小学国家课程方案和职业院校、普通高等学校人才培养方案，形成具有综合性、实践性、开放性、针对性的劳动教育课程体系。

根据各学段特点，在大中小学设立劳动教育必修课程，系统加强劳动教育。中小学劳动教育课每周不少于1课时，学校要对学生每天课外校外劳动时间作出规定。职业院校以实习实训课为主要载体开展劳动教育，其中劳动精神、劳模精神、工匠精神专题教育不少于16学时。普通高等学校要明确劳动教育主要依托课程，其中本科阶段不少于32学时。除劳动教育必修课程外，其他课程结合学科、专业特点，有机融入劳动教育内容。大中小学每学年设立劳动周，可在学年内或寒暑假自主安排，以集体劳动为主。高等学校也可安排劳动月，集中落实各学年劳动周要求。

根据需要编写劳动实践指导手册，明确教学目标、活动设计、工具使用、考核评价、安全保护等劳动教育要求。

（七）确定劳动教育内容要求

根据教育目标，针对不同学段、类型学生特点，以日常生活劳动、生产劳动和服务性劳动为主要内容开展劳动教育。结合产业新业态、劳动新形态，注重选择新型服务性劳动的内容。

小学低年级要注重围绕劳动意识的启蒙，让学生学习日常生活自理，感知劳动乐趣，知道人人都要劳动。小学中高年级要注重围绕卫生、劳动习惯养成，让学生做好个人清洁卫生，主动分担家务，适当参加校内外公益劳动，学会与他人合作劳动，体会到劳动光荣。初中要注重围绕增加劳动知识、技能，加强家政学习，开展社区服务，适当参加生产劳动，使学生初步养成认真负责、吃苦耐劳的品质和职业意识。普通高中要注重围绕丰富职业体验，开展服务性劳动、参加生产劳动，使学生熟练掌握一定劳动技能，理解劳动创造价值，具有劳动自立意识和主动服务他人、服务社会的情怀。中等职业学校重点是结合专业人才培养，增强学生职业荣誉感，提高职业技能水平，培育学生精益求精的工匠精神和爱岗敬业的劳动态度。高等学校要注重围绕创新创业，结合学科和专业积极开展实习实训、专业服务、社会实践、勤工助学等，重视新知识、新技术、新工艺、新方法应用，创造性地解决实际问题，使学生增强诚实劳动意识，积累职业经验，提升就业创业能力，树立正确择业观，具有到艰苦地区和行业工作的奋斗精神，懂得空谈误国、实干兴邦的深刻道理；注重培育公共服务意识，使学生具有面对重大疫情、灾害等危机主动作为的奉献精神。

（八）健全劳动素养评价制度

将劳动素养纳入学生综合素质评价体系，制定评价标准，建立激励机制，组织开展劳动技能和劳动成果展示、劳动竞赛等活动，全面客观记录课内外劳动过程和结果，加强实际劳动技能和价值体认情况的考核。建立公示、审核制度，确保记录真实可靠。把劳动素养评价结果作为衡量学生全面发展情况的重要内容，作为评优评先的重要参考和毕业依据，作为高一级学校录取的重要参考或依据。

三、广泛开展劳动教育实践活动

（九）家庭要发挥在劳动教育中的基础作用

注重抓住衣食住行等日常生活中的劳动实践机会，鼓励孩子自觉参与、自己动手，随时随地、坚持不懈进行劳动，掌握洗衣做饭等必要的家务劳动技能，每年有针对性地学会 1 至 2 项生活技能。鼓励学校（家委会）和社区等组织开展学生生活技能展示活动。学生参加家务劳动和掌握生活技能的情况要按年度记入学生综合素质档案。鼓励孩子利用节假日参加各种社会劳动。家庭要树立崇尚劳动的良好家风，家长要通过日常生活的言传身教、潜移默化，让孩子养成从小爱劳动的好习惯。

（十）学校要发挥在劳动教育中的主导作用

学校要切实承担劳动教育主体责任，明确实施机构和人员，开齐开足劳动教育课程，不得挤占、挪用劳动实践时间。明确学校劳动教育要求，着重引导学生形成马克思主义劳动观，系统学习掌握必要的劳动技能。根据学生身体发育情况，科学设计课内外劳动项目，采取灵活多样形式，激发学生劳动的内在需求和动力。统筹安排课内外时间，可采用集中与分散相结合的方式。组织实施好劳动周，小学低中年级以校园劳动为主，小学高年级和中学可适当走向社会、参与集中劳动，高等学校要组织学生走向社会、以校外劳动锻炼为主。

（十一）社会要发挥在劳动教育中的支持作用

充分利用社会各方面资源，为劳动教育提供必要保障。各级政府部门要积极协调和引导企业公司、工厂农场等组织履行社会责任，开放实践场所，支持学校组织学生参加力所能及的生产劳动、参与新型服务性劳动，使学生与普通劳动者一起经历劳动过程。鼓励高新企业为学生体验现代科技条件下劳动实践新形态、新方式提供支持。工会、共青团、妇联等群团组织以及各类公益基金会、社会福利组织要组织动员相关力量、搭建活动平台，共同支持学生深入城乡社区、福利院和公共场所等参加志愿服务，开展公益劳动，参与社区治理。

四、着力提升劳动教育支撑保障能力

（十二）多渠道拓展实践场所

大力拓展实践场所，满足各级各类学校多样化劳动实践需求。充分利用现有综合实践基地、青少年校外活动场所、职业院校和普通高等学校劳动实践场所，建立健全开放共享机制。农村地区可安排相应土地、山林、草场等作为学农实践基地，城镇地区可确认一批企事业单位和社会机构，作为学生参加生产劳动、服务性劳动的实践场所。建立以县为主、政府统筹规划配置中小学（含中等职业学校）劳动教育资源的机制。进一步完善学校建设标准，学校逐步建好配齐劳动实践教室、实训基地。高等学校要充分发挥自身专业优势和服务社会功能，建立相对稳定的实习和劳动实践基地。

（十三）多举措加强人才队伍建设

采取多种措施，建立专兼职相结合的劳动教育师资队伍。根据学校劳动教育需要，为学校配备必要的专任教师。高等学校要加强劳动教育师资培养，有条件的师范院校开设劳动教育相关专业。设立劳模工作室、技能大师工作室、荣誉教师岗位等，聘请相关行业专业人士担任劳动实践指导教师。把劳动教育纳入教师培训内容，开展全员培训，强化每位教师的劳动意识、劳动观念，提升实施劳动教育的自觉性，对承担劳动教育课程的教师进行专项培训，提高劳动教育专业化水平。建立健全劳动教育教师工作考核体系，分类完善评价标准。

（十四）健全经费投入机制

各地区要统筹中央补助资金和自有财力，多种形式筹措资金，加快建设校内劳动教育场所和校外劳动教育实践基地，加强学校劳动教育设施标准化建设，建立学校劳动教育器材、耗材补充机制。学校可按照规定统筹安排公用经费等资金开展劳动教育。可采取政府购买服务方式，吸引社会力量提供劳动教育服务。

（十五）多方面强化安全保障

各地区要建立政府负责、社会协同、有关部门共同参与的安全管控机制。建立政府、学校、家庭、社会共同参与的劳动教育风险分散机制，鼓励购买劳动教育相关保险，保障劳动教育正常开展。各学校要加强对师生的劳动安全教育，强化劳动风险意识，建立健全安全教育与管理并重的劳动安全保障体系。科学评估劳动实践活动的安全风险，认真排查、清除学生劳动实践中的各种隐患特别是辐射、疾病传染等，在场所设施选择、材料选用、工具设备和防护用品使用、活动流程等方面制定安全、科学的操作规范，强化对劳动过程每个岗位的管理，明确各方责任，防患于未然。制定劳动实践活动风险防控预案，完善应急与事故处理机制。

五、切实加强劳动教育的组织实施

（十六）加强组织领导

在党委统一领导下，各级政府要把劳动教育摆上重要议事日程，出台相关政策措施，切实解决劳动教育实施过程中的重大问题，做好督促落实。省级政府要加强劳动教育工作的统筹协调，明确市地级、县级政府及有关部门加强劳动教育的职责，推动建立全面实施劳动教育的长效机制。

（十七）强化督导检查

把劳动教育纳入教育督导体系，完善督导办法。对地方各级政府和有关部门保障劳动教育情况以及学校组织实施劳动教育情况进行督导，督导结果向社会公开，同时作为衡量区域教育质量和水平的重要指标，作为对被督导部门和学校及其主要负责人考核奖惩的依据。开展劳动教育质量监测，强化反馈和指导。

（十八）加强宣传引导

引导家长树立正确劳动观念，支持配合学校开展劳动教育。加强劳动教育科学研究，宣传推广劳动教育典型经验。积极宣传企事业单位和社会机构提供劳动教育服务的先进事迹。注重挖掘在抗疫救灾等重大事件中涌现出来的典型人物和事迹，大力宣传不畏艰难、百折不挠、敢于担当的高尚品格。鼓励和支持创作更多以歌颂普通劳动者为主题的优秀作品，大力宣传辛勤劳动、诚实劳动、创造性劳动的典型人物和事迹，弘扬劳动光荣、创造伟大的主旋律，旗帜鲜明地反对一切不劳而获、贪图享乐、崇尚暴富的错误观念，营造全社会关心和支持劳动教育的良好氛围。

附录2　大中小学劳动教育指导纲要（试行）

为深入贯彻习近平总书记关于教育的重要论述，全面贯彻党的教育方针，落实《中共中央 国务院关于全面加强新时代大中小学劳动教育的意见》，加快构建德智体美劳全面培养的教育体系，制定本指导纲要。

一、劳动教育性质和基本理念

（一）劳动教育性质

劳动是创造物质财富和精神财富的过程，是人类特有的基本社会实践活动。劳动教育是发挥劳动的育人功能，对学生进行热爱劳动、热爱劳动人民的教育活动。当前实施劳动教育的重点是在系统的文化知识学习之外，有目的、有计划地组织学生参加日常生活劳动、生产劳动和服务性劳动，让学生动手实践、出力流汗，接受锻炼、磨炼意志，培养学生正确劳动价值观和良好劳动品质。

劳动教育是新时代党对教育的新要求，是中国特色社会主义教育制度的重要内容，是全面发展教育体系的重要组成部分，是大中小学必须开展的教育活动。它具有鲜明的思想性，必须将马克思主义劳动观贯彻始终，强调劳动是一切财富、价值的源泉，劳动者是国家的主人，一切劳动和劳动者都应该得到鼓励和尊重；倡导通过诚实劳动创造美好生活、实现人生梦想，反对一切不劳而获、崇尚暴富、贪图享乐的错误思想。具有突出的社会性，必须加强学校教育与社会生活、生产实践的直接联系，发挥劳动在个人与社会之间的纽带作用，引导学生认识社会，增强社会责任感；同时注重让学生学会分工合作，体会社会主义社会平等、和谐的新型劳动关系。具有显著的实践性，必须面向真实的生活世界和职业世界，引导学生以动手实践为主要方式，在认识世界的基础上，获得有积极意义的价值体验，学会建设世界，塑造自己，实现树德、增智、强体、育美的目的。

（二）劳动教育基本理念

1. 强化劳动观念，弘扬劳动精神。将劳动观念和劳动精神教育贯穿人才培养全过程，贯穿家庭、学校、社会各方面。注重让学生在学习和掌握基本劳动知识技能的过程中，领悟劳动的意义价值，形成勤俭、奋斗、创新、奉献的劳动精神。

2. 强调身心参与，注重手脑并用。把握劳动教育的根本特征，让学生面对真实的个人生活、生产和社会性服务任务情境，亲历实际的劳动过程，善于观察思考，注重运用所学知识解决实际问题，提高劳动质量和效率。

3. 继承优良传统，彰显时代特征。在充分发挥传统劳动、传统工艺项目育人功能的同时，紧跟科技发展和产业变革，准确把握新时代劳动工具、劳动技术、劳动形态的新变化，创新劳动教育内容、途径、方式，增强劳动教育的时代性。

4. 发挥主体作用，激发创新创造。关注学生劳动过程中的体验和感悟，引导学生感受劳动的艰辛和收获的快乐，增强获得感、成就感、荣誉感。鼓励学生在学习和借鉴他人丰富经验、技艺的基础上，尝试新方法、探索新技术，打破僵化思维方式，推陈出新。

二、劳动教育目标和内容

（一）总体目标

准确把握社会主义建设者和接班人的劳动精神面貌、劳动价值取向和劳动技能水平的培养要求，全面提高学生劳动素养，使学生：

树立正确的劳动观念。正确理解劳动是人类发展和社会进步的根本力量，认识劳动创造人、劳动创造价值、创造财富、创造美好生活的道理，尊重劳动，尊重普通劳动者，牢固树立劳动最光荣、劳动最崇高、劳动最伟大、劳动最美丽的思想观念。

具有必备的劳动能力。掌握基本的劳动知识和技能，正确使用常见劳动工具，增强体力、智力和创造力，具备完成一定劳动任务所需要的设计、操作能力及团队合作能力。

培育积极的劳动精神。领会“幸福是奋斗出来的”内涵与意义，继承中华民族勤俭节约、敬业奉献的优良传统，弘扬开拓创新、砥砺奋进的时代精神。

养成良好的劳动习惯和品质。能够自觉自愿、认真负责、安全规范、坚持不懈地参与劳动，形成诚实守信、吃苦耐劳的品质。珍惜劳动成果，养成良好的消费习惯，杜绝浪费。

（二）主要内容

主要包括日常生活劳动、生产劳动和服务性劳动中的知识、技能与价值观。日常生活劳动教育立足个人生活事务处理，结合开展新时代校园爱国卫生运动，注重生活能力和良好卫生习惯培养，树立自立自强意识。生产劳动教育要让学生在工农业生产过程中直接经历物质财富的创造过程，体验从简单劳动、原始劳动向复杂劳动、创造性劳动的发展过程，学会使用工具，掌握相关技术，感受劳动创造价值，增强产品质量意识，体会平凡劳动中的伟大。服务性劳动教育让学生利用知识、技能等为他人和社会提供服务，在服务性岗位上见习实习，树立服务意识，实践服务技能；在公益劳动、志愿服务中强化社会责任感。

（三）学段要求

1. 小学

低年级：以个人生活起居为主要内容，开展劳动教育，注重培养劳动意识和劳动安全意识，使学生懂得人人都要劳动，感知劳动乐趣，爱惜劳动成果。指导学生：（1）完成个人物品整理、清洗，进行简单的家庭清扫和垃圾分类等，树立自己的事情自己做的意识，提高生活自理能力；（2）参与适当的班级集体劳动，主动维护教室内外环境卫生等，培养集体荣誉感；（3）进行简单手工制作，照顾身边的动植物，关爱生命，热爱自然。

中高年级：以校园劳动和家庭劳动为主要内容开展劳动教育，体会劳动光荣，尊重普通劳动者，初步养成热爱劳动、热爱生活的态度。指导学生：（1）参与家居清洁、收纳整理，制作简单的家常餐等，每年学会1–2项生活技能，增强生活自理能力和勤俭节约意识，培养家庭责任感；（2）参加校园卫生保洁、垃圾分类处理、绿化美化等，适当参加社区环保、公共卫生等力所能及的公益劳动，增强公共服务意识；（3）初步体验种植、养殖、手工制作等简单的生产劳动，初步学会与他人合作劳动，懂得生活用品、食品来之不易，珍惜劳动成果。

2. 初中

兼顾家政学习、校内外生产劳动、服务性劳动，安排劳动教育内容，开展职业启蒙教育，体会劳动创造美好生活，养成认真负责、吃苦耐劳的劳动品质和安全意识，增强公共服务意识和担当精神。让学生：（1）承担一定的家庭日常清洁、烹饪、家居美化等劳动，进一步培养生活自理能力和习惯，增强家庭责任意识；（2）定期开展校园包干区域保洁和美化，以及助残、敬老、扶弱等服务性劳动，初步形成对学校、社区负责任的态度和社会公德意识；（3）适当体验包括金工、木工、电工、陶艺、布艺等项目在内的劳动及传统工艺制作过程，尝试家用器具、家具、电器的简单修理，参与种植、养殖等生产活动，学习相关技术，获得初步的职业体验，形成初步的生涯规划意识。

3. 普通高中

注重围绕丰富职业体验，开展服务性劳动和生产劳动，理解劳动创造价值，接受锻炼、磨炼意志，具有劳动自立意识和主动服务他人、服务社会的情怀。指导学生：（1）持续开展日常生活劳动，增强生活自理能力，固化良好劳动习惯；（2）选择服务性岗位，经历真实的岗位工作过程，获得真切的职业体验，培养职业兴趣；积极参加大型赛事、社区建设、环境保护等公益活动、志愿服务，强化社会责任意识和奉献精神；（3）统筹劳动教育与通用技术课程相关内容，从工业、农业、现代服务业以及中华优秀传统文化特色项目中，自主选择 1-2 项生产劳动，经历完整的实践过程，提高创意物化能力，养成吃苦耐劳、精益求精的品质，增强生涯规划的意识和能力。

4. 职业院校

重点结合专业特点，增强职业荣誉感和责任感，提高职业劳动技能水平，培育积极向上的劳动精神和认真负责的劳动态度。组织学生：（1）持续开展日常生活劳动，自我管理生活，提高劳动自立自强的意识和能力；（2）定期开展校内外公益服务性劳动，做好校园环境秩序维护，运用专业技能为社会、为他人提供相关公益服务，培育社会公德，厚植爱国爱民的情怀；（3）依托实习实训，参与真实的生产劳动和服务性劳动，增强职业认同感和劳动自豪感，提升创意物化能力，培育不断探索、精益求精、追求卓越的工匠精神和爱岗敬业的劳动态度，坚信“三百六十行，行行出状元”，体认劳动不分贵贱，任何职业都很光荣，都能出彩。

5. 普通高等学校

强化马克思主义劳动观教育，注重围绕创新创业，结合学科专业开展生产劳动和服务性劳动，积累职业经验，培育创造性劳动能力和诚实守信的合法劳动意识。使学生：（1）掌握通用劳动科学知识，深刻理解马克思主义劳动观和社会主义劳动关系，树立正确的择业就业创业观，具有到艰苦地区和行业工作的奋斗精神；（2）巩固良好日常生活劳动习惯，自觉做好宿舍卫生保洁，独立处理个人生活事务，积极参加勤工助学活动，提高劳动自立自强能力；（3）强化服务性劳动，自觉参与教室、食堂、校园场所的卫生保洁、绿化美化和管理服务等，结合“三支一扶”、大学生志愿服务西部计划、“青年红色筑梦之旅”、“三下乡”等社会实践活动开展服务性劳动，强化公共服务意识和面对重大疫情、灾害等危机主动作为的奉献精神；（4）重视生产劳动锻炼，积极参加实习实训、专业服务和创新创业活动，重视新知识、新技术、新工艺、新方法的运用，提高在生产实践中发现问题和创造性解决问题的能力，在动手实践的过程中创造有价值的物化劳动成果。

三、劳动教育途径、关键环节和评价

（一）劳动教育途径

将劳动教育纳入人才培养全过程，丰富、拓展劳动教育实施途径。

1. 独立开设劳动教育必修课

在大中小学设立劳动教育必修课程。中小学劳动教育课平均每周不少于1课时，用于活动策划、技能指导、练习实践、总结交流等，与通用技术和地方课程、校本课程等有关内容进行必要统筹。职业院校开设劳动专题教育必修课，不少于16学时；主要围绕劳动精神、劳模精神、工匠精神、劳动组织、劳动安全和劳动法规等方面设计。普通高等学校要将劳动教育纳入专业人才培养方案，明确主要依托的课程，可在已有课程中专设劳动教育模块，也可专门开设劳动专题教育必修课，本科阶段不少于32学时；课程内容应加强马克思主义劳动观教育，普及与学生职业发展密切相关的通用劳动科学知识，并经历必要的实践体验。

2. 在学科专业中有机渗透劳动教育

中小学道德与法治（思想政治）、语文、历史、艺术等学科要有重点地纳入劳动创造人本身、劳动创造历史、劳动创造世界、劳动不分贵贱等马克思主义劳动观，纳入歌颂劳模、歌颂普通劳动者的选文选材，纳入阐释勤劳、节俭、艰苦奋斗等中华民族优良传统的内容，加强对学生辛勤劳动、诚实劳动、合法劳动等方面的教育。数学、科学、地理、技术、体育与健康等学科要注重培养学生劳动的科学态度、规范意识、效率观念和创新精神。

职业院校要将劳动教育全面融入公共基础课，要强化马克思主义劳动观、劳动安全、劳动法规教育。专业课在进行职业劳动知识技能教学的同时，注重培养“干一行爱一行”的敬业精神，吃苦耐劳、团结合作、严谨细致的工作态度。

普通高等学校要将劳动教育有机纳入专业教育、创新创业教育，不断深化产教融合，强化劳动锻炼要求，加强高等学校与行业骨干企业、高新企业、中小微企业紧密协同，推动人才培养模式改革。专业类课程主要与服务学习、实习实训、科学实验、社会实践、毕业设计等相结合开展各类劳动实践，注重分析相关劳动形态发展趋势，强化劳动品质培养。在公共必修课中，要进一步强化马克思主义劳动观教育、劳动相关法律法规与政策教育。

3. 在课外校外活动中安排劳动实践

将劳动教育与学生的个人生活、校园生活和社会生活有机结合起来，丰富劳动体验，提高劳动能力，深化对劳动价值的理解。

中小学每周课外活动和家庭生活中劳动时间，小学1至2年级不少于2小时，其他年级不少于3小时；职业院校和普通高等学校要明确生活中的劳动事项和时间，纳入学生日常管理工作。

大中小学每学年设立劳动周，采用专题讲座、主题演讲、劳动技能竞赛、劳动成果展示、劳动项目实践等形式进行。小学以校内为主，小学高年级可适当安排部分校外劳动；普通中学、职业院校和普通高等学校兼顾校内外，可在学年内或寒暑假安排，以集体劳动为主，由学校组织实施。高等学校也可安排劳动月，集中落实各学年劳动周要求。

4. 在校园文化建设中强化劳动文化

学校要将劳动习惯、劳动品质的养成教育融入校园文化建设之中。要通过制定劳动公约、每日劳动常规、学期劳动任务单，采取与劳动教育有关的兴趣小组、社团等组织形式，结合植树节、学雷锋纪念日、五一劳动节、农民丰收节、志愿者日等，开展丰富的劳动主题教育活动，营造劳动光荣、创造伟大的校园文化。

要举办“劳模大讲堂”、“大国工匠进校园”、优秀毕业生报告会等劳动榜样人物进校园活动，组织劳动技能和劳动成果展示，综合运用讲座、宣传栏、新媒体等，广泛宣传劳动榜样人物事迹，特别是身边的普通劳动者事迹，让师生在校园里近距离接触劳动模范，聆听劳模故事，观摩精湛技艺，感受并领悟勤勉敬业的劳动精神，争做新时代的奋斗者。

（二）劳动教育关键环节

各地和学校要注重围绕劳动教育的目标和内容要求，从提高劳动教育的效果出发，把握劳动教育任务的特点，抓住关键环节，选择适宜的劳动教育方式。

1. 讲解说明。围绕劳动为什么、是什么问题，有重点地进行讲解，让学生懂得劳动的意义和价值。加强劳动观念、劳动纪律、劳动相关法律法规的正面引导，指明轻视劳动特别是轻视普通劳动的危害，让学生明辨是非。加强劳动知识技能的讲解，让学生认清事理，掌握实践操作的基本原理、程序、规则，正确使用工具的方法和技术。讲解要与启发思考、示范、练习等结合起来。

2. 淬炼操作。围绕如何做的问题，注重示范与练习，让学生会劳动。强化规范意识，注重从最基本的程序学起，严守规则，避免主观随意。强化质量意识，注重引导学生关注细节，每个步骤、环节都要精准到位。强化专注品质，注重引导学生对操作行为的评估与监控，做到眼到手到心到，有始有终。

3. 项目实践。围绕劳动能力的培养，让学生完成真实、综合任务，经历完整劳动过程。注重劳动价值体认，引导学生从现实生活中发现需求，选择和确定劳动项目。强化规划设计意识，充分发挥学生的主动性、积极性、创造性，引导学生对项目实践进行整体构思，综合运用所学知识、技术，不断优化行动方案。强化身体力行，锤炼意志品质，敢于在困难与挑战中完成行动任务。

4. 反思交流。围绕劳动价值意义的建构，引导学生总结、交流，促进学生形成反思交流习惯。指导学生思考劳动过程和结果与社会进步、个体成长的关联，避免停留在简单的苦乐体验上。组织学生交流分享劳动的体验和收获，肯定具有积极意义的认识，纠正观念上的偏差。将反思交流与改进结合起来，使学生在劳动中获得成长。

5. 榜样激励。围绕劳动的精神追求，树立典型，激发劳动热情。注意遴选、树立多类型榜样，不仅要有大国工匠、劳动模范，还要有身边劳动表现优异的普通劳动者和同学。指导学生从榜样的具体事迹中领悟他们的高尚精神和优良品质。明确要求学生在日常劳动实践中努力向榜样看齐。

（三）劳动教育评价

将劳动素养纳入学生综合素质评价体系。以劳动教育目标、内容要求为依据，将过程性评价和结果性评价结合起来，健全和完善学生劳动素养评价标准、程序和方法，鼓励、支持各地利用大数据、云平台、物联网等现代信息技术手段，开展劳动教育过程监测与记实评价，发挥评价的育人导向和反馈改进功能。

1. 平时表现评价

要在平时劳动教育实践活动中及时进行评价，以评价促进学生发展。要覆盖各类型劳动教育活动，明确学年劳动实践类型、次数、时间等考核要求。关注学生在劳动教育活动中的实际表现，注重从行为表现中分析把握劳动观念形成情况。以自我评价为主，辅以教师、同伴、家长、服务对象、用人单位等他评方式，指导学生进行反思改进。要指导学生如实记录劳动教育活动情况，收集整理相关制品、作品等，选择代表性的写实记录，纳入综合素质档案，作为学生学年评优评先的重要参考。

2. 学段综合评价

学段结束时，要依据学段目标和内容，结合综合素质档案分析，兼顾必修课学习和课外劳动实践，对劳动观念、劳动能力、劳动精神、劳动习惯和品质等劳动素养发展状况进行综合评定。建立诚信机制，实行写实记录抽查制度，对弄虚作假者在评优评先方面一票否决，性质严重的应依法依规严肃处理。在高中和大学开展志愿者星级认证。高中学校和高等学校要将考核结果作为毕业依据之一。推动将学段综合评价结果作为学生升学、就业的重要参考。

3. 开展学生劳动素养监测

将学生劳动素养监测纳入基础教育质量监测、职业院校教学质量评估和普通高等学校本科教学质量评估。可委托有关专业机构，定期组织开展关于学生劳动素养状况调查，注重学生劳动观念、劳动能力、劳动精神、劳动习惯和品质等的监测。发挥监测结果的示范引导、反馈改进等功能。

四、学校劳动教育的规划与实施

（一）整体规划劳动教育

学校是劳动教育的实施主体，应根据国家相关规定，结合当地和本校实际情况，对劳动教育进行整体设计、系统规划，形成劳动教育总体实施方案。方案要明确劳动教育目标内容、课时安排、主要劳动实践活动安排、劳动教育过程组织与指导及考核评价办法等。同时要基于学生的年段特征、阶段性教育要求，研究制定“学校学年（或学期）劳动教育计划”，对学年、学期劳动教育实践活动作出具体安排，特别是规划好劳动周等集中劳动，细化有关要求。使总体实施方案和学年（或学期）活动计划相互配套、衔接，形成可持续开展的劳动教育实施方案。

学校在劳动教育规划时要注意处理以下几个方面的关系：

1. 理论学习和实践锻炼的关系

理论学习和实践锻炼都是劳动教育的必要内容。理论学习重在让学生理解和掌握“劳动创造了人本身”、“劳动创造世界”等历史唯物主义基本理论主张以及劳动相关法律、法规、政策，作为行动的指南。实践锻炼重在将所学知识转化为真正有用的实际本领，形成良好的劳动习惯，弘扬劳动精神。规划劳动教育时，要两者兼顾，坚持以实践锻炼为主，切实保证每一个学生都有必要的劳动实践经历，不能只是口头上喊劳动、课堂上讲劳动。要通过学生实践前的计划构想、实践中的观察思考和实践后的反思交流，加深对有关思想理论、法规政策的理解，实现理论学习和实践锻炼的统一。

2. 劳动教育与其他教育活动的关系

在开足专门劳动教育必修课的同时，中小学劳动教育必修课实践环节中与综合实践活动的社会服务、设计制作、职业体验重叠部分，可整合实施。职业院校、普通高等学校劳动教育中学生生产劳动和服务性劳动可以通过专业实习、实训、创新创业等实践环节完成，日常生活劳动可以通过学生管理落实。

3. 劳动的传统形态与新形态的关系

将日常生活劳动教育贯穿大中小学始终。在安排生产劳动和服务性劳动项目时，中小学要以使用传统工具、传统工艺的劳动为主，引导学生体会劳动人民的艰辛与智慧，传承中华优秀传统文化，兼顾使用新知识、新技术、新工艺、新方法的劳动。职业院校、普通高等学校要注重结合产业新业态、劳动新形态，选择现代农业、工业、服务业项目，提升创造性劳动能力。

（二）劳动教育的组织实施

1. 实施机构和人员

学校要建立健全劳动教育组织实施的工作机制。明确主管校领导，设置机构或明确相关部门负责劳动教育的规划设计、组织协调、资源整合、师资培训、过程管理、总结评价等。

要建立专兼职相结合的劳动教育教师队伍。根据学校劳动教育需要，明确劳动教育责任人，进行劳动教育规划、组织实施、评价等，配齐劳动教育必修课教师，保持教师队伍的相对稳定性。要充分发挥教职员工特别是班主任、辅导员、导师的作用，利用少先队、共青团、党组织以及学生社团等各方面的力量，合力开展劳动教育实践活动。充分利用家长及当地人力资源，聘请相关行业专业人士担任劳动实践指导教师。

2. 劳动安全风险防范与管理

学校要把劳动安全教育与管理作为组织实施的必要内容，强化劳动安全意识，建立健全安全教育与管理并重的劳动安全保障体系。

要依据学生身心发育情况，适度安排劳动强度、时长，切实关注劳动任务及场所设施的适宜性。科学评估劳动实践活动的安全风险，认真排查、清除学生劳动实践中的各种隐患。在场所设施选择、材料选用、工具设备和防护用品使用、活动流程等方面制定安全、科学操作规范，强化劳动过程每个岗位的管理，明确各方责任，防患于未然。制定劳动实践活动风险防控预案，完善应急与事故处理机制。要特别关注劳动过程中的卫生隐患，按照疾控、卫生健康部门及行业有关规定，采取相应措施，切实保护学生的身心健康。鼓励购买劳动教育相关保险。

3. 建立协同实施机制

中小学要推动建立以学校为主导、家庭为基础、社区为依托的协同实施机制，形成共育合力。学校要通过家长会、家长学校、社区宣讲、网络媒体等途径，引导家长树立正确的劳动观；明确家长的劳动教育责任，让家长主动指导和督促孩子完成家庭、社区劳动任务；学校要与相关社会实践基地共同开发并实施劳动教育课程。

职业院校、普通高等学校要建立学校负责规划设计，行业企业社会机构主要负责业务指导，双方共同管理的劳动教育实施机制。通过建立劳模工作室、技能大师工作室，设置荣誉教师、实务导师岗位等，多渠道引入社会力量参与学校劳动教育。要联合社会力量，共建共享稳定的劳动实践基地、校外实习实训基地、各类型创新创业孵化平台，多渠道拓展劳动实践场所。

五、劳动教育条件保障与专业支持

地方教育行政部门要切实加强对劳动教育工作的组织领导，明确机构和人员承担区域推进劳动教育的职责任务，切实加强条件保障、专业支持和督导评估，整体提高大中小学劳动教育质量和水平。

（一）条件建设

1. 丰富和拓展劳动实践场所

地方教育行政部门要统筹规划和配置劳动教育实践资源，满足学校多样化劳动实践需求。充分利用现有综合实践基地、青少年校外活动场所、职业院校和普通高等学校劳动实践场所，建立健全开放共享机制，特别是充分利用职业院校实训实习场所、设施设备，为普通中小学和普通高等学校提供所需要的服务。可安排一批土地、山林、草场等作为学农实践基地，确认一批厂矿企业作为学工实践基地，认定一批城乡社区、福利院、医院、博物馆、科技馆、图书馆等事业单位、社会机构、公共场所作为服务性劳动基地。推动学校充分利用校内学习、生活有关场所，逐步建好配齐劳动技术实践教室、实训基地，丰富劳动教育资源。

2. 加强师资队伍建设

要明确劳动课教师管理要求，保障劳动课教师在绩效考核、职称评聘、评先评优、专业发展等方面与其他专任教师享受同等待遇。推动中小学、职业院校与普通高等学校建立师资交流共享机制，发挥职业院校教师的专业优势，承担普通学校劳动教育教学任务。建立劳动课教师特聘制度，为学校聘请具有实践经验的社会专业技术人员、劳动模范等担任兼职教师创造条件。

高等学校要加强劳动教育师资培养，有条件的院校开设劳动教育相关专业。把劳动教育纳入教育行政干部、校长、教师、辅导员培训内容，开展全员培训，强化劳动意识、劳动观念，提升劳动教育的自觉性。对承担劳动教育课程的教师进行专项培训，提高劳动育人意识和专业化水平。

3. 健全经费投入机制

各地要统筹中央补助资金和自有财力，多种形式筹措资金，加快建设校内劳动教育场所和校外劳动教育实践基地，加强学校劳动教育设施建设，建立学校劳动教育器材、耗材补充机制。学校可按照规定统筹安排公用经费等资金开展劳动教育，可采取政府购买服务方式，吸引社会力量提供劳动教育服务。

（二）加强专业研究和指导

1. 加强劳动教育研究与指导

在全国教育科学规划、教育部人文社会科学研究项目中支持劳动教育研究。地方教育行政部门鼓励和支持相关机构设立劳动教育研究项目。设立一批试验区或试验学校，注重开展跟踪研究、行动研究。举办论坛讲座，营造良好学术氛围。

各级中小学教研机构要配备劳动教育教研员，组织开展专题教研、区域教研、网络教研，通过协同创新、校际联动、区域推进，提高劳动教育整体实施水平。鼓励高等学校依托有关专业机构开展劳动教育教学研究。

2. 组织开展劳动教育课程资源研发

基于劳动教育教学的实际需要，省级教育行政部门明确中小学劳动实践指导手册编写要求，体现“一纲多本”，满足不同地区学校的多样化需求，负责组织审查。职业院校可组织编写劳动精神、劳模精神、工匠精神专题读本，由编写院校或委托专业机构进行审查。鼓励学校、学术团体、专业机构等收集整理反映劳动先进人物事迹和精神的影视资料，组织研发展示劳动过程、劳动安全要求的数字资源，梳理遴选来自教学一线的典型案例和鲜活经验，形成分学段、分专题的劳动教育课程资源包，促进优质资源的共享与使用。

（三）督导评估与激励

1. 加强对学校劳动教育实施情况的督查

把劳动教育纳入教育督导体系，完善督导办法。对地方各级人民政府和有关部门保障劳动教育情况进行督导。对学校劳动教育开课率、学生劳动实践组织的有序性，教学指导的针对性，保障措施的有效性等进行督查和指导。督导结果要向社会公开，作为衡量区域教育质量和水平的重要指标，作为对被督导部门和学校及其主要负责人考核奖惩的依据。

2. 建立健全劳动教育激励机制

在国家级、省级教学成果奖励中，将劳动教育教学成果纳入评奖范围，对优秀成果予以奖励。依托有关专业组织、教科研机构等开展劳动教育经验交流和成果展示活动，激发广大教师实践创新的潜能和动力。积极协调新闻媒体传播劳动光荣、创造伟大思想，大力宣传劳动教育先进学校、先进个人。

参考文献

一、著作类

[1] 中共中央马克思恩格斯列宁斯大林著作编译局. 马克思恩格斯文集(第一卷)[M]. 北京：人民出版社，2009.

[2] 中共中央马克思恩格斯列宁斯大林著作编译局. 马克思恩格斯文集(第五卷)[M]. 北京：人民出版社，2009.

[3] 中共中央马克思恩格斯列宁斯大林著作编译局. 马克思恩格斯文集(第九卷)[M]. 北京：人民出版社，2009.

[4] 中共中央马克思恩格斯列宁斯大林著作编译局. 马克思恩格斯选集(第一卷)[M]. 北京：人民出版社，2012.

[5] 中共中央马克思恩格斯列宁斯大林著作编译局. 马克思恩格斯选集(第二卷)[M]. 北京：人民出版社，2012.

[6] 马克思. 1844年经济学哲学手稿[M]. 中共中央马克思恩格斯列宁斯大林著作编译局，编译. 北京：人民出版社，2018.

[7] 马克思. 资本论(第一卷)[M]. 中共中央马克思恩格斯列宁斯大林著作编译局，编译. 北京：人民出版社，2004.

[8] 马克思. 资本论(第三卷)[M]. 中共中央马克思恩格斯列宁斯大林著作编译局，编译. 北京：人民出版社，2004.

[9] 恩格斯. 自然辩证法[M]. 于光远，等，编译. 北京：人民出版社，1984.

[10] 毛泽东论教育[M]. 北京：人民教育出版社，2008.

[11] 中共中央文献研究室. 邓小平论教育[M]. 北京：人民教育出版社，2004.

［12］习近平谈治国理政（第一卷）［M］. 北京：外文出版社，2018.

［13］习近平谈治国理政（第二卷）［M］. 北京：外文出版社，2017.

［14］习近平谈治国理政（第三卷）［M］. 北京：外文出版社，2020.

［15］习近平谈治国理政（第四卷）［M］. 北京：外文出版社，2022.

［16］习近平著作选读（第一卷）［M］. 北京：人民出版社，2023.

［17］习近平著作选读（第二卷）［M］. 北京：人民出版社，2023.

［18］中共中央宣传部. 习近平新时代中国特色社会主义思想三十讲［M］. 北京：学习出版社，2018.

［19］檀传宝. 劳动教育论要［M］. 北京：北京师范大学出版社，2020.

［20］教育部课题组. 深入学习习近平关于教育的重要论述［M］. 北京：人民出版社，2019.

［21］班建武. 新时期劳动教育理论体系建构研究［M］. 杭州：教育出版社，2022.

［22］苏霍姆林斯基. 论劳动教育［M］萧勇，杜殿坤，译. 北京：教育科学出版社，2019.

［23］小原国芳. 小原国芳教育论著选（下卷）［M］. 刘剑乔，等，译，北京：人民教育出版社，2018.

二、论文类

［1］李波，李璐，陈冰冰. 课程思政理念下大学生劳动教育课程建设与评价［J］. 现代职业教育，2023（04）：21-24.

［2］黄济. 关于劳动教育的认识和建议［J］. 江苏教育学院学报（社会科学版），2004（05）：17-22.

［3］郭维刚. 新时代劳动教育的实现路径探析［J］. 教学与管理，2019（30）：41-43.

［4］刘建成，周奎. 新时代大学生劳动教育的逻辑起因、现实困境及路径指向［J］. 工业技术与职业教育，2023，21（04）：66-71.

［5］檀传宝. 何谓“教育与生产劳动相结合”——经典论述的时代诠释［J］. 课程·教材·教法，2020，40（01）：4-10.

［6］谢丽娜. 新时代高校劳动教育体系构建研究：逻辑理路与实践路径［J］. 黑龙江高教研究，2021，39（03）：1-5.

［7］孟国忠. 高校劳动教育价值实现的机理研究［J］. 学校党建与思想教育，2019（14）：85-87.

［8］班建武. “新”劳动教育的内涵特征与实践路径［J］. 教育研究，2019，40（01）：21-26.

［9］刘建成，周志宏. 新时代高校劳动教育的价值、挑战及对策［J］. 教育与装备研究，2023，39（08）：41-45.

［10］宋岭，张华. 时代挑战与未来路向：劳动教育的当代诠释与实践［J］. 中国教育科学（中英文），2020，3（02）：41-49.

［11］王晓阳，刘皓. 新时代高校劳动教育的现实遮蔽及理性反思［J］. 当代教育论坛，2021（06）：115-121.

［12］姜雨彤，刘泽. “三全育人”视域下高校劳动教育的现实困境与路径选择［J］. 教育评论，2022（06）：30-36.

［13］刘丽红，曲霞. 论高校创新创业教育与劳动教育的同构共生［J］. 中国青年社会科学，2020，39（01）：103-109.

［14］刘向兵. 新时代高校劳动教育的新内涵与新要求——基于习近平关于劳动的重要论述的探析［J］. 中国高教研究，2018（11）：17-21.

［15］王美霞. 大学生创新创业教育现状调查及对策研究［J］. 中国大学生就业，2018（03）：34-38.

［16］陆周浩. 新时代高职院校劳动教育课程体系建设研究［J］. 南通航运职业技术学院学报，2021，20（01）：66-69.

［17］沈艳. 高校劳动教育与思政教育相结合的育人路径［J］. 哈尔滨职业技术学院学报，2022（01）：67-69.

［18］刘建成，周奎，詹域威. 新时代加强大学生劳动教育的缘起、意义及路径［J］. 陕西青年职业学院学报，2023（04）：53-57.

［19］彭泳. 对抗异化，完善职业生涯——论审美教育在职业教育中的作用［J］. 现代职业教育，2018（29）：132-133.

［20］佘洋燕，张玺. 高职院校劳动教育与职业生涯规划教育融合发展路径研究［J］. 大学，2024（05）：149-152.

三、报纸类

［1］习近平. 坚持中国特色社会主义教育发展道路，培养德智体美劳全

面发展的社会主义建设者和接班人［N］. 人民日报，2018-09-11（01）.

［2］习近平. 把思想政治工作贯穿教育教学全过程 开创我国高等教育事业发展新局面［N］. 人民日报，2016-12-09（01）.

［3］习近平. 在全国劳动模范和先进工作者表彰大会上的讲话［N］人民日报，2020-11-25（02）.

后　记

自2018年全国教育大会召开以来，劳动教育毫无疑问已经成为我国教育政策、教育理论和教育实践领域的高频词，全国教育工作部门、教育工作者都不约而同将教育视角聚焦在劳动教育上面，根据现在的教育发展趋势，学界和教育界对劳动教育的关注必将持续提升和积极推进。2020年，教育部印发了《大中小学劳动教育指导纲要（试行）》、2022年，教育部发布了《义务教育劳动课程标准（2022年版）》，这些文件的颁布，是我国劳动教育发展历程中的标志性事件，对于进一步提升劳动教育在人才培养中的重要地位，进一步深化劳动教育改革，促进劳动教育规范化、持续化、专业化发展具有重大意义。虽然，近年来劳动教育获得了一定的政策支持，但是，要促进劳动教育科学系统发展，除现有条件之外，还需要不断加强对劳动教育基础理论的研究，不断夯实劳动教育理论基础。

较现在如火如荼的劳动教育实践而言，关于劳动教育的基础理论问题研究还是比较薄弱的，尤其是学界关于劳动教育的路径融合、劳动教育的内容重塑、劳动教育的目标定位等方面还存在较多的分歧和较大的不足。如果这些问题得不到及时消解，必将会在一定程度上降低劳动教育的地位，削弱劳动教育的力度，阻碍劳动教育的持续开展，影响劳动教育的实效，最终引发社会公众对劳动教育的诸多误解。比如，有人认为劳动教育就是组织学生在校园打扫卫生、捡捡垃圾等，形式上完成几次简单劳动即可。实际上，劳动教育的内容、任务和目标远不止如此，相对于德育和智育而言，劳动教育的理论基础和内涵建设还是相对滞后的。因此，深化劳动教育基本理论问题的研究，对于强化劳动教育实效具有重要意义。

2018年全国教育大会上，习近平总书记要求把劳动教育纳入培养社会主义建设者和接班人的总体要求之中，明确提出构建德智体美劳全面培养的教育体系。全国教育大会召开后，本人就已经开始研究劳动教育这个问题，教学上，注重推进劳动教育改革；科研上，侧重于研究劳动教育基本理论问题。2018 年，“加强新时代大学生劳动教育研究”立项湖南省教育厅科研项目、2022 年，“三全育人背景下大学生劳动教育机制的创新研究”立项湖南省“十四五”教育科学规划课题。经过近六年的研究，也产生了系列理论成果，如《新时代大学生劳动教育的逻辑起因、现实困境及路径指向》《新时代大学生劳动精神的生成机理、价值意蕴及培育路径》《新时代高校劳动教育的价值、挑战及对策》《新时代加强大学生劳动教育的缘起、意义及路径》《三全育人背景下大学生劳动教育的现实困境与机制创新》等。并且，本人在学校不仅从事思政教育工作，还承担着学校劳动教育工作。在教育工作实际中，能很好地将理论研究成果融入教书育人工作的实践之中，真正将理论指导实践，并取得了一些成绩，如湖南省职业教育教学成果一等奖、入选湖南省“芙蓉计划”——高校优秀思想政治工作者。

本书即为中共湖南省委人才工作领导小组、中共湖南省委教育工委 2022 年“芙蓉计划”——高校优秀思想政治工作者（青年骨干队伍建设）项目的阶段性成果。书中的某些观点已经在有关学术期刊上发表。本次出版时对曾经已经发表的作品中的一些观点做了一些新的修订、补充和完善。益阳医学高等专科学校的钱佳琦老师、邓茜老师协助本人完成了对“新时代劳动教育的内容重塑”“新时代劳动教育的路径融合”等内容的补充。本书的出版得到了长沙理工大学的陈万球教授、湖南师范大学的谭吉华教授的帮助和指导，也得到了湘潭大学出版社的大力支持，在此一并表示衷心感谢。

新时代大学生劳动教育理论体系与实践进路是一个非常重要的时代课题，本人在对有关劳动教育基本理论和实践问题的研究过程中，深深感受到这一问题的复杂性、艰巨性和综合性。开展对这一综合问题的研究，既需要教育学的教育思维，也需要哲学的学科视角，还需要社会学、伦理学的宽广眼界，多维并举、相互协调。本书的出版是在对劳动教育理论体系与实践进路研究问题上的初步探索，书中还存在较多不完善、不成熟的地方，也恳请各位专家学者、广大教育工作者批评指正。